U0863381

研究的力量

张春炬园长工作室课题研究示例

主编　张春炬　杨秀治　吴　蛀　陈　丽

编委　（以姓氏笔画为序）

马建玲　王玉红　王海玲　石静霞　任海霞
李云霞　李海涛　吴敏华　张　莉　张晨霞
陈　敏　郑斌颖　赵　磊　赵聚辉　靳　红
翟建贤　冀艳华

河北大学出版社·保定

出 版 人：朱文富
责任编辑：赵彩霞
文字编辑：李天雪
装帧设计：赵 谦
责任校对：苏安邦
责任印制：常 凯

图书在版编目（CIP）数据

研究的力量 ：张春炬园长工作室课题研究示例 / 张春炬等主编. -- 保定 ：河北大学出版社，2023.5
ISBN 978-7-5666-2201-3

Ⅰ. ①研… Ⅱ. ①张… Ⅲ. ①幼儿教育－教育研究 Ⅳ. ① G61

中国国家版本馆 CIP 数据核字 (2023) 第 103662 号

YANJIU DE LILIANG
ZHANGCHUNJU YUANZHANG GONGZUOSHI KETI YANJIU SHILI

出版发行：河北大学出版社
地址：河北省保定市七一东路2666号 邮编：071000
电话：0312-5073003 0312-5073029
网址：www.hbdxcbs.com
邮箱：hbdxcbs818@163.com
印 刷：保定市北方胶印有限公司
幅面尺寸：170 mm × 240 mm
字 数：270千字
印 张：21
版 次：2023年5月第1版
印 次：2023年5月第1次印刷
书 号：ISBN 978-7-5666-2201-3
定 价：82.00 元

如发现印装质量问题，影响阅读，请与本社联系。
电话：0312-5073023

目　录

发挥名校长工作室综合功能　助力保定市区域教育高质量发展
…………………………………………………………… 陈　丽（1）
课题研究：为幼儿园园长专业发展插上腾飞的翅膀 …… 杨秀治（15）
学前教育更要重视立德树人 ……………………………… 吴　甡（23）

第一篇　团队管理研究篇

儿童视角下的园长专业发展的理性思考 ……… 张春炬　任海霞（33）
幼儿园亲子活动中提高家长参与度的策略研究
——以易县第一幼儿园为例 …………………………… 郑斌颖（40）
新教师队伍岗位胜任能力提升的行动研究
——以曲阳县永宁幼儿园为例 ………………………… 石静霞（65）
幼儿园科学膳食的管理对策探索
——以保定市青年路幼儿园为例 ……………………… 李海涛（85）

第二篇　课程建设研究篇

幼儿园创意美术活动中乡土材料的开发与利用探索 …… 陈　敏（105）
绘本阅读融入幼儿生活的策略研究 ……………………… 靳　红（118）

利用乡土资源开展幼儿户外活动的实践探索 …………… 王玉红（134）
农村幼儿园乡土课程资源开发与利用实践研究 ……… 冀艳华（151）

第三篇　教育教学研究篇

幼儿园区域活动中教师支持策略的实践探索 …………… 王海玲（167）
幼儿园主题活动背景下区域环境创设策略的实践探索
…………………………………………………… 吴敏华（183）
幼儿园区域活动中教师观察能力提升的探索 …………… 马建玲（198）
课程游戏化背景下幼儿园环境创设的探索
——以顺平县幼儿园为例 ……………………… 翟建贤（213）

第四篇　幼儿发展研究篇

基于幼儿自我效能感提升的室内体育游戏设计策略研究
…………………………………………………… 张　莉（237）
幼儿园户外野战区的活动组织与实施
——以涞源县某幼儿园为例 …………………… 李云霞（251）
幼儿园篮球游戏化教学的策略研究 ……………… 赵　磊（271）
运用表演游戏促进幼儿社交能力发展的实践研究 ……… 张晨霞（287）

不啻微茫照春华　造炬成阳耀秋实
——京保教育扶贫协作工作活动后记 …………… 张春炬（306）
附录：保定市贫困县张春炬工作室成员成绩表 ……………（313）
主要参考文献 ………………………………………………（328）

发挥名校长工作室综合功能
助力保定市区域教育高质量发展

北京教育学院　陈　丽

2012 年 12 月 28—30 日，习近平总书记在阜平县调研时，向全国发出了坚决打赢脱贫攻坚战的号召。针对教育扶贫工作，习总书记指出："治贫先治愚。要把下一代的教育工作做好，特别是要注重山区贫困地区下一代的成长……义务教育一定要搞好，让孩子们受到好的教育，不要让孩子们输在起跑线上……把贫困地区孩子培养出来，这才是根本的扶贫之策。"① 因此，在打赢脱贫攻坚战与乡村教育振兴过程中，需要建设大批优质学校，让孩子享受高质量教育。然而优质学校的建设需要有优秀校长的引领，因此造就优秀乡村校长就成为优化乡村区域教育环境、教育脱贫攻坚、乡村教育振兴的重中之重。

2017 年起，为了全面贯彻落实总书记指示精神，北京市教育委员会积极贯彻党中央关于东西部扶贫对口帮扶的要求，着重把北京优质教育资源引入河北。经过精心谋划、周密设计，组织了一系列针对河北省，尤其是对保定市的阜平县、涞水县等 8 个燕山-太行山集中连片贫困县的教育帮扶工作。2017—2018 年，北京市教育委员会、北京教育学院连续两年举办保定市贫困县中小学（幼儿园）校（园）长能力

---

① 中共中央文献研究室. 做焦裕禄式的县委书记［M］. 北京：中央文献出版社，2015：24.

提升培训项目，共培训180余位校（园）长。2019年，保定市8个贫困县中有阜平县、涞源县两个国家深度贫困县，当时8个贫困县有义务教育阶段中小学校幼儿园1550所，其中建档立卡户学生60 133人。针对短期培训难以整体提升办学质量的不足，项目组在“精准扶贫”思想指导下，除了进行“四精”培训模式的推广应用外，开始进行教育扶贫培训项目创新，从2019年开始先后建立了覆盖幼儿园、小学、初中、高中、职教、特教全学段的6个名校（园）长工作室，创新性地实施具有可复制、能推广的京保教育扶贫协作名校（园）长工作室TRIMER研修模式，① 培养对象覆盖8个贫困县（2020年改为脱贫县）66所幼儿园、小学、初中、高中、职教、特教学校，共培养66位校（园）长。② 3年来，这一举措为保定贫困地区打造了一支留得住、带不走的人才师资队伍，极大地激发了当地教育的内生动能：从个体角度上，提升了校（园）长自身综合素养，促进大批校（园）长的专业成长；从学校层面上，做强了乡村学校（幼儿园）自身，推动了一批学校（幼儿园）改进提质；从区域角度，促进了贫困地区教育整体发展，优化了区域教育环境，推动了乡村教育振兴。可以说，保定脱贫县名校（园）长工作室实现了“做强自己，带动一批，辐射全域”的功能。

一、注重发挥保定市本土优秀校长与名校的领航作用

项目组聘请保定市本土名校（园）长做工作室主持人，依托主持人所在的本土名校对保定贫困县（后改为脱贫县）校（园）长进行培养，强调了身边榜样的示范性、引领性。6位工作室的主持人分别是保定市青年路幼儿园园长张春炬，保定市师范附属学校校长王淑英，保

---

① 陈丽．名校长工作室TRIMER研修模式助力乡村区域教育提升［J］．继续教育研究，2022（04）：103．

② 韩莉．北京支援保定贫困县培养66位校长［N］．现代教育报，2021-03-30（B4）．

定市第十七中学校长李梅，保定市美术中学董事长兼校长、北京市八一学校保定分校董事长贺宇良，保定市第二职业中学校长杨卫国，保定市特殊教育中心校长武美英。他们都是在河北省乃至全国都有较大影响力的专家型校（园）长，有情怀、有智慧、有担当、有作为，担负本土教育扶贫、乡村教育振兴的重任。在北京市教育委员会、保定市教育局、北京教育学院的领导下，在项目负责人陈丽教授的统筹安排下，在实践导师与理论导师的支持下，各个工作室主持人做了大量的培训、改进指导工作，仅 2020 年，6 位工作室主持人带领学校骨干团队 80 余人开展卓有成效的系列研修活动 260 余次（每次半天），充分发挥了本土名校长、本土名校的示范引领作用。6 名主持人以高度自觉的政治担当，以办学实践的智慧引领，以立己达人的人格魅力，按照项目整体设计推动工作室顺利研修，形成工作室研修文化，提升校（园）长的理论水平、政策高度、办学水平，发挥辐射带动作用，如保定市脱贫县幼儿园张春炬园长工作室的主持人张春炬园长。张园长是全国先进工作者、享受国务院政府特殊津贴专家、省管优秀专家，作为教育家型园长，她把工作室建设作为自己的重要职责与工作。3 年来，她带领保定市青年路幼儿园骨干团队积极组织工作室培训，着力提升园长的综合素养；开展行动课题研究，推动幼儿园变革，着力提升 14 所幼儿园教师素养与办学品质；推出 8 个园长工作站，发挥区域带动作用，提升区域教育品质；提炼园长研修成果，提升园长们工作的科学性与优质性。正是张园长的智慧推进、温柔坚持，3 年来，工作室园长成长可见，工作室幼儿园发展明显。

二、配备北京双导师，整合北京市大批优质资源助力区域教育提质

为了更好支持 6 位本土主持人组织高质量的研修活动，项目组配备

高水平的双导师——实践导师与理论导师，共同指导工作室校（园）长成长，共同推进校学校（幼儿园）改进提质。实践导师都是北京市乃至全国有影响力的名校长，理论导师是北京市乃至全国有影响的理论专家。

表 1　保定市贫困县系列名校长（园长）工作室实践导师、理论导师统计表

工作室名称	工作室实践导师	工作室理论导师	工作室主持人
保定市贫困县幼儿园张春炬园长工作室	北京市广渠门中学教育集团附属大地幼儿园园长吴甡	北京教育学院学前教育学院原院长杨秀治教授	保定市青年路幼儿园园长张春炬
保定市贫困县小学王淑英校长工作室	北京小学万年花城分校原校长刘显洋	北京教育学院督学研修中心何育萍副教授	保定市师范附属学校校长王淑英
保定市贫困县初中李梅校长工作室	北京市广渠门中学教育集团总校校长吴甡	北京教育学院合作培训部主任陈丽教授	保定市第十七中学校长李梅
保定市贫困县高中贺宇良校长工作室	北京市八一学校校长沈军	原《中小学管理》杂志、现《中国基础教育》杂志主编孙金鑫	保定市美术中学董事长兼校长、北京市八一学校保定分校董事长贺宇良
保定市贫困县职业学校杨卫国校长工作室	北京市求实职业学校校长吴少君	北京市朝阳区教研中心职成教研室原主任张俊英	保定市第二职业中学校长杨卫国
保定市贫困县特殊教育武美英校长工作室	北京市健翔学校原校长于文	北京市海淀区特殊教育研究与指导中心主任王红霞	保定市特殊教育中心校长武美英

北京的双导师都有大格局、大智慧、大情怀、大担当，展现了北京名校长与专家风采。双导师密切配合，在主持人与项目负责人统筹下，为工作室各项研修任务顺利实施提供智力支持、资源支持，保障

了研修的理论实践结合；同时，项目组整合北京市一大批名校长、名师、专家走进工作室培训与送教，精准助力工作室所在学校与地区脱贫攻坚、乡村教育振兴。仅 2020 年就有北京的 100 余位专家深入 6 个工作室进行培训指导 260 余次（每次半天工作量）。

保定市贫困县幼儿园张春炬园长工作室的实践导师是吴甡校长。吴校长是北京市广渠门中学教育集团理事长，中国教育学会初中教育专业委员会副理事长，北京市学校德育研究会副会长，德育特级教师、正高级教师。作为一位在杏坛耕耘 40 余载的教育家型校长，他幽默风趣、睿智犀利、观点前瞻，每场点评与报告都让园长们醍醐灌顶；吴校长还多次为工作室提供观摩学习的机会，更让园长们感受到了他的办学智慧与大气格局。吴校长是保定市贫困县系列名校长工作室实践导师的典型代表。保定市贫困县幼儿园张春炬园长工作室理论导师是北京教育学院学前教育学院原院长杨秀治教授。杨教授曾任北京教育学院学前教育学院院长、校长研修学院副院长，是教育部国培计划专家，北京市首批课程思政教学名师。杨教授学识渊博，热情澎湃，细致耐心，每场点评、每次指导既有理论高度，更有操作策略建议，还有大量的案例分享，不仅提升了园长们的理论水平，也大大开阔了园长们的视野！杨教授是保定市贫困县系列名校长工作室理论导师的典型代表。

三、设计 3 条研修线，实现工作室 3 项功能，推动全域教育优化

保定市贫困县系列名校长工作室超越了一般名校长工作室功能设计，不仅注重提升贫困县（后改为脱贫县）校（园）长的综合素养与办学能力，也注重推动学校改进，提高学校教育教学质量；同时注重发挥工作室的示范、辐射作用，引领、带动区域教育发展。为此，项

目组设计了 3 条研修线，即培训线、学校改进行动研究线、辐射带动线。3 条研修线交织进行，旨在实现校（园）长成长、学校幼儿园高质量发展及区域教育优化三大功能。

（一）积极开展系列培训活动，促进校（园）长成长

每个工作室都设计有专题报告、名校访学、诊断交流、自学读书等多种培训方式，旨在提升校（园）长的理论水平与治教能力，也为校（园）长的学校改进提供了强有力的理论与政策支持。

保定市贫困县特殊教育中心武美英校长工作室 2020 年邀请了北京师范大学教育学部特殊教育研究所张树东教授、邓猛教授、王雁教授，北京教育科学研究院特殊教育研究与指导中心孙颖老师，北京市海淀区特殊教育研究与指导中心王红霞主任，北京市健翔学校原校长于文，国家督学、中国教育学会李天顺等一大批特教专家走进武美英校长工作室进行培训，大大提升了工作室校长与特教老师的理论素养与政策水平。保定市贫困县高中贺宇良校长工作室 2022 年暑假邀请了华东师范大学博士生导师李政涛教授、北京师范大学博士生导师张东娇教授、北京开放大学校长褚宏启教授、北京青年政治学院党委书记杨志成教授、工作室实践导师北京市八一学校沈军校长就教育教学管理前瞻性理论举行专题培训。

每个工作室每年都组织了名校访学活动，到主持人学校与北京实践导师学校跟岗学习、到北京市名校考察观摩。2021 年，保定市贫困县幼儿园张春炬园长工作室全体成员到保定市青年路幼儿园、北京市广渠门中学教育集团附属大地幼儿园进行跟岗学习；到北京市西城区三教寺幼儿园、北京市丰台第一幼儿园、北京明天幼稚集团等进行深入跟岗观摩学习。实践导师与主持人及北京名园长先进的办学经验与智慧让大家开阔了眼界，拓宽了思路。

每个工作室都举行了下校诊断交流活动。2020 年 9—10 月，保定市贫困县职业中学杨卫国校长工作室先后走进阜平县职业技术教育中

心、望都县职业技术教育中心、曲阳县职业技术教育中心等学校诊断交流，过程中同伴分享、专家点评，为学校工作改进、为校长办学理教提供强有力的指导，破解学校发展的困惑与难题。

每个工作室都举行了系列专题交流研讨活动。如王淑英校长工作室举行了人工智能教育、优质教育共同体建设等主题交流研讨会；李梅校长工作室为了推动落实《中共中央 国务院关于全面加强新时代大中小学劳动教育的意见》，举行劳动教育专题交流会等；武美英校长工作室举行了专题校长论坛……专题交流研讨会让校（园）长们对该专题有关的政策、理论、实践举措有了较为深入的认识，分享了经验，提升了专题方面的综合素养。

每个工作室都举行了读书交流活动。项目组要求每学期每个工作室都要精读一本书，工作室理论导师提供精读书目，并带领工作室校（园）长进行精读交流。2020 年度保定市贫困县幼儿园张春炬园长工作室为园长配发《0—8 岁幼儿学习环境创设》等专业书籍 7 册，全体成员精读《幼儿园游戏与指导》，聘请本书作者北京师范大学刘焱教授进行导读，引领工作室成员深研细学。同时，结合阅读情况，开展读书交流活动。园长们根据研究主题泛读《幼儿园数学领域教育精要——关键经验与活动指导》《教育的情调》等书。工作室还注重引领幼儿园以园长为核心组建读书学习型团队，以主题沙龙、专家解读、反思心得等形式，提升幼儿园学术素养与理论水平。

（二）持续推进行动改进研究，推进学校幼儿园高质量发展

保定市贫困县系列名校长工作室特别强调行动改进研究，强调以行动改进研究推动学校改进提质。项目组指导校（园）长聚焦学校（幼儿园）发展某一重大问题，进行改进方案设计与论证、改进实践推进与指导、改进成果提炼与展示。通过学校行动改进，既推动学校提质，也带领学校一批老师成长，让更多的孩子享受优质教育。

学校改进方案研制与论证，旨在提升学校改进设计的精准度。每

个工作室的校（园）长就学校改进问题、改进目标、改进举措与路线图等问题带领学校骨干力量进行改进方案设计，工作室组织改进方案论证交流会，每位校（园）长形成一份贯穿3年的行动改进方案。保定市贫困县小学王淑英校长工作室的阜平县龙泉关小学赵建珍校长、唐县第三小学赵克红校长、涞水县赵各庄小学张爱彬校长等带领学校骨干力量分别形成了“基于龙泉之爱校本课程开发促进学校特色发展的个案研究”“基于传承唐尧文化，构建和合课程体系的实践与研究”“基于生态之林文化重构‘1＋3生态’课程体系的研究”等行动改进研究实施方案。

学校改进实践推进与指导，旨在提升学校改进过程的科学度。校（园）长带领学校（幼儿园）骨干力量，实施学校（幼儿园）改进方案，推动学校（幼儿园）改进实践。工作室深入学校（幼儿园）现场举行改进诊断交流、同课异构、主题报告等活动，解决学校（幼儿园）改进中的问题，如保定市贫困县幼儿园张春炬园长工作室2020年10月“2天诊断4所‘贫困园’”①，保定市贫困县特殊教育中心武美英校长工作室开展现场指导活动②等。

学校改进成果提炼与展示，旨在提升改进成果的推出度。工作室对学校行动改进成果进行结构化、理性化提炼，形成具有一定水平的改进成果，不少学校（幼儿园）也获得荣誉，如张春炬园长工作室成员李云霞园长所在幼儿园被教育部评为全国足球特色幼儿园、被河北省教育厅授予河北省家长学校实验校，陈敏园长所在幼儿园多次被评为县、市级学前教育和教育扶贫工作先进单位等，许多学校（幼儿园）在诸多方面都取得了显著成绩和长足进步。

---

① 刘浩．2天诊断4个“贫困园”，保定学前教育精准扶贫在路上［EB/OL］．（2020-10-13）［2023-5-18］https://www.sohu.com/a/424299365_100010221.

② 保定市贫困县特教武美英校长工作室现场指导活动圆满结束［EB/OL］．（2020-8-27）［2023-5-18］http://www.baoding.gov.cn/content-381-238189.html.

项目组也注重推出、传播校长们的行动改进研究成果，如王淑英校长工作室2020年11月参加第一届京雄学校发展共同体论坛，王淑英校长带领3位校长分别在主论坛与分论坛就学校改进研究成果进行了汇报。

为了提升校（园）长办学的规范性、系统性、理性化、实效性，项目组花费了大量的时间、精力、人力投入到学校改进过程指导、改进成果提炼与展示指导中。不仅每个工作室主持人、双导师进行深入指导，在成果提炼与表达环节，项目组还邀请一大批专家进行高水平指导，如李梅校长工作室邀请了中国人民大学陈立鹏教授，首都师范大学方海光教授、傅树京教授、王海燕教授，北京教育科学研究副院长张熙研究员，河北师范大学田宝军教授，北京教育学院迟希新教授、杨雪梅教授进行深入指导。张春炬园长工作室邀请了河北大学赵娟老师、范明丽老师，保定幼儿师范高等专科学校的王惠然教授深入指导。专家们认真负责，不仅提供论文撰写的理论指导、观点提炼、逻辑提升、学习资料，更是一遍遍从标点符号、语言表述等基本规范进行细致入微的指导与具体修改，并撰写点评，展现了专家们的水平与人格魅力。

《研究的力量：张春炬园长工作室课题研究示例》是工作室幼儿园园长行动改进研究阶段性成果的集中展现。作为贫困地区园长们的行动改进成果，部分园长的探索具有时代性、前瞻性、创新性特点，部分园长的改进探索体现了办学的规范性、系统性、有效性特点，解决的是农村落后地区幼儿园办学的无序、随意、片面、低效等问题，对广大落后地区的园长办园有较大的启发与借鉴。

（三）发挥辐射带动作用，推动区域教育优质发展

各个工作室积极承担社会责任，通过送教与成立工作站的方式提升保定市8个贫困县校（园）长与教师的理论水平，开阔视野，旨在辐射带动全域教育发展。

项目组通过线上线下融合方式，举行送教活动，带动全域教育发展，让更多孩子享受优质教育，如2019年10月24—25日，李梅校长工作室分别在顺平、唐县、曲阳县举行面向8个贫困县初中语文、数学、英语、化学四大学科的教师培训，共有约2000余名初中教师受益。

2020年2—8月疫情期间，6个工作室积极响应习总书记“抗疫扶贫两不误”的号召，运用“八度”直播，开展了80场直播，干部教师培训辐射人数达28 000余人。

另外，为了进一步发挥保定市贫困县系列名校长工作室辐射全域的功能，项目组对发展较快、成熟度较高的校（园）长进行挂牌，授予工作站，带领区域校（园）长提升教育质量，共有35位园长、20位校长分别进入12个工作站研修。张春炬园长工作室率先为望都县辛街幼儿园陈敏园长、曲阳县第一幼儿园靳红园长等8位园长进行授牌；王淑英校长工作室成立了涞水县涞水小学汪洋校长工作站、阜平龙泉关小学赵建珍校长工作站两个工作站；李梅校长工作室对涞水县第三中学牛保存校长、曲阳县北岳中学孟永敬校长二位校长进行授牌成立工作站，发挥星火燎原之势。

表2　2020年2—8月保定市贫困县系列名校长工作室教育扶贫项目直播统计表

序号	项目名称	培训人数	直播次数	直播辐射干部教师人数	建档立卡数	备注
1	保定市贫困县幼儿园张春炬园长工作室	13	24	290—2600	154	面向贫困县家长、幼儿园老师、园长的培训
2	保定市贫困县小学王淑英校长工作室	14	12	290—13000	3707	面向家长、老师、校长的培训
3	保定市贫困县初中李梅校长工作室	14	16	290—11400	1781	面向家长、老师、校长的培训
4	保定市贫困县高中贺宇良校长工作室	9	6	60	3097	面向工作室校长及班子的培训

续表

序号	项目名称	培训人数	直播次数	直播辐射干部教师人数	建档立卡数	备注
5	保定市贫困县职业学校杨卫国校长工作室	8	8	60	1347	面向工作室校长及班子的培训
6	保定市贫困县特殊教育中心武美英校长工作室	8	14	50—1000	238	面向工作室校长、班子、教师、家长的培训
	总计	66	80	1040—28000	10324	

四、行政力量与学术力量相互配合，激发学校改进内生动力

在教育扶贫与乡村教育振兴中，存在行政力量、学术力量、自我发展力量三股力量，它们缺一不可，相得益彰。①

我国政府把脱贫攻坚作为国家三大发展战略之一，中央动员全国力量为打赢脱贫攻坚而努力，具体到教育扶贫与乡村教育振兴中，各级政府高度重视，自上而下推动乡村教育品质提升，本项目就是北京市教育委员会与保定市教育局联合推动的教育扶贫项目，双方领导高度重视。北京市教育委员会教育扶贫与协作处（现改为协作与支援合作处）具体负责北京市对保定贫困县教育扶贫与乡村教育振兴的方向把握、项目设计、统筹协调、质量监控等工作，引领工作室开展卓有成效的研修。保定市教育局成立工作室领导小组，建立了项目管理工作机制，研究制定项目的基本制度和工作方案，研究部署项目工作中的重大问题，监督项目的整体进程，确保项目的健康运行等。8个贫困县教育局领导也高度重视该项目，无论是项目人员推荐，还是项目活

① 陈丽，方中雄．基于品牌塑造的学校改进［M］．北京：北京师范大学出版社，2010：48-50.

动开展，都给予大力支持，保障了项目在县级层面的顺利推进。

北京教育学院党委在教育扶贫与乡村教育振兴中积极贡献力量，高度重视本项目。挑选培训专家陈丽教授做项目负责人，配备北京市有影响力的专家型校长与专家作为双导师指导工作室研修活动；选派杨秀治教授、何育萍副教授、陈丽教授、孙金鑫主编做理论导师。同时，北京教育学院还整合了北京市大批专家如北京教育学院副院长汤丰林教授、迟希新教授、杨雪梅教授，北京师范大学张树东教授、王雁教授、张东娇教授，华东师范大学李政涛教授，首都师范大学杨志成教授、方海光教授、傅树京教授，北京开放大学校长褚宏启教授，北京市教科院副院长钟祖荣教授，河北师范大学田宝军教授等一大批专家指导校（园）长学校改进过程与成果提炼过程，保障了各工作室校（园）长学校改进的理性化、科学性与系统性，提升了校（园）长的办学理论水平与实践能力。

保定市教育局选择的6位本土专家型校（园）长，更是工作室的关键性学术人物，不仅有情怀大爱、丰富的实践智慧，而且有很高的学术水平与工作室管理能力，营造了浓厚的工作室研修文化，如张春炬园长工作室倡导的“聚是一团火，散是满天星”文化价值，王淑英校长工作室强调的“思想共识、行动共为、成果共享”的文化追求，李梅校长工作室的“思行”文化，贺宇良校长工作室的“共建、共治、共享、共赢”文化，杨卫国校长工作室的“精诚”文化，武美英校长工作室的“融养”文化。还要强调的是，保定市贫困县系列名校长工作室采取了双秘书制：保定市教育局从学员中选一位优秀校（园）长任秘书，工作室主持人从自己学校（幼儿园）选派一位责任心强的优秀干部任秘书，这种双秘书制保障了工作室通知发放、活动组织、简报撰写、短片制作等烦琐事务的高品质进行。

在本项目中，学术力量与行政力量配合默契，相互支持，共同激发学校自我内生力量，推动学校改进提质，推动校长专业成长。

无论是行政力量还是学术力量，都是乡村学校（幼儿园）改进的外部力量。乡村学校（幼儿园）要真正实现优质发展，需要学校（幼儿园）自身主体力量的觉醒与主体作用的发挥，需要校长有改进提质的志气与决心，愿意克服困难，带领全校（园）教职员工抓住机遇，艰苦奋斗，锐意进取，改进创新。这就是习近平总书记特别强调的“扶贫先扶志，扶贫必扶智”。学校自我改进的力量是提升学校办学品质的内在动力，校长不思进取、等靠要、守摊应付是不可能推动学校与自身发展的，所配备的行政力量与学术力量作用发挥也会大打折扣。因此，项目组注重调动工作室校（园）长改进提质的主体性与积极性，注重激发乡村学校自我发展的内生动力。在 3 年的工作室研修过程中，我们发现一大批校（园）长有高站位，认识到自身在教育脱贫攻坚与乡村教育振兴中的责任；有强烈的使命感，主动担当学校幼儿园改进提质重任，主动请教专家，带领学校教师团队进行教育、教学、管理改进探索；有大智慧，结合工作室所学与学校发展实际，形成推动学校高质量发展的有力举措；有大担当，担负示范辐射作用，把优秀经验、优质资源进行辐射，推动区域协调优质发展。正如保定市涞水县第三中学牛宝存校长在 2020 年 9 月 28 日北京教育学院举办的教育扶贫培训总结交流会上所言：“两年的工作室经历，是我任校长以来难得的一次机遇，这个平台弥足珍贵！在北京教育学院陈丽主任、北京市广渠门教育集团吴甡理事长的悉心指导和保定市第十七中学李梅校长的精心引领下，他们那深厚的教育情怀、‘家国天下’的担当精神，重新唤醒了我们基层校长对教育的那份执着与热爱，一句句叮咛、一次次指导，以蓬勃的感召力赋予了我们不竭的内驱力！两年的学习，通过多样化的培训方式，让我们在个人能力提升、学校行动改进、中层组织架构、学校文化建设等方面都有了明显成效！”牛校长是工作室 66 位校（园）长的代表，而本书成果就是张春炬园长工作室全体园长积极担当、锐意变革、示范引领的精彩展现！

总之，三年多的共同努力，保定贫困县系列名校长工作室已经成为贫困地区校（园）长及其教师成长的平台，成为推动贫困地区学校品质提升的平台，成为辐射全域、带动全域教育优质发展的平台，成为北京优质教育资源聚集、发挥北京市组团扶贫效应的平台。

课题研究：为幼儿园园长专业发展插上腾飞的翅膀

北京教育学院　杨秀治

“园长是履行幼儿园领导与管理工作职责的专业人员”，园长的专业发展程度直接决定着幼儿园教师队伍的水平，进而决定着幼儿园的办园质量。幼儿园园长的专业发展有其特定的内涵和外延，也有其自身的发展规律和特点。幼儿园园长的专业发展有赖于方针政策、法律法规、体制机制和各种培训，也有赖于个人的持续学习和深入研究；而以课题研究为抓手的培训则是新时代幼儿园园长专业发展的加速器。保定市贫困县张春炬园长工作室（以下简称春炬园长工作室）成员三年的研究成果与发展成效有力地证明了这一点。

一、新时代的学前教育呼唤幼儿园园长专业发展

学前教育规模的急速扩大和幼儿园数量的迅速增加，需要高素质的幼儿园园长队伍。2010 年国务院颁布的《国家中长期教育改革和发展规划纲要（2010—2020 年）》为未来十年中国教育改革制定了路线图和时间表。十多年来，学前教育超过预期地迅速发展，到 2022 年入学率达到 89.7%。学前教育规模的急剧扩大，意味着幼儿园数量的迅速增加，与此相应的幼儿园园长队伍也迅速扩大，大批没有多少教学经验的学前教师被提拔为幼儿园管理干部，甚至被直接提拔为园长，

还有相当一部分从中小学管理岗位上转岗为幼儿园园长的干部加入到幼儿园园长队伍之中，这些人更需要专业发展的支持。为此，2015 年 1 月 10 日教育部通过并颁布了《幼儿园园长专业标准》，明确指出园长是履行幼儿园领导与管理工作职责的专业人员，为幼儿园园长专业发展提供了依据。

幼儿园园长专业发展是幼儿园园长依据行业标准和个体发展规划，通过特定的途径与方法，涵养情怀，丰富知识，提升能力，形成自我，进而从一个阶段不断进入更高阶段的变化过程。幼儿园园长发展大致可以为分准备期、适应期、熟练期、创造期、引领期 5 个阶段；在每个阶段结束时，他们可以分别称为新任园长、合格园长、骨干园长、专家园长、教育家型园长。每个阶段呈现不同的特点，有不同关注点和发展任务。每一位园长经历各阶段的时间长短有差异，在每个阶段的表现也有不同，而且在每个阶段的更替上也有区别。

春炬园长工作室主要包括适应期和熟练期两个阶段的园长。他们的共同之处是：第一，符合基本条件。即忠诚于人民的教育事业，具备一定的理论素养和政策水平，具有大学本科以上学历并且具备小学高级以上专业技术职称和培养潜质的园长。第二，朝向共同目标。通过工作室系列活动的开展，提升教育理念，拓宽具体工作思路，在幼儿园管理、教育教学改革、园本课程建设等方面有更深刻的理解，提高专业水平和管理水平，并以星星之火可以燎原之势，推动保定区县的学前教育水平快速、扎实地发展。第三，需要接受系统培训。成员参加过次数不等的国家级（国培计划）和省、市级的短期培训，但没有参加过系统的培训；同时，由于区域经济和教育发展基础等原因，成员所在的幼儿园还存在着严重的小学化倾向，如有几所成员所在幼儿园都没有开展过区域活动。成员们亟须持续性的、系统的培训来支持其专业发展，进而带动他们所在幼儿园的办园实践改进。成员们也有不同之处：第一，幼儿园管理经验丰富程度不同；第二，研究基础有一定的差异；第三，年龄相差十多岁，从 44 岁到 52 岁；任职时间相差十多年，最短任期 1 年，最长任期 14 年。

二、以课题研究为抓手的培训能有效促进幼儿园园长的专业发展

幼儿园园长培训是指为了更好地满足岗位的要求，切实地提高幼儿园园长的实际工作质量和工作成效而进行的培训，是落实幼儿园园长专业标准的主要方式之一，是基于一定的培训理念而确立和实施的培训目标、培训内容、培训模式、培训体系和培训评价方式等的总和。我国的幼儿园园长培训是按照《幼儿园园长专业标准》、不同层次类型园长的岗位要求和园长专业发展阶段特点展开的多层次培训，如任职资格培训、骨干培训和高级培训等；也有面向特定园长群体进行的培训，如春炬园长工作室就是面向保定 8 个贫困县①的 14 名任职时间长短不一、专业发展水平各异的优秀园长进行的培训。

教育科研能力是幼儿园园长专业发展的有机构成部分。幼儿园园长专业发展包括情怀、知识和能力等方面的发展，而专业能力又包括教育教学能力、组织管理能力和教育科研能力。幼儿园园长的教育科研能力就是其运用一定的科研方法分析问题、解决问题并得出相应结论的能力，具体包括：第一，具有教育科研的意识，善于发现问题；第二，能够掌握教育科研的方法，开展研究活动；第三，具有教育科研的构思与设计能力，组织与实施能力，研究成果的分析与表述能力。作为一园之长，园长们还得具有教育科研管理能力，具体包括：第一，设计全园教育科研活动的能力；第二，组织全园开展教育科研的能力；

---

① 2020 年 8 月 19 日下午，保定市人民政府召开扶贫开发工作新闻发布会宣告保定市贫困县全部摘帽。

第三，总结全园教育科研活动的能力。

以课题研究为抓手的教育科研是幼儿园园长专业发展的有效途径。教育科研有多种形式，课题研究是其中的一种。课题研究是研究者通过课题申报、立项、实施和总结等活动，运用特定的科学研究方法，对理论中或实践中的问题进行确定、分析和解决并得出相应结论，进而丰富理论和改进实践的研究过程。一线工作者的课题研究主要是基于实践问题、为了工作改进从而提高自身素质的研究。

春炬园长工作室的培训以课题研究为抓手，带动了幼儿园工作改进和园长自身专业发展。春炬园长工作室要求每一位入室成员基于对突出实践问题的解决经验和期待进一步解决的实践问题为研究问题，通过两年多的研究、实践，形成了一定的研究成果，取得了一定的研究成效。

三、研究成效对课题研究助力幼儿园园长专业发展做了最好的诠释

春炬园长工作室从成立之日起就确定了以课题研究为抓手、以实践改进为目的的双线并行培训模式，理论学习、问题回答与现场学习（观摩与诊断）、实践改进两条路线交融进行、相互促进、相互支持。通过理论学习开阔视野，掌握新知，提升透过现象看本质的本领；通过问题回答，深化认识，锤炼思维，提升思考问题的能力；通过现场观摩（到主持人和实践导师幼儿园跟岗、到优质幼儿园学习）与现场诊断（到每一位成员的幼儿园进行现场指导），学会发现、分析实践中问题的视角和敏感度，掌握解决实践问题的方法。二者相互支持，理论学习让成员们能够用理论去解释实践问题，现场学习让成员们能够检验理论对于实践的指导作用。

春炬园长工作室开展以改进幼儿园工作为宗旨的课题研究且贯穿

培训活动始终。2019 年 5 月工作室开启之时，成员就通过方案了解了工作室的培训模式，开始着手做好包括选择什么课题进行研究和为什么选择这个课题进行研究在内的选题准备工作；之后项目组对成员的研究需求和基础进行评估。2019 年秋季一开学，工作室便召开开题报告撰写指导会议，理论导师讲解选题的意义及如何选题，并结合成员的初步选题进行指导，帮助成员确定适合他们自身和幼儿园的方向；在此基础上讲解如何撰写开题报告，然后进行个别指导。经过 10 月份的第二次集中指导，各成员基本确定了研究课题并完成了开题报告撰写。成员们主要聚焦幼儿园教什么——课程建设或课程资源开发，怎么教——各种活动如何开展，谁来教——教师素质或能力提升这三类幼儿园教育教学最直接的问题开展研究，也有个别成员研究家园共育问题。这类研究问题正是适应期和成熟期阶段园长所关注的问题。具体请见表 3。

表 3　保定贫困县张春炬园长工作室成员课题名称及报告情况

序号	姓名	题目	备注（字数）
1	石静霞	（1）同起点幼儿教师队伍建设研究	9251
		（2）新教师队伍岗位胜任能力提升的行动研究——以曲阳县永宁幼儿园为例	10884
2	靳　红	绘本阅读融入幼儿生活的策略研究	9939
3	赵　磊	（1）幼儿园 4—5 岁幼儿安全意识及保护能力的研究	2145
		（2）幼儿园篮球游戏化教学的策略研究	2375
4	王海玲	幼儿园区域活动中教师支持策略的实践研究	9760
5	郑斌颖	幼儿园亲子活动中提高家长参与度的策略研究——以易县第一幼儿园为例	11920
6	张　莉	基于幼儿自我效能感提升的室内体育活动设计策略研究	9394
7	王玉红	利用乡土资源开展幼儿户外活动的实践探索	9824
8	冀艳华	农村幼儿园乡土课程资源开发与利用实践研究	7689
9	吴敏华	幼儿园主题活动背景下区域环境创设策略的实践探索	8814

续表

序号	姓名	题目	备注（字数）
10	李云霞	（1）幼儿园户外体育活动开展与实施策略	16608
		（2）优化幼儿园户外体育活动的研究——以L县幼儿园户外野战区活动实施为例	7907
11	马建玲	幼儿园区域活动中教师观察能力提升的探索	8394
12	陈　敏	幼儿园创意美术活动中乡土材料的开发与利用探索	7000
13	张晨霞	运用表演游戏促进幼儿社交能力发展的实践研究	11238
14	翟建贤	课程游戏化背景下幼儿园环境创设的探索	10006

成果导向带动课题研究，2020年春季，各成员着手以撰写小论文带动课题研究。通过集中指导、集体研讨和个别辅导的方式，学员基于课题研究的阶段性成果提炼观点、形成论文。到2020年底，每位成员完成了小论文的撰写。项目组以小论文作为课题中期研究成果进行课题中期考核。2020年度的课题研究指导以理论导师和主持人为主开展指导与交流。理论导师发挥理论特长、主持人发挥实践优势，分别从理论和实践两个角度，在规范论文写作、提炼实践经验和突出研究创新性等方面展开指导。伴随着研究的深入、实践的改进以及研究成果的提炼，项目组邀请高校理论工作者对成员的课题研究进行一对一的指导，2021年，从研究框架到研究内容和研究方法，再到研究结论提炼和具体观点表述进行深入、细致的指导；在学员完成基于研究报告而形成的论文后，指导教师进行了点评。具体请见表4。

表4　保定贫困县张春炬园长工作室成员论文指导专家

序号	姓名	题目	指导专家姓名及单位
1	石静霞	新教师队伍岗位胜任能力提升的行动研究——以曲阳县永宁幼儿园为例	保定幼儿师范高等专科学校教授王惠然
2	靳　红	绘本阅读融入幼儿生活的策略研究	河北大学教育学院副教授赵娟

续表

序号	姓名	题目	指导专家姓名及单位
3	赵　磊	幼儿园篮球游戏化教学的策略研究	河北大学教育学院教授范明丽
4	王海玲	幼儿园区域活动中教师支持策略的实践研究	保定幼儿师范高等专科学校教授王惠然
5	郑斌颖	幼儿园亲子活动中提高家长参与度的策略研究——以易县第一幼儿园为例	北京教育学院教授杨秀治
6	张　莉	基于幼儿自我效能感提升的室内体育活动设计策略研究	河北大学教育学院教授范明丽
7	王玉红	利用乡土资源开展幼儿户外游戏的实践探索	保定市贫困县园长工作室主持人张春炬
8	冀艳华	农村幼儿园乡土课程资源开发与利用实践研究	河北大学教育学院副教授赵娟
9	吴敏华	幼儿园主题活动背景下区域环境创设策略的实践探索	河北大学教育学院副教授赵娟
10	李云霞	幼儿园户外野战区的活动组织与实施——以保定市涞源县某幼儿园为例	河北大学教育学院教授范明丽
11	马建玲	幼儿园区域活动中教师观察能力提升的探索	保定幼儿师范高等专科学校教授王惠然
12	陈　敏	幼儿园创意美术活动中乡土材料的开发与利用探索	保定幼儿师范高等专科学校教授王惠然
13	张晨霞	运用表演游戏促进幼儿社交能力发展的实践研究	保定市贫困县园长工作室主持人张春炬
14	翟建贤	课程游戏化背景下幼儿园环境创设的探索	河北大学教育学院副教授赵娟

研究成效彰显了春炬园长工作室以课题为抓手的培训成效。工作成员在进入工作室之初只有一位硕士研究生有一定的研究基础并有1项市级课题在研，而其他成员基本上没有多少研究经历；两年后，成员们不仅经历了从撰写开题报告到进行中期总结再到撰写结题报告的研

究过程，还撰写了1万字左右的研究报告，并在研究报告的基础上提炼出相应的论文，完成了课题结题。与此同时，工作室成员成功申报或参与省、市级教育规划课题9项，发表论文28篇。更为可喜的是，14位成员中有1位园长成为市级工作室主持人，7位园长成立了工作站，成为县级工作站主持人，发挥示范引领作用。①

两年多的课题研究让成员们增强了科研意识，提升了科研能力，也让成员们体验到科研带来的幸福；更重要的是，成员们带动所在园全园教职工进行研究，提升了全园教职工的研究能力、教育教学能力，进而改进了教育教学和管理实践。由此可见，课题研究为幼儿园园长的专业发展插上了腾飞的翅膀。

---

① 具体见本书附录《保定市脱贫县张春炬工作室成员成绩单》。

学前教育更要重视立德树人

北京市广渠门中学　吴　甡

在学前教育前辈张春炬园长面前我还是有自知之明的，给张春炬园长工作室结业的成果书写序实不敢当，又非常感谢张园长让我有机会与大家分享学习体会，荣幸亦未违背我的意愿。

我做基础教育多年，退休后有机会接触到学前教育，使我如有顿悟般对教育进行再思考。无论做什么，都应该清楚自己的地位与作用，也清楚在哪、要去哪、怎么去（途径），要学会跳出本行业看本行业的思维方法，这一直是我的思维惯性。

当今世界在变。单边保护主义、民粹主义、强权政治，导致了原本的全球秩序被破坏，这其实不是经济争夺而是人才竞争，教育竞争。而我们现有的人的培养是有不足之处的，例如家、校、社培养目标不统一，最后造成家长与学校辛辛苦苦，劳神费力，培养的是人不是才或者是才不是人（不爱国家、不孝父母），我们教育人要认真反思！

社会在变。信息化、数字化时代，个性化成为社会主要追求的目标，人工智能、量子计算、无人化等科技发展日新月异，更新迭代、跨界融合、质变突破势头迅猛，大国科技战空前激烈，科技狂潮颠覆了人类生活，同样包含教育。个性化教育越来越受青睐，所以需求在变。“从吃不饱到吃饱”相对容易解决，但“从吃饱到吃好”就增加了问题的难度。现代教育也面临着这样的问题，从“有学上”转变为要“上好学”。个性化教育、教育集团化办学应运而生。然而，让每一个孩子都能享有公平且有质量的教育，这又对我们的教育提出了挑战。建设好教育体系是国家、民族的需求。全面推动习近平新时代中国特色社会主义思想进教材、进课堂、进头脑，构建学科教学和校园文化相融合、家庭和社会相衔接的综合劳动、实践育人机制，实施新时代立德树人工程，正在从梦想变为现实。

目前，我们的教育质量体系还有不符合时代发展要求的地方，呈现的现状是教育人都努力工作着，却少有人思考“为谁而教与为何而教”，有的教育被家长带节奏，幼儿园小学化倾向是社会浮躁、违背教育规律的体现，对孩子、对教育都是伤害。

学前教育人需要对上位思想提高共识并决定应该怎么做，我从三个方面来谈谈我的认识。

一、“立德树人”是根本

近几年下发的很多重磅文件都在围绕立德树人这个根本问题展开，但似乎大家在认识上、落实上都存在一些问题。有教育自身的原因，也有社会方方面面的原因。我以为：立德树人重在理解与共识，难在落地与落实。

学前教育一共有 3 个上位文件。根据《中华人民共和国教育法》制定的 2001 年教育部下发的《幼儿园教育指导纲要（试行）》、2012 年教育部下发的《3—6 岁儿童学习与发展指南》（下文简称《指南》）、2016 年教育部下发的《幼儿园工作规程》。幼儿园教育是基础教育的重要组成部分，园长们如果认真学习这些上位文件就应该理解到，幼儿园的教育任务是：贯彻党和国家的教育方针，促进幼儿身心和谐发展。在幼儿园学段中，立德树人首先要落在“人”上，必须是人。

作为人，最基本的要有人性、敬父母、爱家人、能独立生存与生活，等等。

德就是要懂道理、守规则、爱国、敬业、诚信、友善，成为社会主义建设者和接班人，做党的人，成国的才。幼儿园与小学是孩子性格确定的关键时期，性格决定命运。俗话说，三岁看大，七岁看老。这就是为什么学前教育中立德树人如此重要！学前教育是基础教育的基础，学前怎么贯彻教育方针，立德树人根本任务在学前教育怎么实现，五育并举与五大领域如何对接，是我们需要研究的！

目前，我们的学前教育在立德树人方面有待提高。

投放玩具的区域活动、户外活动、园本教育课程标准就一个“人”字，眼中是否有“人”是标准！是否先从儿童的成长的规律去想了？是否想到了儿童的未来？不能老师认为有用就上，根据是什么都不知道。“教育是要遵循规律，有目标、有依据实施的行为。”

被人家忽悠的学前教育小学化问题，伤了孩子也乱了教育秩序，只为满足家长浮躁的需求。一些国家是有立法的，幼儿园不准识字、不准教算数。为什么呢？是因为人心智在这个阶段还没有发育起来，不要给孩子压这么大的负担，而是要让他玩耍、让他自立。

学校或幼儿园最擅长的活动育人与实践育人却关注形式，没有人关注效果，只关注物质增长，不关注精神长相，因为物质有标准，精神无测量。精神长相，是一种看不到的能力，这个能力决定了一个人的精神力量。好看，不只是肤浅的漂亮，更是举止端庄、待人谦卑、谈吐优雅……所有的惊艳，都来自长久的修养。

根据上述问题，我们以问题为导向，来谈应该怎么办。

二、先提高自己，再建设队伍

幼儿园领路人必须厘清工作路径，关键先解决为谁、为何的问题，怎么培养人的问题，关键是要聚焦幼儿园立德树人的培养目标！

所有幼儿园的工作都是为了让孩子成“人”而做各种准备工作！

对教育方针的落实是最好的学前教育。把以人为本做到极致的学校或者幼儿园才是真正意义上的好学校、好幼儿园。

要永远知道自己是谁！作为一名党的园长，我们应坚持不忘初心，牢记使命，为党守好学前教育的阵地。不辜负领导的信任，不辜负人民的期望，更不改变自己所追求的教育理想。争做区域文化的地标性旗帜。

要永远知道自己为了谁！区域百姓的情怀在我心中，人民对美好生活的期许是从孩子能否受到好的教育中体味。教育公平之后人民对高质量教育的需求日益增长，我们的工作围绕这些才具有意义，所以要重新调整再出发，拿出新时代的管理策略与新版的教育教学，从小就让我们的孩子接受中华优秀传统美德的教育，培养具有国际视野、中国身份的接班人。在未来，我们能够不为今天的局限与狭隘的教育而感到后悔。

要永远知道自己应该干什么！作为一名教育工作者，我们要用更高的标准要求自己。只有不断地学习才能支撑我们的专业，所以要永远在学习的路上，向书本学、向同行学、跨领域学、跨学科学，提高自己的专业能力，提高自己的管理能力！多思考培养孩子的情感态度、价值观与社会责任，减少狭隘；多思考未来，带出一支优秀的干部和教师队伍！教育领军人有胸怀格局，才会有智慧，才是强大。要思考如何破解疫情对我们已经习惯的教育方式的冲击，提高对未来立德树人效果的预判的能力，敬畏规律，让教育在守静的坚守中更清晰，争做懂教育的政治家，懂政治的教育家。要为党做教育校长，为民族做教育园长。

学前教育立德树人的教育质量靠教师，教师队伍建设永远是关键。

在学前教育人的心里和脑中就应该有一个字——“人”。如果是两个字的话就是“指南”。为什么叫指南？答案是：方向。《指南》指向的就是做什么人，就是“立德”为谁而作，为何而做。人是核心，否则一切的教育是徒劳的！就成了生意！《指南》中提到的五大领域与五育并举如何衔接也是学前教育需要弄清楚的，不能铁路警察各管一段。

加强教师职业与专业培训，职业让教师生活升值，专业使教师生命更有价值。

学前教师应该学习《指南》，做个“指南人”。教育部要求：全员培训，确保每一个学前教育专业人员理解《指南》的理念、内涵和基本要求，把老师原有经验与《指南》的要求结合，解决学前教育实践问题。

刚入职的新教师往往缺乏专业认识。针对这个问题，幼儿园要调动新教师参与教研活动的主动性、积极性，请新教师做主持人，让他们带着问题参与教研。例如“如何创设幼儿区域活动情境?”“如何与家长、幼儿沟通?”“如何调动幼儿学习的兴趣?”等。新教师还要带着问题查找文献，聆听资深教师和专家交流的保教经验，积极参与保教实践，提升专业技能。有的新教师对幼儿园保育工作的性质、地位与独特价值并不十分清楚，尤其对幼儿园一日工作流程不熟悉。在入职培训中，要为新教师发放《新任教师入职教育手册》，其涵盖幼儿园规章制度、幼儿园教师工作职责、幼儿一日生活管理、安全与卫生保健、家长工作等内容。在培训中，加强新教师对幼儿园保育教育性质、幼儿日生活流程与细则等方面的理解与认识。

组织教师考试、实践问答、教学设计比赛的目的就是做《指南》人，行《指南》事，说《指南》话。方向对了头，一步一层楼；方向不对头，到处都碰头！

园长最重要的不是领导教育教学，而是关注教师们的生存氛围、文化环境，因为氛围一旦失衡，虽然教师们绝不会直接与校长唱反调，但是他们跑调的能力可能更有破坏力。他们会以各种牢骚话、闲言碎语流露出来影响团队斗志，给学校泄力！例如：“别那么积极了，干了也白干，人家有靠山！”所以，一个学校上升与下降的标志是办公室主流文化谁控股（正能量还是负能量）。目前，教师群体中这个问题是存在且不能忽视的，为此要为教师队伍建立好防火墙、舆情反射板。因为，我们要清晰了解在中国所有职业人中，心理最微妙、最细腻的群体就是教师。

专业发展上重在培养教师专业精神。幼儿园要按照《指南》方向建立起孩子培养目标清单。从五大领域培养孩子最初的精神长相（性格基础、情感基础）是立德树人重点。立德树人在教育各个学段、各个窗口期都应该有各自的培养目标清单，把中国元素融入进去，传递时代声音、历史文化记忆。孩子们是在故事中长大，在童谣中启蒙的（我们很多幼儿园都有自己一日生活的童谣）。铁杵磨针、愚公移山、孔融让梨、猴子盖房子、司马光砸缸、黑猫警长、神笔马良、人参娃娃、大禹治水……这些优秀中华传统文化必须继承与发展。“一条大河波浪宽，风吹稻花香两岸，我家就在岸上住，听惯了艄公的号子，看惯了船上的白帆……这是我生长的地方，在这片辽阔的土地上，到处都有明媚的风光！……这是强大的祖国，在这片温暖的土地上，到处都有和平的阳光！……朋友来了有好酒，若是那豺狼来了，迎接它的有猎枪。”这些中国人对家乡充满情怀，家国味道十足的歌曲等都曾深深印记在我的成长经历之中！作为园长，我们要有对意识形态的敏感，保持高度警惕，我们学前教育可是最容易被人家蚕食的，尤其是针对一些绘本，要严格审核。

现在的高频词汇是“协同”教育，包括打破学科边界协同、课堂与生活协同、家校社协同、大中小幼协同、思政课协同等，提高学前教育质量需要协同教育。其内涵与提高其他基础教育学段的教育质量是有区别的，主要应该是提高“家庭教育育人指导与服务的质量”，因为3—6岁的儿童，家长的养育水平与质量是最重要的。一个孩子在小学与初中成为学校的差生、成为家庭的叛逆，都是3—6岁没有很好的家庭养育。坐享其成、不劳而获、理所应当、任性、放狠、极端利己……当我们认识到所有孩子的问题根源在家庭、反映在学校的时候，就应该意识到家教的重要性了，并及时调整我们的教育策略，协同很重要。家庭教育易产生3种错：一是错位了亲子关系；二是错失了最佳教育保质期；三是错失了家教常识。家庭教育最忌讳的是不劳而获。轻易得来哪知珍贵，理所应当凭什么感恩？一些家长的培养误区是全权代理孩子的一切事务，结果对孩子造成更大的伤害。这里有一条最基本的规律大家必须统一认识：家庭好了，教育才会好，孩子才会长成好的样子；家长好好学习，孩子才会天天向上。现在更多的家长和更多的教育工作者已经意识到家庭教育的重要性了，但是又苦于没有科学的方法系统了解家教，掌握家教。尽快建立家庭教育问题的预防、诊断等指导服务的公共服务体系十分必要。

教育没有近路可走，没有弯道超车！只有静下来、踏实下来，才能从默默无闻做到人民满意。立德树人——我们的使命！

以上是我跟随张春炬园长工作室学习3年的点滴体会，水平有限，不当之处请各位读者谅解！

谢谢张园长！

团队管理研究篇

团队管理研究篇

近年来，为促进学前教育质量提升，为幼儿终身发展奠定坚实基础，教师专业成长、家园共育、膳食管理等在幼儿园团队管理工作中占据重要地位。幼儿园的管理者可以通过“学习—实践—引领—教研—反思”五位一体的提升模式支持教师专业成长，促进教师自主发展；架构幼儿园规范管理体系，建立科学标准的卫生保健工作，探索科学膳食管理的有效路径，促进幼儿身心健康发展；引导家长明晰角色定位，采取多形式的沟通策略，融合多样性的家长资源，家园互动形成合力，取得教育成效。

儿童视角下的园长专业发展的理性思考

保定市青年路幼儿园　张春炬　任海霞

新时代背景下，我们培养什么样的人、怎么培养人、为谁培养人等问题已经成为每一个学前教育工作者深刻挖潜的课题，而这份厚重的使命与担当则需要我们把舵定向的园长来躬身笃行。那么，园长如何准确把握幼儿园的发展方向、彰显园所自身文化发展的魅力；如何在新的竞争环境中推陈出新；如何保持园所的核心竞争力，就必须研究并践行《幼儿园园长专业标准》《3—6 岁儿童学习与发展指南》和《幼儿园保育教育质量评估指南》的基本理念与精神，转变观念，研究教学改革及儿童发展，努力使自己迈向“专业化”发展之路。儿童视角作为学前教育研究与关注的热点，对幼儿园园长专业发展的促进有着更加深远的价值和意义。

一、立足儿童视角，转变园长专业发展理念

蒙台梭利说：“从胎儿出生一直到生命结束的全过程，生命是自然而然发展的，所有儿童都具有自我成长的生命力。这种成长不是随意的，而是由小到大，由简单到复杂，充满着秩序和规律，是一种自然法则。”因此，树立正确的儿童观是园长做好管理工作的切入点和落脚点。

（一）重新认识儿童

1. 儿童具有与生俱来的内在生命力

儿童是人，不是小大人。他们不是白纸，由别人来描绘自己的生命蓝图。他们是一粒遵循自身生长规律的种子，自己创造自己，不是任何人的复制品。所以，让孩子成为他自己，这是人成长的核心，也是教育的核心。

2. 儿童建构知识的过程

儿童的认知经验离不开他所生存的环境。皮亚杰指出，儿童与环境的相互作用涉及两个基本过程："同化"与"顺应"。同化是认知结构数量的扩充，而顺应则是认知结构性质的改变。儿童的学习依赖自己所生存的环境，知识建构是建立在自己前期认知经验的基础上，并且需要亲身感知、亲自操作与体验，这是儿童建立正确知识经验的关键与基础。

（二）重新认识园长的专业发展

1. 园长需要深度学习

专业发展是一个不断学习、逐步提升、高效超越的过程。作为一名优秀的园长，要与时俱进，把学习当作一种责任、一种素质、一种觉悟、一种修养，当作提高自身管理能力的现实需要和时代要求。一是精读世界经典教育著作，近距离与精神大师对话，如蒙台梭利的《童年的秘密》、卢梭的《爱弥儿》等著作。二是撰写案例与反思，努力将书中理论植根于实践并研究其成效。三是提高自己的精神境界与美好，保持学识的广博与深邃、心灵的端正与正直、情感的纯洁与高尚。

2. 园长需要引领发展

园长是幼儿园管理的领导者，更是教师专业发展的引路人，也是重要实践研究的践行者。当一名园长能够用儿童的眼睛去观察，用儿童的耳朵去倾听，用儿童的大脑去思考，用儿童的兴趣去探索，站在儿童视角直观体验，用儿童的情感去热爱时，他才是一名名副其实的好园长。好园长需要具有良好的品格和崇高的境界，需要具有扎实的文化功底和较高的专业素养，需要具有较强的专业能力和较大的影响力，这些要素都是园长引领团队发展走向未来的重要因素。

图 1　站在儿童立场提供材料

二、聚焦体验式园本教研，理解儿童并发现儿童

在幼儿园中，园长不仅是管理者，更应该是教育专家和学科带头人。园长只有站在儿童的视角，带头进行专业学习，铸造能力硬核，幼儿园才能形成品质文化、卓越文化和强势文化。

（一）从集体教学到教学观察

虞永平教授说："只有树立正确的儿童观和教育观，才能真正理解儿童是如何学习的？为什么这么学习？观察儿童需要技术，更需要激情、敏感和智慧，眼睛不是观察儿童的唯一感官。"周念丽教授指出，理念决定视角。集体教学中秧田式、马蹄形的座位排列，儿童是活动主体这一理念形同虚设。视觉决定评价，看不到真实的师幼互动，没有幼儿的兴趣程度、参与程度和欢愉程度作为参照，就很难全面分析教师活动组织与目标达成程度之间的关系。

（二）从关注问题到专业反思

专业反思是教师对儿童游戏行为进行深入分析的过程，也是教师不断修正并完善对儿童认知的重要过程。我们要关注研究专题是如何提出的？园长是否给予教师提出自己问题的机会？谁是园内专业引领者？专业引领是否缺位？引领者自身学习的途径是怎样的？获得外来专业支持的机会有多少？进而园长不仅要观察教师是否在参与，还要从教师的视角去观察，鼓励教师提出问题，支持教师对问题进一步探究。如我园近几年一直在大学教授的引领下进行基于儿童视角下的数学教研，教师体验、操作幼儿数学材料，观察并记录幼儿数学活动过程，运用视频与照片对幼儿数学学习案例进行从理论到实践的深入浅出的分析与思考，极大提高了教师的理论水平和研究反思能力。

图 2　现场诊断，体验参与，深入研讨

（三）从区域游戏到儿童发展

维果茨基强调，当儿童在他们的最近发展区内进行活动，并得到更熟练的同伴引导的情况下，学习就会引导发展前进。比如，在小班建构区，园长应该关注儿童哪些经验和问题？幼儿表情说明什么问题？桌面搭建与地面搭建的差异是什么？积木分类摆放的意义什么？结构游戏的特点、目标、指导要点是什么？幼儿操作技能水平都有哪些阶段……这些问题的提出，直接指向了儿童区域游戏的目标与过程，最终关注的是对儿童发展的意义与价值。

（四）从课题研究到专业发展

积淀深厚的学养，拓展专业发展的视野，园长必须在课题研究中求真学问，在实践中练真本领。一是基于儿童学习问题的观察研究。透过问题深入解读儿童各年龄段的发展特点、心理特点、关键期经验。观察让教师的专业看得见，让儿童的发展看得见。二是基于儿童学习支持的行动研究，如何为儿童提供合适的环境，让教学走在儿童发展的前面，细心观察儿童的行为，适时加以引导，是教师不断优化教育过程的重要问题。

三、协同专业创新，构建园长发展共同体

齐格蒙特·鲍曼说："共同体是一个温暖而舒适的场所，一个温馨的'家'，在这个家中，我们彼此信任、相互依赖。"名师、园长工作室作为共同体的创新模式，真正起到了培养一名专家、带动一门学科、引领一个团队、辐射一个区域、结出一批成果的作用，为园长的专业化发展提供了平台和空间。

（一）共学共研，主动反思

美国心理学家波斯纳提出教师成长的公式：成长＝经验＋反思。反思已经成为教师培养的基本模式，这也应该是幼儿园园长的成长模

式。通过反思，不断澄清观念，从实践中走出来，再去审视实践，避免违背规律，用反思得来的真知和智慧指导工作，影响和带动教师的专业发展。

“园长需求”乃“研修内容”，“获得过程”乃“研修过程”。在户外“万能工匠”玩具的体验式教研中，我们让园长们通过观察思考如下问题：这种摆放方式有问题吗？儿童喜欢的方式是什么？如何让儿童深度参与……通过园长们亲身操作后进行深度反思：在拆卸的过程中自身有哪些感受？插件分类摆放的价值？自主建构的过程发展了儿童哪些能力？这种现场诊断，体验参与，深入研讨的方式触动人心、引人深思。这就是高杉自子的“现场中心主义”和“站在孩子立场上的保育（观）”的完美体现，这才是“幼儿教育的真谛”。

图 3　在体验学习的场域中进行儿童观察

（二）共建共赢，外部刺激

教育的本质就是促进人的成长，提高生命质量和价值。园长、名师工作室为幼儿点灯，助成员提升，探区域引领。如："河北省张春炬名师工作室""河北省名园长工作室""春炬园长工作室""保定市贫困县张春炬园长工作室"等4个工作室，履责任，担使命，学思并举，研培共进，彰显了一条思想主线，即"做强自己，带动一批，辐射全域"。突出了五个特点，即"起点高、活动多、研究深、见效快、影响大"，几年的时间内，其辐射力和影响力形成了燎原之势，其工作室的专业影响走向了全国。

作为一名专业的园长，要想做高质量的学前教育，就必须能洞察儿童生命成长的自然规律，洞悉儿童生活世界的体验和感受。因为，幼儿才是幼儿园最美的风景。因为儿童，为了儿童，就是我们的价值追求。

幼儿园亲子活动中提高家长参与度的策略研究

——以易县第一幼儿园为例

保定市易县第一幼儿园　郑斌颖

儿童的成长受学校、家庭和社会多方面的影响，其中家庭影响是重要的一方面因素，《幼儿园教育指导纲要（试行）》明确指出："家庭是幼儿园重要的合作伙伴，应本着尊重、平等、合作的原则，争取家长的理解、支持和主动参与，并支持、帮助家长提高教育能力。"① 在国家"十四五"规划建议中，"建设高质量教育体系"部分强调要"健全学校家庭社会协同育人机制"。由此可见，只有家庭和幼儿园二者相互协调、紧密配合，才能更好地促进幼儿的发展。幼儿园亲子活动是家庭和幼儿园二者相互协调的重要形式，家长的参与度则是提高亲子活动有效性的重要因素，但现实中家长的参与度并不高。为此，近年来我园致力于幼儿园亲子活动中家长参与度的研究，并且探索出了行之有效的提高家长在幼儿园亲子活动中的参与度策略。

为了解家长对幼儿园亲子活动的认识和建议，我园设计并发放《亲子活动的家长调查问卷》（见附件 1）共计 500 份，其中有效问卷 439 份，占比 88%。问卷共设计 27 个问题，从家长参加情况、教师指

---

①　中华人民共和国教育部．幼儿园教育指导纲要（试行）［M］．北京：北京师范大学出版社，2001：10.

导情况、活动中的获得情况，以及对亲子活动形式内容的建议等方面进行了调查。通过对问卷进行分析，结合日常的家长访谈和交流，发现现实中存在家长在亲子活动中参与度不高、主动性不强等问题，为了改变这种状况，我园分析问题存在的原因，有针对性地用加大宣传、调整时间、加强指导、丰富内容、有效互动等方法进行改进策略的实践研究，从而提高家长参与度，增强活动的有效性，提高亲子活动质量，更好地促进幼儿发展。

一、改进组织方式，增强家长参与意识

参与意识是指家长在亲子活动的准备、实施、总结过程中积极参加，不做被动的旁观者的态度。为进一步了解家长对亲子活动的真实想法，我们在问卷中设计了“您认为幼儿园亲子活动是否必要”一题，结果有281位家长认为非常必要，占有效问卷的64%，具体情况如下。

调查问卷显示，家长中认为非常有必要开展亲子活动的占64%，对开展活动重视程度较低的占36%；70%的家长每次都参加亲子活动，20%的家长经常参加，10%的家长偶尔参加。通过访谈得知，之所以存在这种情况是因为仍有一部分家长对亲子活动的意义、作用认识不足，认为亲子活动只是形式、家长孩子一起玩会儿而已，不一定非要参加。为提高家长参与意识，使其对亲子活动有正确的认识，我园不断改进组织方式，具体措施如下。

（一）注重以点带面，发挥家委会作用

家长委员会就是由家长代表成立的组织，代表全体家长参与学校民主管理，支持和监督学校做好教育工作，是学校联系广大家长的桥梁和纽带。我园的家长委员会是由每班推选出一名爱孩子、爱教育、有高度责任心并且工作时间较为弹性的家长组成的。家长委员会的成

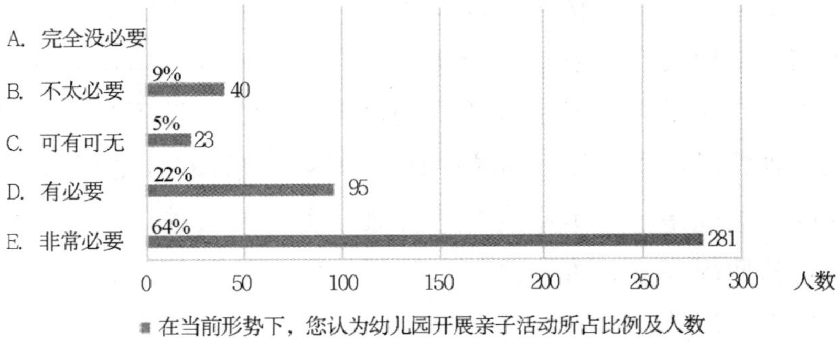

图4　亲子活动必要性调查结果

员来自家长，更能站在家长的角度看待和分析问题，在家长中的影响力也就更大。我园本着尊重、平等、合作的原则，邀请家长委员会成员全程参与亲子活动讨论，赋予家长活动决定权、参与权，激发其自豪感与成就感，并将他参加讨论设计的情况告知其他家长，从而影响带动更多家长参与到活动中来。

例如，在中秋节前夕，我园计划围绕传统节日开展一次亲子活动。在教研活动时，请家长委员会的人员按自己所在的年龄组参加讨论、设计，最终决定3个年龄组采取不同的活动形式。小班幼儿做月饼，中、大班幼儿在小班时已经做过月饼，于是采取手工制作、创意水果的活动形式。家长将讨论情况在本班微信群中告知其他家长，号召大家积极参加。由于都是家长身份，其他家长对他的信任感更强，也就能够积极参加活动了。

（二）开展专题活动，增强家长科学认知

参与学校教育工作是家长义不容辞的责任和义务，因为家长一方面有教育子女的责任，另一方面孩子最早接受的教育是由家长实施的，家长在参与学校教育的工作上有其独特的优势。只有了解孩子，才能教育孩子，不以了解为基础的教育是盲目的、低效的。为了让家长更加了解幼儿身心发展规律和年龄特点，我园特聘请教育、保健方面的

图 5　中秋节亲子做月饼活动

专家围绕相关主题为家长开设专题讲座，向家长传达育儿知识和教育理念。例如，通过市级妇幼保健院专家关于“幼儿生理特点与认知规律”的讲解，家长知道了为什么幼儿园要用游戏的方式开展教学，为什么幼儿不能像小学生那样端坐在教室里学习拼音和写字。又如，我园借助绘本馆开展沙龙活动，通过预约的方式，周六时间邀请 5—10 名家长参加活动，探讨“如何培养阅读习惯”“阅读中的亲情互动”等，让家长了解相关知识，实施科学的教育方法。

（三）突显“哇时刻”，促进家园合作

家长每天在接送幼儿时都与老师见面，这种能将幼儿精彩时刻及时告知家长，让家长发出惊喜之声的交流方式老师们将其称为“哇时刻”。在与家长进行沟通交流时，针对不同的家长，教师交流问题的侧重点可以有所不同，如面对祖辈时，教师可多谈幼儿的保育情况；面对父母时，可多谈幼儿的教育情况，尽量满足各类型家长所关心的不同方面的问题。教师在与家长沟通时，还要注意交谈时间的适宜性，父母早上送孩子的时间紧张，所以尽可能将交流时间放在放学后。交流时，教师每次只谈论一个问题，把握好交谈时间，也耐心倾听父母对此问题的看法，探讨后给父母必要的指导。例如，老师及时向家长表扬某幼儿爱看书的好习惯，也针对该幼儿有时不能一页一页看书与家长共同分析原因，指导家长在家中应该如何进行亲子阅读以改进幼儿阅读习惯。教师在交流的过程中将教育方法和理念传递给了家长，家长会感到教师在关心、关注着自己的孩子，对教师就更加尊敬和信任，也就更愿意配合教师工作。

（四）促成家长全程参与，转变角色定位

幼儿园亲子活动是以教师为主导、教师与家长共同组织的一种教育方式，互动性是幼儿园亲子活动的基本特性。然而调查结果发现，有25％的家长没有正确认识自己的角色定位，有15％的家长直接包揽了幼儿的任务，也有家长全程旁观，让幼儿自己进行活动。最终，幼儿在活动中并没能感受亲子互动的乐趣，家长也没能抓住与孩子沟通交流的好机会。

为增强家长亲子活动的参与意识，增强活动的有效性，幼儿园把家长放在平等的地位，活动前，请家长参与活动方案的设计；活动中，指导家长转变角色与幼儿平等有效互动，保持良好心态，合理参与，既不做“甩手掌柜”，也不“包办代替”，做孩子的合作者。活动后，家长参与活动评价，反思自己的教育行为，将活动中的教育思想向家庭延伸。让家长真正体验到亲子活动对孩子发展的价值，使家长愿意参加亲子活动，积极参加亲子活动。

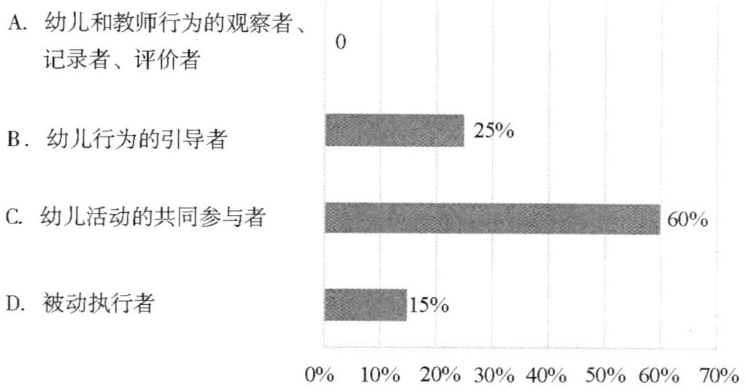

图6　亲子活动的角色定位及所占比例

二、创新运行机制，增加家长参与机会

“幼稚教育是一种很复杂的事情，不是家庭一方面可以单独胜任的，也不是幼稚园一方面能单独胜任的，必定要两方面共同合作方能得到充分的功效。”① 幼儿园应加强家园联系，科学合理地安排亲子活动时间，积极创造条件，创新运行机制，增加家长参与活动的机会。我园亲子活动调查结果显示，参加活动的家长中妈妈占75%，爸爸占15%，祖辈占10%；不参加活动的家长中68%因为工作忙，存在家长对亲子活动的价值认识不足、活动和工作时间冲突的问题。部分家庭是孩子的祖辈代替家长参与，带有竞争性的体能活动显然不适合老人参加。

家长参与孩子亲子活动的频率过低，教师与家长就不能搭建和谐的沟通平台，家长对幼儿园的教育理念不了解，教师对家长的需求了解得也不够全面，容易造成家长、教师、孩子之间出现信息交流脱节情况。针对这种情况，我园采取了以下措施。

---

① 朱美玲. 家园合作方式的实践与探索 [J]. 幼教天地，2010 (11)：45.

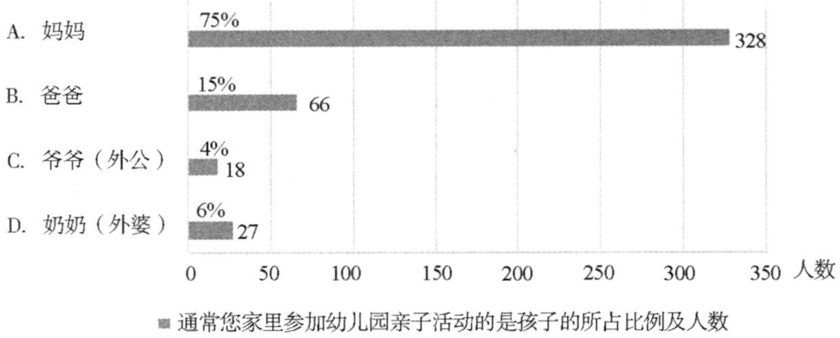

图 7　亲子活动参与人员调查结果

（一）借助现代信息技术平台加强家园联系

随着时代的发展，互联网、现代的通信技术已经进入千家万户。各班级都创建了 QQ 群、微信群，还借助“腾讯会议”“钉钉”等平台加强家园联系，提高情感黏性，增强家校间的互动性，形成家园合力，协同教育。例如在大班组织大型户外建构“我的社区”“我的郊游”亲子活动时，教师活动前在家长群中向家长介绍活动的内容与意义，在前期准备环节中布置了家长带孩子参观自己社区和郊游的小任务。之后，家长们在家长群中讨论热烈，纷纷介绍自家孩子最喜欢社区的什么和郊游中的趣事，教师们看后及时给予相应的指导和建议。借助信息平台的交流，家长们对活动有了更深的认识，重视程度更高了，由于前期准备充分，实际操作时建构活动精彩纷呈。教师们把活动中的照片、视频发到家长群，家长可以下载永久保留。家长们既看到了自家孩子的表现，又看到了别家孩子的表现，能更客观地评价自己孩子在活动中的表现及亲子活动质量。活动后，家长们把对活动的反馈发到家长群，教师很好地总结了活动的得与失，极大地调动了家长继续参加亲子活动的积极性。

（二）科学合理安排活动日期和活动时长

科学合理地安排活动日期可以避免家长工作和亲子活动相冲突，适当的活动时长符合幼儿身心发展特点。调查问卷显示，家长选择“周六或周日”参加活动的概率较大，占比 30％；其次是“下午接送孩子时”和“平时下午”，占比分别为 29.5％和 24％；“平时上午”开展活动只有 16.5％的家长表示愿意参加。

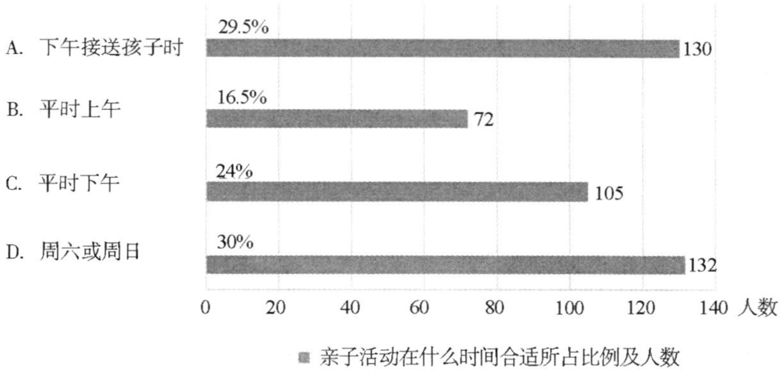

图 8　亲子活动开展时间调查结果

由此可以看出，相对于上午，家长更愿意将活动的时间定在下午，而且愿意选择周六日参加活动，因此我园亲子活动开展的时间尽量安排在下午或周六日，这样就可以保证参加活动的人数。确定具体时间后，教师会提前一周通知家长，以便家长调整工作时间。郊游日期一般定在星期六上午半天时间，大人孩子都不会太疲劳，星期天还可以休整一天。亲子运动会按年龄组开展，会选择午休之后到放学时间，这样教师有时间布置场地和道具，家长参加完亲子活动便可直接接幼儿回家。手工制作、音乐活动等其他亲子活动一般会定在幼儿离园前的一个半小时之内，幼儿和家长在活动之后还可以分别进行交流。这样的时段和时长便于家长调节时间，也符合孩子的身心特点，家长的参与度也会提高。

（三）为部分家长提供晨间亲子活动条件

晨间活动时间是指幼儿刚入园至早操活动前的这段时间。为了更好地解决家长工作日与亲子活动时间相冲突的情况，我园尝试利用一楼活动大厅，采取分批预约的方式邀请家长来园参与亲子建构游戏，使家长能灵活运用时间享受亲子时光。由于预约式体现了尊重家长、服务家长的意识，他们参与活动的积极性很高，对幼儿园的认可度也更高了。如大三班根据家长的预约情况，分批邀请家长在晨间活动时间和孩子共同参与建构各种各样的桥，在建构中家长了解孩子游戏情况，指导孩子解决游戏中遇到的难题，引导孩子掌握建构技能与方法，促进幼儿思维和创造力的发展。

三、提升教师能力，提高家长参与信任

教育部 2012 年颁布出台了《幼儿园教师专业标准（试行）》〔2012〕1 号文件，从专业理念与师德、专业知识、专业能力等 3 个维度、14 个领域进行表述。幼儿园教师专业能力包括环境的创设与利用、一日生活的组织与保育、游戏活动的支持与引导、教育活动的计划与实施、激励与评价、沟通与合作、反思与发展。在幼儿园亲子活动中，教师是重要的计划、组织、实施、评价者，教师能力和水平的高低直接影响亲子活动的质量。通过调查发现在活动中存在教师活动设计与实施能力不强，亲子活动的吸引力不够，活动内容不够丰富，活动方式不够多样，活动观察与指导能力不够，创新能力不足，活动总结评价能力欠缺等问题。幼儿园教师是履行幼儿园教育工作职责的专业人员，为了使教师掌握系统的专业知识和专业技能，能够在活动中观察指导家长和幼儿，从而提高家长参与信任，我园教师在亲子活动过程中通过前期教研活动、撰写活动方案、布置场地和准备物资、与家长

沟通、组织实施、活动反思等一系列工作，大大提高了自身的专业水平。

（一）客观分析，找准教师需要改进的突破点

通过问卷、访谈、反思等方式，发现幼儿园亲子活动过程中存在教师与家长合作的随意性强，计划性差，教师组织、沟通能力有待提高的现象。教师与家长在合作中的地位不平等，家长更多地处于被动地位，一部分家长在问卷建议中表达出愿意为活动出谋划策的意愿，而教师没有注意到这一点。教师需要提升自身专业化水平和与家长沟通的能力，了解当前最新的学前教育发展情况，在亲子活动开展过程中，给予家长更好的引领，更有效的帮助，给予幼儿更适当的介入，思考如何更客观地看待孩子的行为，准确地确定孩子的发展水平，带给家长必要的专业知识，真正调动家长参与亲子活动的积极性，使其变被动为主动。我园教师分析自身不足，有意识地通过各种方法改进这些方面的不足。

（二）深入教研，促进教师专业素质提升

陶行知先生曾经说过："做先生的，应该一面教一面学，并不是贩卖些知识来，就可以终身卖不尽的。"① 教师只有一方面指导学生，一方面研究学问，才能时常找到新理。为提升我园教师的专业能力，我们以教研为抓手，用教研促发展，在每次教研过程中都提倡教师多阅读有关家庭教育的经典著作，并倡导家长进行阅读。通过学习—实践—反思—再学习—再实践这种螺旋式的亲子教研活动，使教师的专业能力得到提高，指导亲子活动也就做到了有的放矢。

我园以年级组为单位定期开展亲子活动，每一次开展亲子活动，至少教研 4 次——确定主题、前期准备、制定方案、总结反思——使活动符合幼儿身心发展特点，集游戏性、趣味性、互动性为一体。例如，

---

① 陶行知．陶行知全集：第 1 卷［M］．湖南：湖南教育出版社，1984：23.

大班组的亲子活动“风火轮转转转”第一步，教师根据近期孩子的发展目标，确定本次活动的具体目标。第二步，教师设计活动的步骤并做准备工作。教研时大家对风火轮大小的讨论出现了分歧，久争不下，于是实地试验。经比较，大的慢，安全；小的快，刺激。最后大家商定既要搭大的，又要搭小的，可让幼儿根据自己的运动能力自由选择，增加不同的感受。通过这样的探讨和试验，教师真切地感受到了要站在孩子的角度考虑问题，也更了解了此种玩具的点动成线、线动成面、面动成体的特点，并且明白了这些特点也适用在桌面玩具上。第三步，教师按方案组织实施。对于活动中出现的问题，教师及时补救，并将情况告知其他班级，使下一个班级的活动更加完美。第四步，亲子活动后老师通过访谈或调查问卷向家长询问感受、意见、建议，以便下次更好地开展亲子活动。对于家长的反馈，教师在教研活动时要进一步探讨原因及对策，使下次活动的设计更加严谨。教师还把自己的好方法、真体会写进教育随笔，教研时读给大家听，取长补短，互助互学。

（三）强化观察，提高对家长亲子活动的指导

在亲子活动中，教师要加强对亲子互动的观察与指导。亲子活动的主体应是幼儿，家长和幼儿共同有效的互动，才能更好地促进亲子间的沟通，促进幼儿各方面能力的发展。然而在亲子活动过程中发现存在幼儿主体缺失的现象，这归根结底是由于家长教育技能的缺乏和教育理念的偏差造成的，如亲子制作活动中家长的包办代替，亲子郊游中确定的内容不适宜孩子，亲子游戏无法激发幼儿参与的积极性等。因此，教师不仅是活动材料的提供者、活动组织的引导者，还应该是家长和孩子的合作者，同时也应该是亲子活动的指导者。教师要善于观察活动中出现的问题，并在活动中有针对性地进行互动指导。活动结束后，教师也要抓住机会与家长交谈，聆听家长的教育建议，并在观察的基础上对家长在活动中的表现进行整体评价，向家长宣传教育

理念，提高家长的教育技能，从而提高亲子活动的有效性。

图9 教师对亲子活动进行指导

四、丰富活动内容，激发家长参与热情

形式多样、内容丰富的亲子活动能够增加家长和孩子的新鲜感，激发家长参与热情，也会大大增强家长参与活动的积极性和有效性。因此，亲子活动形式创新、内容丰富尤为重要。我园的亲子活动内容涉及健康、语言、社会、科学、艺术五大领域，并根据年龄、季节、教学内容、主题教育等设计并组织了不同形式的亲子活动，例如“亲子运动会”“亲子游园”“长卷绘画”“大型搭建”“粽子飘香”“我的小手真能干”等，融节日教育、家教指导、娱乐活动为一体，做到了亲子活动每月不同，每年不同。

（一）围绕教学主题开展亲子活动

主题式教学活动是当前大部分幼儿园采用的课程模式，亲子活动可以围绕当前主题教学，依据《3—6岁儿童学习与发展指南》与幼儿自身的年龄特征，同时也依据亲子教育的目标，设计和组织幼儿园亲子活动。家长通过参与亲子活动，可以了解现阶段幼儿园的教学主题、教学理念及幼儿培养目标，从而了解自己孩子的状态，理解并支持孩子；能够通过各种情感表达来感染、激励自己孩子，促进孩子健康、全面发展。例如，在开展“多彩的秋天”主题活动过程中，结合秋天的主题教学，鼓励幼儿和爸爸妈妈走出去发现秋天、寻找秋天并欣赏赞颂秋天的诗歌，在园内我们组织了叶贴画、拓印画的亲子制作展览。在“多彩的服装”主题活动中，父母和孩子们齐动手，收集生活中的废旧报纸、包装盒、绳子等材料来制作出各式各样漂亮而又环保的服饰，并充实到班级的大舞台游戏材料中，丰富幼儿们的游戏活动。小班入园适应阶段开展“我们是相亲相爱一家人”主题活动，中班开展“家园因你而精彩”主题活动，大班在幼儿上小学前开展“陪幼儿越走越好”的主题亲子活动。

（二）结合传统节日开展亲子活动

中国传统节日蕴涵着勤劳善良、敬老孝顺、爱国爱民等优良品德，为了这些优秀的中华民族传统文化的传承，我园结合端午、中秋、重阳等传统节日开展亲子活动。例如，端午节时教师搜集关于端午节的来历、习俗活动等，在班中讲解并发到家长群中让家长了解，再根据不同年龄确定活动内容：小班组在户外利用“多人协力滑行车”开展“赛龙舟”活动；中班开展手工制作“七彩粽子”活动；大班开展真实的“我们包的粽子”活动。大班的活动最受欢迎，食堂提前买好江米、粽叶，家长到园内和幼儿一起包粽子，由手艺好的教师或者家长进行教授和指导，大家将包好的粽子送到食堂煮熟，第二天当作全园幼儿加餐，大班幼儿每人带回一个给家长品尝。很多年轻家长感慨：“长这么大，以前只是吃粽子，没想到在自己孩子的幼儿园第一次体验了包粽子，让人终生难忘。”中秋节时，我园根据幼儿年龄特点和动手能力、创造力的不同，分年龄组开展活动：小班组开展了“我和爸妈做月饼”活动；中班组开展美工活动“我的月饼最好看”；大班组创意制作水果拼盘，开展“中秋水果品鉴会”活动。元旦，为了给幼儿一个展示的舞台，大班开展“诗歌故事朗诵会”，孩子们表演的《中华孝道》《爸爸最好了》《我有一个好妈妈》《听我说谢谢你》等，让台下的爸爸妈妈热泪盈眶，孩子们知道了父母的辛苦，懂得了感恩。

图 10 利用体育器械进行亲子游戏

（三）利用体育器械开展亲子活动

利用各种体育器械组织的亲子体能活动是幼儿最喜欢的亲子活动形式。它既可以促进幼儿身体成长，又可以促进幼儿智力和意志品质的发展，还可以增进幼儿与家长的情感交流。例如，我园开展了秋季亲子运动会，“推小车”“穿大鞋”“趣味套圈”“篮球接力”“跳格子”“推铁环”一个个趣味十足的体育游戏不仅充分调动了孩子们参与的热情，更是唤起了家长们美好的童年记忆。孩子们在家长的陪伴下，穿梭于运动游戏区，脸上洋溢着开心的笑容，场面热闹、温馨。我园还开展了大型建构亲子活动，把参加活动的家长和幼儿分成两组，分别以“社区”“郊游”为主题，展开别开生面的比赛。大手拉小手运材料、谈设计、搭建、玩耍。孩子们表现了非凡的创造力，搭出了高楼、汽车、变形金刚、跷跷板、烧烤架、帐篷、小桥等。活动的开展有助于培养幼儿的竞争意识、合作意识，还增进了亲子之间的情感沟通与共鸣。

（四）幼儿园亲子活动向家庭延伸

随着近一两年幼儿园亲子活动的开展，园内的活动取得了一定成效，如何让幼儿园的亲子游戏活动延伸到家庭中，我园进行了一些探索。环境是幼儿游戏基础，也是重要的教育资源。于是老师指导家长打造家庭游戏区，与家长一起规划，同时还鼓励家庭之间相互交流。如利用阳台、卧室一角、书房等设置成建构区、表演区、小书屋等，让家长和孩子在美好环境中亲情互动。伴随着教师的悉心指导，家长对家庭亲子游戏活动日益重视，充满兴致，一部分家庭亲子游戏开展得有声有色。

五、提供多种保障，促进家长参与实现

家长参与亲子活动的实现离不开幼儿园的支持与保障，在开展活动过程中存在制度不完善，亲子活动受器材、材料、场地、环境限制等问题，为最大程度保障亲子活动的有效实施，我园采取了以下措施。

（一）完善制度，为亲子活动保驾护航

相应的制度可以避免亲子活动的盲目性，使亲子活动有章可循。于是根据我园亲子活动制度不完善的实际情况，我园征求教师意见制定有关制度，例如规定教学园长牵头，学期初各年龄组制订出本学期亲子活动计划，规定好活动开展的侧重方向、次数、主要内容、方式，保证活动的计划性。学期末，考评小组将亲子活动开展情况纳入年终考评体系。制定亲子活动的教研制度，在园本教研的基础上，以亲子活动为案例，挑选优秀活动方案，逐步形成园本课程。

（二）丰富材料，为亲子活动做物质保障

幼儿的思维以具体形象思维为主，亲子活动中要有器材道具的支持才能使幼儿更好的发展。一些亲子活动的设计受器材、材料的限制不能实施，于是幼儿园不断丰富亲子活动器材和材料，对活动中需要的材料大力支持，例如“欢乐的六一”活动中购买多个充气水池；长卷绘画中购买布匹、颜料、画笔等，为活动的顺利开展提供物质保障。

（三）社区联动，为亲子活动做环境保障

《幼儿园工作规程》中也强调了幼儿园应当加强与社区的联系与合作。我园多方整合资源，以幼儿园的名义联系社区和可利用资源，进一步扩大亲子活动开展的形式和内容，例如参观博物馆、新华书店等。同时，幼儿园也将家庭资源和幼儿园资源进行整合，为亲子活动提供环境保障。

结语

在调查分析的基础上，幼儿园采取多种改进策略，进行实践探索，努力提高家长在亲子活动中的参与度，增强活动成效。通过调查问卷中关键问题的前后对比，反映出采取的改进策略是富有成效的，主要体现在：第一，家长对亲子活动必要性的认识增强了，由原来的64％提高到90％。第二，经常接受教师指导的家长比例由原来的30％提高到60％。第三，家长对于自己角色的正确定位也有了很大的提升，由原来的60％提高到90％。

亲子活动是幼儿园开展教育活动的重要组成部分，幼儿园开展亲子活动无论是对幼儿、家长还是教师都有非常重要的教育价值。通过开展多种多样的亲子活动，家长参与率提高，主动性增强。家长和老师互相交流幼儿教育观念和教育方式，家长进一步了解了我园的工作，教育理念更加一致，家园关系更加紧密，实现了幼儿园教育和家庭教

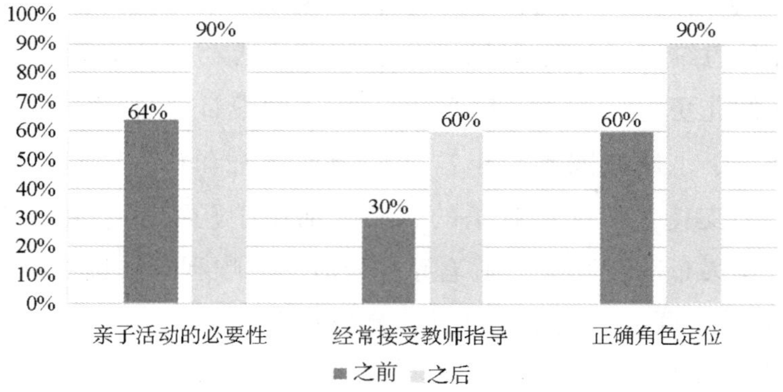

图 11 亲子活动成效对比图

育的和谐发展，提升了教育效果，孩子在家长和教师的关爱下更加健康快乐地成长。

附件 1 亲子活动的家长调查问卷

易县第一幼儿园

幼儿园亲子活动是由幼儿园创造条件，以教师为主导，家长和幼儿为主体，共同参与、相互合作进行的教育形式。这份问卷的目的是想了解目前您对幼儿园亲子活动的看法、建议。本次问卷调查采取匿名方式，所有数据均只用于统计研究，对您不会造成任何影响，请您认真填写。感谢您的大力支持！

1. 您为孩子选择此幼儿园的原因有哪些？（多选题 * 必答）

□A. 管理规范

□B. 硬件条件好

□C. 师资力量好

□D. 距离近接送方便

□E. 朋友推荐

□F. 收费合理

□其他________________

2. 您孩子现在所在的班级是哪个?（单选题 * 必答）

○A. 小班

○B. 中班

○C. 大班

3. 您的学历是什么?（单选题 * 必答）

○A. 本科及以上

○B. 大专

○C. 中专或高中

○D. 初中及以下

4. 您是孩子的什么人?（单选题 * 必答）

○A. 爸爸

○B. 妈妈

○C. 爷爷

○D. 奶奶

○E. 外公

○F. 外婆

○G. 其他

5. 您认为幼儿园一学期开展几次亲子活动最合适?（单选题 * 必答）

○A. 1 次

○B. 2 次

○C. 3 次

○D. 4 次及以上

6. 在当前形势下，您认为幼儿园开展亲子活动有必要吗?（单选题 * 必答）

○A. 完全没必要

○B. 不太必要

○C. 可有可无

○D. 有必要

○E. 非常必要

7. 您认为幼儿园亲子活动最好安排在什么时间？(单选题 * 必答)

○A. 学期初

○B. 学期中

○C. 学期末

○D. 无固定时间

8. 您在亲子活动中主要扮演的角色是什么？(单选题 * 必答)

○A. 幼儿和教师行为的观察者、记录者、评价者

○B. 幼儿行为的引导者

○C. 幼儿活动的共同参与者

○D. 被动执行者

9. 您认为幼儿园亲子活动最好在哪里进行？(单选题 * 必答)

○A. 班内

○B. 班外园内

○C. 园外家长工作场所

○D. 园外社区场所

10. 通常您家里参加幼儿园亲子活动的是孩子的什么人？(单选题 * 必答)

○A. 妈妈

○B. 爸爸

○C. 爷爷（外公）

○D. 奶奶（外婆）

○E. 其他________________

11. 您觉得亲子活动在什么时间开展合适？(单选题 * 必答)

○A. 下午接送孩子时

○B. 平时上午

○C. 平时下午

○D. 周六或周日

12. 您觉得每次亲子活动持续多长时间合适？（单选题 * 必答）

○A. 1 个小时之内

○B. 1—2 个小时

○C. 2—3 个小时

○D. 全天

○E. 其他________________

13. 对幼儿园开展的亲子活动，您的态度是什么？（单选题 * 必答）

○A. 非常不积极

○B. 不积极

○C. 不确定

○D. 积极

○E. 非常积极

14. 在参与活动时，您的心情是怎样的？（单选题 * 必答）

○A. 非常不迫切

○B. 不迫切

○C. 不确定

○D. 迫切

○E. 非常迫切

15. 您在参与活动时，教师对您有过指导吗？（单选题 * 必答）

○A. 从不指导

○B. 偶尔指导

○C. 有时指导

○D. 经常指导

○E. 总是指导

16. 在幼儿园亲子活动中，教师通常采用何种方式对您进行指导？（单选题 * 必答）

○A. 活动前进行整体性的说明指导

○B. 活动中向家长和幼儿进行示范性的点拨

○C. 活动中对幼儿直接指导，忽视家长，家长处于旁观的状态

○D. 活动后分享交流经验

17. 您觉得在教师和您的互动交流指导中，教师和您是一种什么关系？（单选题 * 必答）

○A. 幼教专家与普通家长

○B. 教育孩子的合作关系

○C. 不清楚

○D. 其他________________

18. 在亲子活动中，您最为关注的是什么？（单选题 * 必答）

○A. 自己孩子与其他孩子的差异

○B. 教师的教学内容及过程

○C. 孩子在活动中的学习过程

○D. 孩子的学习结果

19. 您目前对幼儿园开展的亲子活动满意吗？（单选题 * 必答）

○A. 非常满意

○B. 比较满意

○C. 一般

○D. 比较不满意

○E. 非常不满意

20. 通常幼儿园亲子活动结束后，教师会请家长对活动进行评价吗？（单选题 * 必答）

○A. 每次都有评价，请家长填写活动反馈表

○B. 偶尔会有评价

○C. 完全没有评价

○D. 其他________________

21. 您参与过幼儿园开展的哪些亲子活动？（可多选 * 必答）

□A. 亲子游戏

□B. 亲子制作

□C. 亲子才艺展示

□D. 亲子运动会

□E. 亲子外出游玩

□F. 亲子场馆参观

□G. 亲子社会实践活动

□H. 亲子阅读活动

22. 通过幼儿园的亲子活动，你最想了解的是什么？（可多选 * 必答）

□A. 幼儿园的教育成果

□B. 幼儿园教师的教育形象（工作态度、工作能力等）

□C. 幼儿在集体中的生活、学习状况以及存在的主要问题

□D. 幼儿园这一阶段的教育目标、内容及教育方式

□E. 家长在家庭教育中如何配合幼儿园的教育教学

23. 您认为教师在组织亲子活动时在哪些方面还需要提高？（可多选 * 必答）

□A. 增加更多的专业知识

□B. 熟练组织孩子活动的技能

□C. 提高与家长沟通的能力

□D. 学会观察孩子的发展水平，有针对性地进行指导

□E. 其他________________

24. 通常您或您的家人不参加幼儿园亲子活动的原因所有哪些？（可多选＊必答）

□A. 无，每次都参加

□B. 距离远，交通不方便

□C. 每次内容都差不多，参不参加都一样

□D. 有突发事件或其他原因

□E. 对活动不感兴趣，浪费时间和精力

□F. 工作忙，没时间

25. 您参加幼儿园亲子活动的主要目的有哪些？（可多选＊必答）

□A. 增进亲子之间的感情

□B. 提高家长的教育能力

□C. 促进孩子各方面的发展

□D. 完成教师布置的活动任务

□E. 进一步了解幼儿园教育

□F. 其他________________

26. 您认为参加了幼儿园亲子活动后自己在哪些方面有收获？（可多选＊必答）

□A. 获得了一定的教育知识，掌握了一定的教育方法

□B. 没什么收获，每次活动都很累

□C. 与教师建立了良好的关系

□D. 认识了其他的家长，交流了育儿经验

□E. 激发了您参与幼儿教育的热情

□F. 加强了家园之间的联系，提高了育儿的有效性

27. 您认为幼儿园亲子活动有哪些方面的不足或需要改善的地方？请写下您的意见。（填空题＊必答）

____

附件2：幼儿园亲子活动家长访谈大纲

第一，您认为幼儿园有必要开展亲子活动吗？

第二，每次亲子活动您都参加吗？不参加的原因是什么？

第三，您认为亲子活动多长时间开展一次合适？在什么时间、什么地点、每次多长时间合适呢？

第四，亲子活动中，您与幼儿互动吗？怎样互动？

第五，亲子活动的内容、形式对您有吸引力吗？

第六，亲子活动中，教师对您有指导吗？

第七，您在亲子活动中有收获吗？什么收获？

第八，您对当前亲子活动还有何意见和建议？

【导师点评】

儿童的发展受学校、家庭和社会多方面的影响，其中学校教育在人的发展中发挥主导作用。如何发挥幼儿园的主导作用、调动家长参与幼儿园活动的积极性是河北省易县第一幼儿园近几年来一直探索的问题，并积累了丰富的经验。本研究就是基于他们长期的探索而选取的在亲子活动中如何提高家长参与度的策略问题。本研究有以下3个突出特点。

一是基于实际问题，进行实践探索，形成相应经验。无论是从教育理论、教育政策还是从教育实践来看，大家都知道家校合作对于儿童成长与发展的价值；幼儿园也创造各种条件，尤其是开展各种活动让家长参与到共同教育幼儿的过程中。但在实际活动中，家长参与活动的积极性并不是很高。为此，近年来该幼儿园在郑斌颖园长的带领下，致力于提高家长幼儿园亲子活动中参与度的探索，总结出较为行之有效的提高家长在幼儿园亲子活动中参与度的经验。

二是基于工作经验，进行调查研究，提炼相关策略。2019年郑斌颖园长参加张春炬工作室，开启边探索边研究之路。确立了《幼儿园亲子活动中提高家长参与度的策略研究》课题，努力将实践中的问题转化为研究问题。通过观察、访谈、问卷等方式，明确幼儿园亲子活动中家长参与度的现状，分析了幼儿园亲子活动中家长参与度不高的原因，并在此基础上提炼了提高家长在幼儿园亲子活动中参与度策略。

三是基于相应观点，建立理论框架，构建策略体系。通过课题研究，郑园长构建了以亲子活动的工作改进为线索，以提高家长亲子活动的参与度为目的的理论框架和相应的策略体系。工作改进的线索是从改进亲子活动的组织方式、创新运行机制，到提高教师能力、丰富活动内容、提供多种保障；提高家长亲子活动的参与度线索则是从增强家长参与意识、增加家长参与机会、提高家长参与信任、激发家长参与热情，到促进家长参与实现。每一个具体方面的改进策略都有 3—4 条具体的措施，让每种策略都能够具体落实，实现提高幼儿园亲子活动中家长参与度提高的目的。

本研究既是对本园亲子活动中提升家长参与度实践探索的总结与提炼，同时又有在研究的过程中细化策略执行的具体措施，特别是为策略的实施提供了理论依据，推动了实践的发展，实现了提高幼儿园教师指导亲子活动的能力，实现了发挥幼儿园主导作用，最终提高了家长参加亲子活动参与度的目的。实乃一举两得的事情。

（点评导师：北京教育学院教授杨秀治）

新教师队伍岗位胜任能力提升的行动研究

——以曲阳县永宁幼儿园为例

保定市曲阳县永宁幼儿园　石静霞

幼儿园教师是发展学前教育的第一资源，是决定学前教育改革与发展的关键因素，幼儿园教师对幼儿身心的健康发展有着重大影响。教师短板一直是制约幼儿园质量提升的关键因素，在我国“普及普惠”与“提升质量”为重点的学前教育政策导向下，幼儿园教师的数量与质量短板更加突出。各地不但存在幼儿园教师队伍每年需要大量补充的情况，还存在因新建与改扩建幼儿园的日益增多，大批招收新教师入职的现象，新教师岗位胜任能力就成为广泛关注的话题。

笔者所在幼儿园就是一所建园不足 5 年的新建园，教师队伍中新手教师占 90%，教师平均年龄 24 岁，除了 7 位管理者以外其他带班教师均为刚刚毕业入职幼儿园工作的新教师。在这样一个新建园、新班子、以新教师为主的新队伍的“四新”现状下，幼儿园的正常运转与办园质量面临着严峻的挑战。在幼儿园试运行两年后，我们决定进行新入职教师队伍岗位胜任能力提升的行动研究。

一、存在问题及分析

（一）教师队伍结构严重不合理

教师队伍中 90%都是新教师，带班教师 100%都是新教师，这可能是同类园遭遇的共性问题——教师队伍结构严重不合理，也是本园新教师队伍客观存在的典型特征。年轻教师同经验起点、同工作场景，没有老带新，没有榜样可效仿，所有新教师都是在管理人员的统一指导、指挥下，在摸索中完成幼儿园岗位任务。

（二）新教师入职自身遇到的困难

幼儿园新教师刚刚走出校园踏上工作岗位，实践经验相对缺乏，所掌握的理论知识难以适应实践工作的需要，容易产生强大的心理落差，有强烈的挫折感。加上幼儿园的工作相对琐碎而繁重，教师既要关注幼儿的盥洗、餐饮和睡眠等，又要负责幼儿园的环境创设和教育活动的设计与指导，新教师本身对工作还不熟悉，她们必须投入更多的时间和精力来完成大量烦琐的工作，因此承受了更大的压力。现在的孩子都是父母的“手中宝”，家长捧在手里怕摔了，含在嘴里怕化了，给孩子的一切都是最好的，同时也更加重视孩子的教育，对幼儿园教育的要求也随之增高。当孩子在幼儿园一不小心发生磕碰或孩子之间发生争执时，家长便会不依不饶，要求幼儿园必须给个交代，这就会给没有工作经验的新教师造成压力。幼儿园的班级容量又较大，教师和幼儿比例严重失调，当她们面临复杂的幼儿园生活，面对班里几十个孩子时，她们往往会手忙脚乱，不知所措，对自己的工作产生怀疑、紧张、畏惧，易出现失眠、焦虑、易怒、发脾气、烦躁等情绪。

（三）专业理念和师德意识淡薄

教师和家长交流出现问题，师德意识不规范，有大声呵斥幼儿的现象，对幼儿的爱心和亲和力不够等。

“以幼儿为本”的理念理解不透彻，没有注重“一日生活皆教育”的思想和实践，在游戏中不知道如何以幼儿为本，教师“教”的痕迹重，没有注重幼儿“学”的自主、自由化，很少有教师注重培养幼儿的学习品质，只是在机械地完成每天的目标任务。

（四）岗位专业知识面窄而短缺

新入职教师的保教知识仅限于职前学到的课本知识，这些应然的知识内容还没有转化为幼儿表现层面、与幼儿互动层面、教育方法策略层面的实践知识。大多数新教师对幼儿身心发展的一般规律掌握不够，对幼儿年龄特点和个体差异的相关知识了解不足，对个别儿童的特殊需要的教育知识几乎没有，同时缺乏幼儿学习、游戏等理论支撑。

有的教师具有单项的艺术素养，如美术、音乐、舞蹈特长，但是通识性知识面较窄，很多老师自然科学和人文社会科学知识不丰富，很难胜任游戏化、生活化的幼儿教育要求。

（五）岗位胜任能力明显不足

利用访谈、观察等方式针对本园新教师队伍的岗位任务完成情况进行了翔实的摸底调查，调查结果如下。

1. 新教师对一日保教流程认识不清

熟悉一日保教流程是教师组织幼儿在园一日生活运转的基本保障，通过对新教师逐个访谈，我们发现：教师对各个流程的工作不清晰，对幼儿的要求不到位，主、配班教师配合得不好，配班教师不清楚保育员在各个环节的职责，表格内容填写不及时，交接内容不注意重点等一系列问题。

2. 岗位胜任能力亟待提升

为了了解新教师队伍的综合保教能力现状，管理者采取持续进班观察的方式进行督导诊断。

在环境创设上，师幼关系可以，但班里秩序较乱，孩子们规则意识差，没有良好的班级氛围，不能合理利用环境材料。

在一日生活的组织与保育能力上，科学性不强，对幼儿的年龄特点把握不够；环节过渡不紧凑，等待过多，出现孩子们无所事事的情况；关注少、忽视多，包办多、控制强；碎片时间不能合理利用，生活中不能进行渗透教育。

在游戏活动的支持和引导能力上，教学游戏多，创造性游戏少；形式多为集体游戏，缺乏自主游戏；重集体教育活动，轻游戏活动。

在教育活动计划与实施能力上，对活动目标把握不准，关注个体幼儿不够，不能根据幼儿的发展和年龄特点来预设目标、因材施教，活动设计和实施主要指向集体，不能引导幼儿的主动学习。

在激励与评价能力上，不会观察孩子，“读不懂”孩子，不会根据孩子的表现判断他们的需求和发展水平；活动中不能调动幼儿的积极性；笼统评价多，促进性评价缺失。

在沟通与合作能力上，倾听幼儿讲话不细心、没有耐心，对幼儿的需求不能及时回应；缺少与幼儿互动的能力；缺少与家长的沟通策略。

在反思与发展能力上，教师不会反思，反思多为教育活动后的反思，多指向教育过程中的材料准备、教具的使用，不能对教育的理论依据、目标、内容、过程中的本质性问题等进行反思，缺少批判性反思；不撰写反思笔记。

经过分析两年多的试运行过程，了解新教师队伍将问题进行梳理，找准新教师队伍岗位胜任能力这个关键点，制定新教师队伍学习和发展的行动方案，开启本园的行动研究。

二、核心概念与相关研究简述

（一）核心概念

1. 新教师队伍

结合园所实际情况，本文中的新教师队伍是指在我们新建园中，所有一线教师都是新入职教师，没有任教经历，中层也是新提拔的团队，即新建园、新团队领导的新教师队伍。

2. 岗位胜任能力

岗位胜任能力泛指能熟知本岗位工作的基本内容和基本要求，有较强的驾驭能力，具有本岗位履职的相关知识，并能运用到实践中，具有灵活的调控能力，能够机智、妥善地处理突发事件等。[①]

幼儿园教师的岗位胜任能力是指“有理想信念、有道德情操、有扎实知识、有仁爱之心”，“师德为先、幼儿为本、能力为重、终身学习”，[②] 涉及教育价值观、儿童观、教师观、教学观的基本理念，并具有“环境的创设与利用能力、一日生活的组织与保育能力、游戏活动的支持与引导能力、教育活动的计划与实施能力、激励与评价能力、沟通与合作能力、反思与发展能力”[③] 七种专业能力。

以新入职教师为主的新队伍的岗位胜任能力一定存在着诸多挑战，这是本课题研究的核心问题。

（二）相关研究简述

研究之初，我们对相关已有研究成果进行了查询和梳理，以初任教师、新手教师、新入职教师、新教师队伍等关键词进行查询，共检索出 73 622 篇相关文章。其中，顾荣芳的《从新手到专家——幼儿教师专业成长研究》认为，幼儿教师专业成长是指幼儿园教师从非专业人员发展成为专业人员，并且不断提升专业品质的过程；[④] 戴锐的《新教师职业适应不良及其防范》从教师个体发展角度认为，新教师在初入职阶段会遇到以下不适应的问题：角色转换迟滞、职业信念缺失、从业能力不足、人际关系不协调等一系列不良反应；陈蕊的《美国初任教师入职指导研究综述》提出“整合性群体文化”[⑤]，同事之间团结

---

① 苏婧．成就教师：园长教师队伍建设能力的提升［M］．北京：北京师范大学出版社，2017.

② 刘海民．幼儿园园长专业标准解读［M］．北京：北京师范大学出版社，2016.

③ 教育部《幼儿园园长专业标准》课题研制组．《幼儿园教师专业标准》解读［M］．北京：北京师范大学出版社，2013.

④ 顾荣芳．从新手到专家：幼儿教师专业成长研究［M］．北京：北京师范大学出版社，2007.

⑤ 戴锐．新教师职业适应不良及其防范［J］．教育探索，2002（4）：95-97.

合作、共同努力、互帮互学，使新教师顺利度过初入职阶段的不适应等。[①] 这样的研究和与《新教师队伍岗位胜任能力提升研究》相似的非常少。

在新教师的研究中，教师职业生涯研究是非常必要的。经过大量阅读与梳理发现，国际著名儿童教育专家丽莲·凯兹从事幼儿教育、教师成长研究多年，对幼儿发展与教育、幼儿教师的专业成长乃至学前教育事业发展具有丰富、深刻而独到的见解。在《与幼儿教师对话——迈向专业成长之路》一书中，丽莲·凯兹对教师的专业成长与发展进行了深入的探讨，她把幼儿教师的专业成长和发展分为 4 个阶段——求生阶段、强化阶段、求新阶段和成熟阶段，认为应在不同阶段采取不同的促进方式，如精神支柱、技术协助、现场指导、组织研讨会、阅读活动、专业进修、经验分享等方式促进教师发展。[②] 她的研究从新入职教师开始，对于新入职教师的分析、判断和支持策略，为本研究提供了借鉴。

三、研究设计

开园两年来，我们深深体会到“新园、新人、新队伍”给幼儿园工作带来的困难和挑战。自 2017 年始，我园将新教师队伍建设作为重点工作来抓，并将其提到了课题研究的高度，计划用 3 年时间，举全园之力行动起来，边探索边研究边推进工作，力争改变教师现状，先出梯队，再出名师。具体行动研究设计如下。

---

① 陈蕊. 美国初任教师入职指导研究综述 [J]. 教育导刊，2009 (11)：31-34.

② 凯兹. 与幼儿教师对话：迈向专业成长之路 [M]. 廖凤瑞，译. 江苏：南京师范大学出版社，2004.

（一）研究对象

园所管理人员及全体教师都进入行动研究队伍。

（二）研究目标

了解新教师队伍的需求，制定新教师发展方案；改变新教师队伍现状，探索教师梯队建设的策略；边总结归纳边推进工作边提升新教师岗位胜任能力的有效途径。

（三）研究内容

1. 凝练文化，打造具有凝聚力的教师团队

幼儿园以当地各种石资源为背景，以“石文化”为办园理念，以“爱与自然”为办园思想，“包容、质朴、厚重”是园之本，“仁爱、坚实、温润”是师之德，“自由、本真、创造”是童之真。秉承“以石养德，成其自然”的理念，实现了园所精神、教师素养与孩童培育这三者文化内涵的统一。幼儿园是教职工共同的家园，是教职工事业的根基，要树立“园荣我荣，园耻我耻”的思想，积极为幼儿园的发展出谋划策，劲往一处使，把个人目标和团队目标结合起来。以德为先，严于律己强师德；以爱为本，以爱心换取放心；积极规划自己的职业生涯，明确自身的责任，追求卓越；以积极向上的态度、精诚团结，谋求幼儿园的稳步快速发展。在此基础上打造骨干教师团队，提升教师的岗位胜任能力。

2. 了解需求，打造教师梯队

在行动研究过程中有意识打破教师梯队同起点、同经验、齐步走的局面，加大对骨干教师、名教师的培养力度，发挥骨干教师的示范带头作用，打造幼儿园教师梯队。

3. 工作结合研究，探索多途径提升教师岗位能力的路径

新教师专业技能提升需要园所为教师提供成长平台，使新教师在教学中少走弯路，快速成长。提升新教师的岗位胜任能力既是我园这3年的重点工作，又是本课题研究的内容。

（四）研究方法

本课题研究是以行动研究为主的综合性研究。在研究中，有一些问题也需要运用访谈、问卷、观察的方法来解决。

1. 行动研究法

行动研究法是指教师在教育教学实践中基于实际问题解决的需要，与专家合作，将问题发展成研究主题进行系统的研究，以解决问题为目的的一种研究方法。行动研究法以提高行动质量、改进实际工作、解决实践问题为首要目标，强调教学行为与科学研究相结合，强调行动过程与研究相结合，是行动、研究、总结、反思、修改、再行动的一种研究方法。

2. 调查法

调查法是为了达到设想的目的，制订某一计划全面或比较全面地利用访谈或问卷的形式，收集研究对象的某一方面情况的各种材料，并做出分析、综合，得到某一结论的研究方法。本课题研究针对教师队伍建设过程中的教师基本情况、教师自身发展需求情况等内容进行了问卷调查，通过问卷了解教师自身成长的需求及幼儿园教师队伍建设管理层面的引导；针对一日保教活动 15 个流程的问题列出提纲，对 81 位新教师进行了一对一面谈，然后分析问题并汇总。

3. 经验总结法

经验总结法作为教育科学研究的一种常用的实验性研究方法，具有自身的显著特点，既有直接研究的一面，也有间接研究的一面。运用这种方法进行教育科研，不会影响正常工作开展的连续性，又对本职工作具有促进作用。结合一系列园所教师队伍建设开展的活动，对发现的各项问题及采取的措施进行总结归纳、分析与提升。

4. 观察法

观察法是指研究者根据一定的研究目的，制订相应的研究计划，通过感觉器官和辅助设备，对处在自然状态下的研究对象进行系统考察，从而获得信息资料的一种科学研究方法。课题研究中管理层持续进班两周对教师七大能力进行观察，然后分析汇总问题。

四、研究过程

本课题我们用了 3 年的时间，分 3 个轮次开展研究，具体如下。

（一）第一轮研究：2017 年 7 月—2018 年 6 月

1. 研究方案

（1）研究目标。

学习先进经验，开阔教师眼界，拓宽教师视野。

（2）行动策略。

以“学习—实践—反思”为预设行动路线，外出名园参观学习与跟岗学习—返岗分享与实践操作—反思对照改进差距为实施过程。

首先，针对新教师的基本情况进行调查分析，调查发现：教师队伍极端年轻化，25 岁以下教师占 89%，中专学历教师占 44.33%，所有新入职教师没有在其他幼儿园从教的经历。基于以上实际情况，本园不具备老带新、榜样参照的条件，从园外进行学习取经成为幼儿园必须经历的过程，因此本着“学习—实践—反思”的预设路径，实施第一轮的行动路线。

通过到北京、上海等全国各地名园参观学习，把先进的理念带回来对全体老师进行二级培训，进行模仿式的园内实践。一年内派出学习 30 次，共去 23 个地方，合计 282 人次，学习参观时长达 120 天，学习内容涵盖 22 个方面，共计花费 65 万元。

2. 第一轮行动反思

经过一年的频繁外出学习，老师们在短时间内对班级管理、区域活动、环境布置等有了感性认识，形式上也基本能做出来了。大家知道了好的幼儿教育、好的班级、好的环境、好的师幼互动是什么样子，眼界开阔了，也自信了，为今后的发展远景打下了基础。但是从整体上并没有很大的改观，岗位胜任能力提升甚微，分析原因发现以下几点：第一，频繁的外出学习，没时间消化。即看得多，消化少；搬来的多，理解的少。工作中没有持续性。第二，看到的无法切实解决我园老师的问题。所参观的幼儿园都是先进园，没有我园这么多的新老师，老师们看到的都是将来更高层次的要求，不切合我园实际。第三，老师们将看到的搬到了幼儿园，但不知道为什么搬，照猫画虎。第四，条件不允许，心理有落差，有些经验搬都搬不过来。

通过一年的跟岗学习，教师在岗位胜任能力提升方面有了初步改观，但差距还很大，需要继续了解老师的现状和需求，提供适宜的学习方法和策略，鼓励老师主动积极地学习，结合实际工作需要将所学知识落到实处。

（二）第二轮研究：2018 年 7 月—2019 年 6 月

笔者针对第一轮方案及行动效果进行了反思，吸取第一轮的经验及教训，进行了第二轮的研究调整，调整如下。

1. 研究方案

（1）研究目标。

转变教师的教育理念；规范教师基本保教行为；增加教师队伍内生动力。

（2）研究策略。

以“引领—学习—教研—反思”为预设路径，加强专家引领力度，由管理团队带领学习《纲要》《指南》等国家导向性标准要求和规范保教的知识经验，组织教师进行听评课、“一课三研”等园内教研，持续进行集体与个人相结合的反思交流。

（3）具体做法。

专家进园深度参与园所行动。邀请省级、市级、县级等不同层次的专家来园，通过讲座、研讨、观察、座谈等方式，与管理者、教师深度探讨，深度参与本园的行动研究主题，由专家引领改变教育理念，破解疑难问题，指出学习内容和学习方法，指导调整模糊认识和不当策略。专家引领指导 17 天，分别从师德、区域、听评课、观察评价、课程、一日生活流程、《指南》、专业能力、教师学习与发展 9 个方面进行了 20 场培训指导，共有 2332 人次参加学习培训。

从基础做起，扎实保育工作。保育员的工作，重点是卫生消毒、生活护理、心理保育，其次是配合班级做好幼儿教育和家长工作。为了尽快提升新教师的岗位胜任能力，我园从保育的基础与规范开始抓起，在入园、游戏、如厕、集体教育活动、盥洗、进餐、午睡、起床、喝水、户外活动、离园 11 个一日生活环节中对保育员都提出了工作标准。

由专家听评课到园内“一课三研”。通过多种展示途径，让老师们不但会专业，还要敢展示专业，以此促进教师更好地专业化成长。大、中、小 3 个年级组分别进行主题教育活动的实践练习，专家入班观摩老师组织集体教育活动，针对一两节课进行听评课；日常工作中，教学副园长带队进行“一课三研”活动。

同伴互助，以研促教。为了在教学中提炼研究问题，使教研活动常态化，我园在专家理念的基础上开展以“同伴互助”教研、“学术沙龙”活动为主要形式的常规教研活动，探索有效教学方式，实现以研促教。教研活动是为了解决教育教学中的问题，在实践过程中检验教研成果是提升教师专业发展的最好途径。因此，我园开展了独具特色的教研活动——“大教研”和“小教研”。3 个教研组在教学主任的带领下进行“卓越课程”的“大教研”；教学中层带着 9 个教研组长进行“小教研”，教研一周内大家都感到困惑的 3 个普遍性问题，带着大家讨论原因，然后现场查阅书本、网页等资料找到解决的办法，并由教研组长对本年级组进行传达。

各学所需成就教师。改变培养教师的思想，把以前的“培养教师”

改为现在的“成就教师”，[①] 由先前的走出去改为现在的请进来。为了把具有艺术特色的幼儿园办得更好，邀请3位美术专家每周来幼儿园进行专业培训，以前是让全体老师下班后共同参与培训，在了解老师的需求和特长以后，改为让每位老师挑选一个自己擅长并喜欢的领域进行学习，做到因才施学，想学什么就学什么，实现教师自我超越。

针对教师爱好多样、具有个性发展的强烈需求，采用按需培训，不但关注教师的群体需求，也关注教师的个体需求，激发出个性化、特色化的培训，使教师各展其才，充分发挥专业潜能，我们成立了“布艺坊”“木工坊”“陶艺坊”“扎染坊”“色彩地带”“水墨天地”等16个工作坊，根据教师个人优势与不足“按需施训”，帮助其找到属于自己的位置，让每个人能感到自己在这份工作上的重要价值，成长为最好的自己。

团队建设，提升教师幸福感。为了让每一位教师拥有职业幸福感，我园开展了一系列活动，如邀请专家进行了“职业生涯规划与教师专业发展”“不忘初心话师德”专题培训；教师节为每一位教师送上一朵玫瑰花；陆续开展“夸夸我的好同事”“我是好老师”“优秀班集体”等提升师德师风系列活动。

2. 第二轮反思

在专家的引导下，管理团队的理念、方法提升得非常明显，从课程、一日活动时间表等方面进行了调整，课程调整为以“生活·活动·经验”为主的主题活动课程；一日活动由原来的以集体教育活动为主，调整成集体教育活动、户外活动、区域活动使幼儿健康和全面发展的一日活动。新教师的岗位胜任能力迅速提升，教师的理念都不同程度地发生了改变，精神面貌也发生了改观，少了抱怨，多了干劲

---

① 李季湄，冯晓霞.《3—6岁儿童学习与发展指南》解读［M］. 北京：人民教育出版社，2013.

儿。但这一轮我们还是听得多、做得少，学习的知识比较零散，做事没有计划性。随着区域活动的开展、功能室的利用，迎接我们的将是新一轮的重点挑战——观察和游戏指导。

（三）第三轮研究：2019 年 7 月—2020 年 6 月

1. 研究方案

（1）研究目标。

继续转变理念；巩固教师基本岗位胜任能力；提升教师岗位核心能力。

（2）研究策略。

继续以“学习—实践—引领—教研—反思”为路径进行研究。经过前两轮的行动研究，我园管理团队迅速成长起来，本轮研究中继续坚持专家指导，突出体现管理团队发挥引领作用，直接指导教师队伍的学习、实践活动，并进行分组教研与反思活动。

（3）具体行动。

园长带领共同参与，创建学习共同体。为了更快的提升教师的专业素养，我们为每位老师都配备了 7 本专业工具书——《指南》《〈指南〉解读》《〈纲要〉解读》《幼儿园教师工作指南》《幼儿园班长工作指南》《幼儿园游戏与指导》《学前儿童发展心理学》，理论联系实践地促进其专业成长。我园充分发挥园长组织者、引领者的作用，全面提升中层干部及教研组长的执行能力，带领教师共同学习。每月组织两次园长带领的学习，通过“自主学”与“集中学”结合、“专题辅导”与“典型示范”结合、“口头交流”与“书面交流”结合、“学理论”与“找问题”结合、“读书”与“实践活动”结合等多种灵活有效的学习方式，加强教师的团队协作、合作学习、共同进步。

多元培训唤醒教师的内驱力。教师们在经历了学习和实践后，在日常工作中凸显了很多困惑和问题，不同教师的需求是不一样的，所以我们以教师现有水平为基础以教师专业发展的需求的目标，充分利用和发挥幼儿园内部资源和外部资源，建立了教师本位、问题本位和资源本位的多元化培训方式。注重摸索“以教师为中心”，从教师的需求考虑，从幼儿的需求考虑，从管理的要求考虑，从热点话题考虑，从研究的课题考虑，注重为教师提供最佳的学习和成长环境，加快教师由理论到实践的转变速度，提高教师专业化成长的意识和能力。为此，我们主要采取了以下几种做法。

分层培训促进真发展。通过调研并结合教师专业标准制定分层培训目标，基于教师自身需求选择培训内容，围绕教师的发展目标选择培训方式，并在学期末结合实践评估培训效果。

主题培训促进真成长。根据教师和园所实际现有水平，就影响保教质量的一系列问题进行深入、系统的学习、研究和培训，不断使教师获得专业知识上的补充和观念上的改进；运用“主题式培训”开展一系列幼儿教师专业知识和专业能力的培训，包括“幼儿园主题区域创设”“幼儿园师德师风建设”“个别儿童的识别与回应策略”“幼儿园游戏与指导”。

体验培训促进真思考。体验培训是指教师通过在真实情景中的参与、体验，获得切身感受，能够换位思考，并获得认识上的不断更新的一种培训活动。很多教师在面对幼儿难过、发脾气、扔东西、与同伴发生冲突、产生矛盾纠纷等情况时不知道如何应对和处理，有的教师会咨询中层，有的教师在百度上搜索，有的教师在书中找答案，却总是效果不佳。为了解决这类问题，我们采取体验式培训，开展了“个别幼儿情绪问题管理”的培训活动，根据教师经常遇到的幼儿个别问题，创设了情景，请教师分别扮演情景中的幼儿和老师，在不同角色体验中研讨解决问题的办法，通过这种体验式培训，帮助教师总结出解决此类问题的有效策略。

师徒培训促进真帮带。通过师徒结对活动，中层领导每人带一个骨干教师，骨干教师带一个青年教师，青年教师带一个新手教师，每周全天进班一天，层级帮助教师迅速掌握工作要领，提高专业技能，师徒结对帮带式培训是青年教师培训的有效方式，可以缩短不同层级教师的适应期，帮助各层级教师更快的了解幼儿，了解教育。每一个层级上的师傅在一日活动、班级管理、家长工作、教育活动、大型活动、游戏活动等方面贴身指导，通过学期初帮带计划的制订、学期中的经验交流、学期末的反思总结，不同层级的新入职教师在专业理念、专业知识和专业能力方面都有不同层次的提升。

以赛促教岗位大练兵。日常练："一课三研"，大、中、小3个年级组分别进行主题教育活动的实践练习；在"班长分享"时间里，让3位班长轮流分享自己的案例。计划练：学期初针对幼儿园大多数老师的弱项，进行"岗位大练兵活动"，每月进行一次比赛，以比赛促发展。评优练：给老师提供了很多专业展示的机会，比如专业理念方面的"师德演讲"，专业知识方面的"我爱我班""永宁大咖秀"，专业能力方面的"保育员能力大赛""优质课比赛""课件比赛""自然角比赛""教师自弹自唱比赛""音乐律动比赛"等，以评优促发展，提升了教师专业化水平。

通过花式岗位练兵，老师们一点点积累自己的想法和做法，将个人经历变成经验，结合本班的实际情况，选择自己能够理解的、适合本班幼儿的内容和方法，在班级工作中积极主动的运用。通过分享，老师们把个人在工作实践中的价值追求和实践经验呈现在更多教师面前，帮助教师达成实践共享的主动性。

反思助推岗位胜任能力提升。反思是教师自身发展的基础和前提，也是教师成长的折起点。反思在幼儿园教师岗位胜任能力提升中起着重要的作用，教师成长＝经验＋反思，教师在成长过程中对已有经验不断的反思，清晰地认识到自身在工作中的优缺点，能够及时让其把握自身不足，提升保教质量，从而获得更大的进步和发展，实现专业成长。

制度督促反思。针对教师反思能力弱、反思动力不足的现象制定了“反思评价案例制度”，明确规定只要是教师的反思评价总结发表就和量化挂钩奖励，激励教师的积极性。

学习反思技巧。对于教师没有掌握反思的技巧，组织了“幼儿园观察与评价”“有效的评价方法”“反思的方法策略”等主题学习培训，不断完善反思方式，使教师们写出的反思更有意义和价值，从而对自身专业成长更具有推动作用。在教研时间举行评价反思案例分享，积极营造教师之间相互交流、相互学习、相互借鉴反思技巧的氛围，提升教师反思的能力。

使用工具反思。对接评价工具与线上评价系统，借助统计数据帮助教师进行科学的反思。

提供反思的保障。尽量保证教师的反思时间和精力，减少不必要的工作量，让老师们有更多的时间和精力去关注自己的工作，减少“形式主义”上的评估和督查，使教师少一些应付和奔波，有足够的时间进行反思。

提高反思的质量。各年级保教主任在查阅教师反思时，对全体老师的反思进行总体评价，尤其是对反思不足的教师给予指出和建议，改善反思存在的肤浅状况。支持督促教师持续反思才能促进教师的专业发展。

2. 第三轮反思

教师专业发展是幼儿园教育的核心问题，经过3年的实践形成了特有的“学习—实践—引领—教研—反思”五位一体的新入职教师培养模式，来提升教师的岗位胜任能力。

五、研究结果

提升新教师队伍岗位胜任能力的3年行动研究，从“学习—实践—

反思”三位一体开始第一轮尝试，经过一年的实际行动发现了很多问题，调整成“引领—学习—教研—反思”四位一体的第二轮尝试，经过实践、反思，第三年总结提升到了“学习—实践—引领—教研—反思”五位一体的新入职教师培养模式，从而使老师们的岗位胜任能力都得到了有效的提升。经过3年的工作、学习、研究同步进行，课题研究取得一定的成果，新教师队伍也从各方面发生了一系列变化。

（一）决策层凸显自信与科学

1. 理念的转变

管理层的理念逐渐转变为对幼儿实施“以幼儿为本”的亲情教育；对教师实施以“教师为本”的人文管理；对家长实施以“家长为本”的真诚沟通。

2. 决策的调整

（1）一日时间表的调整。

以前我园的时间表的安排比较零散，上午有两节集体教育活动，下午一节“逻辑狗”教学，孩子的户外活动和区域活动较少。针对这种情况，我们对时间表做了调整，每天上午两节活动是户外活动或集体教育活动，下午是户外和区域活动，每天保证孩子参加两个小时的户外活动来促进其身体的健康发育。

（2）课程内容与实施调整。

刚建园时，我园用的是“亿童学习包”和“逻辑狗”教学，亿童教材模式统一，注重操作，适合新入职教师使用，但对创新性有所限制。通过几年的实践，随着老师们的岗位胜任能力的提升，我们从众多的教材中选中了南京师范大学的“卓越课程”，这是一套“生活·活动·经验”教材，教材理念是“生活引发活动，活动产生经验”，采用主题的形式组织课程，其观念及逻辑借鉴了现代儿童观和儿童学习等相关理论。课程以儿童发展为出发点和归宿，将生活和活动相互融合和渗透，真正做到了将课程观念与儿童的兴趣、需要和行为结合起来，与活动过程结合起来，使我园的课程更贴近幼儿的实际发展水平，贴近幼儿的学习特点和生活。

（二）教师岗位胜任能力的提升

1. 教师的师德观念加强

通过系列师德师风活动的开展，教师的师德观念得到了进一步提升，有3位教师在师德征文活动中获奖。

2. 教师的理念得到转变

通过对《指南》及《〈指南〉解读》的学习，教师在理念上有了较大的转变。每位教师从学到的、想到的和后期需要做到的3个方面进行反思，疫情期间，3位教师在网上完成了10万字的读书笔记。

3. 专业能力得到提升

通过系列教研活动的开展，教师完成的活动设计在设计、组织、反思方面都有较大的提升，已经能在国培项目中较好地做观摩示范课。

4. 探索出园所梯队建设雏形

通过园所组织的业务学习活动，逐步形成了以中层带骨干，以骨干带教研组长，再以教研组长带班长的梯队雏形。通过园所月活动的开展、实施与反思总结，教研组长及班长在大教研活动中进行经验分享，形成园所特色活动集。

（三）幼儿为本的理念得到践行

在课题研究的带领下，通过各项培训活动、教研活动和学习活动，教师更加清楚地认识到要关注幼儿学习与发展的整体性，尊重幼儿发展的个体差异，理解幼儿的学习方式和特点、重视幼儿的学习品质。幼儿素质得到提高，增强了学习的主动性；幼儿良好的生活、运动、游戏、学习能力得到提升；区域活动中，幼儿有了自由活动的更大空间和时间；户外活动中，幼儿自由探索的时间更多；集体教学中，幼儿自主表达的机会更多；生活活动中，幼儿的自我服务能力获得较大的发展。

此外，幼儿园办园品质得到了明显改观，幼儿园逐渐成为引领县域学前教育发展的排头兵。

六、总结与反思

新教师队伍岗位胜任能力提升研究采用了“学习—实践—引领—教研—反思”五位一体的模式，使新教师快速成长起来，教师、管理者都有不同程度的发展和变化，但是从持续性发展的视角来看，还存在许多问题与挑战。

（一）游戏的观察、评价与支持是教师的弱项

随着区域活动和户外活动的开展，教师的观察评价能力成为岗位核心能力，这是新教师面临的又一岗位胜任能力的挑战。

（二）信息技术和教育活动相融合还有待提升

在教育信息化背景下，尤其是后期疫情时代的到来，使得信息技术在幼儿园教育教学的地位不断提升，教师队伍的信息素养就成为下一个亟须提高的内容。

（三）梯队建设形成雏形，还需要进一步打造

教师梯队建设是一个长期的工程，幼儿园今后将继续探索教师梯队打造的策略与模式。

期待以上呈现出来的行动研究路径与结果，为同类园的新教师队伍建设提供一些参照。

【导师点评】

本文以《新教师队伍岗位胜任能力提升的行动研究》为题，重点探讨作者所在幼儿园新建园、新班子、新教师、新队伍等现状下办园的基本抓手——新教师岗位胜任能力提升。其教师队伍中新手教师占90%，教师平均年龄为24岁，除了7位管理者以外其他带班教师均为

刚毕业入职的新教师。在这样“四新”现状下，幼儿园的正常运转与办园质量面临着严峻的挑战，于是幼儿园开始用行动研究的方法，在快速提升新教师岗位胜任能力方面做了 3 轮探索，利用 3 年时间边工作、边学习、边研究，形成了提升新教师岗位胜任能力层层递进的路径：从“学习—实践—反思”三位一体开始第一轮尝试，经过一年的实际行动、问题总结提升，调整成“引领—学习—教研—反思”四位一体的第二轮尝试，经过实践、反思，第三年总结上升到了“学习—实践—引领—教研—反思”五位一体的新入职教师岗位能力提升模式，从而使老师们的岗位胜任能力得到了有效改善。文章选题贴近实际，内容思路清晰，过程中用数据支撑观点，更增加了实践研究的可靠性。期待此研究成果为同质园、同类型教师队伍提供借鉴。

（点评导师：保定幼儿师范高等专科学校教授王惠然）

幼儿园科学膳食的管理对策探索

——以保定市青年路幼儿园为例

保定市青年路幼儿园　李海涛

儿童从生命开始，其整个阶段均处于不断生长、发育的过程中，其中3—6岁是幼儿发育的关键期，而膳食营养是幼儿发育的物质基础。作为幼儿园服务的主体，幼儿每日摄取多少营养为宜？如何制定最科学的幼儿食谱？如何保证食物摄取量是最恰当的？这些问题成为当前幼儿家长和教师最为关心的问题。而现实工作中，卫生保健工作，缺乏对保教工作的系统性指导，容易出现吃什么和怎么吃“两张皮”的脱节现象。怎样保证幼儿饮食的合理、科学并且收到实效，如何找寻合理、科学的方法来指导师幼乃至家长科学膳食，满足幼儿健康成长的需要是值得我们共同探讨的话题。

一、顶层设计，架构规范管理体系

幼儿餐饮乍看似乎只涉及后勤部门，但是作为科学化的膳食管理体系，其需要后勤、教学，乃至家长的协同管理与共同参与，才能够达到管理效果。常言道：“没有规矩，不成方圆。”只有架构好正确有效的管理制度，才能够让多项策略落地生根，产生实效。

（一）建设严谨的膳食管理制度

科学的膳食必须以安全为前提。随着全社会对学校餐饮安全性的重视，国家对食堂进行了量化分级管理的措施，每个等级有非常明晰的标准。根据中华人民共和国卫生部颁布的《托儿所幼儿园卫生保健管理办法》规定，食堂依据保定市市场管理监督局的规定需要建立《食品进货查验及进货查验记录制度》《关键加工环节食品操作规程》《食品添加剂管理制度》《从业人员健康管理制度》《幼儿园食品留样制度》等涉及采购、验收、加工制作、后期监管等关键环节的18项制度，我园依据此项规定，先后建立了以园长为第一负责人的食品安全管理小组，严格审核供货商的资质，实行双人双锁的库管方案。每一项制度都关系到食品的质量和安全性，是幼儿餐饮质量的关键。

（二）科学合理的卫生保健制度

在幼儿园整体工作中，多数幼儿园将卫生保健工作和保育工作割裂来看，尤其单纯认为卫生保健工作只涉及卫生消毒、体格检查方面的工作，其实不然。两者有着密不可分的关系，目前“保健指导，保育工作”的正确观念被逐渐接纳，并开始有目的地推进。

《河北省城市幼儿园分类评定标准（试行）》已经把卫生保健和保育工作归在一类进行评定，因为卫生保健工作者经受过专业的保健培训，在餐点制作、幼儿生长促成因素、体格测评等方面均有专业知识做基奠，以此为基才能科学制定出完备的保教制度，促进保教质量的提升。

《河北省城市幼儿园分类评定标准（试行）》中提及的卫生保健制度包括一日生活作息制度、健康检查制度、卫生消毒制度、传染病管理制度、安全防护和检查制度、食品和药物管理制度、膳食管理制度等内容。在“健康检查制度”中我们按要求每学期监测幼儿身高、体重等情况，每学年一次的全面体检中要监测幼儿的血红蛋白水平；在“一日生活制度”后面提到的三餐要求，具化到保育细节的把控如幼儿进餐前后需要做湿性打扫，具体细则均涉及幼儿的科学膳食。

（三）细化完善的保教细则

幼儿园保教双常规工作，以《幼儿园工作规程》为规范，以《幼儿园教育指导纲要（试行）》（以下简称《纲要》）为指导，以《3—6岁儿童学习与发展指南》《幼儿园保育教育质量评估指南》为具体、可操作的依据，坚持将保教工作作为幼儿园工作的中心环节，将抓好幼儿园保教管理作为幼儿园管理工作的核心。制定和实施保教常规的细则，对建立正常教学秩序、促进幼儿全面发展和健康成长、不断提高保教质量有着极其重要的作用。

幼儿园在园常规培养涉及生活常规、学习常规、劳动常规、礼仪常规等几方面内容，其中幼儿生活常规、保育制度和幼儿膳食情况密切相关。传统的保育工作会明确要求包括三餐、教育活动、户外活动等各个环节的时间节点，随着幼儿自主化的理念不断推广，更加讲求幼儿活动的自主性培养。但是不管新旧理念如何碰撞，日常"四定时"，即进餐、午睡、游戏和户外活动定时，始终是保教工作的核心要求。

幼儿园一日生活作息制度应符合幼儿的身心特点和地域特征，根据四季变化进行调整，合理设置，组织早操、课间操活动，在充分保证户外活动时间（每天至少2小时）的基础上，对生活各个环节的组织可以灵活机动。要保证幼儿午睡时间在2小时左右。要保证幼儿在园"三餐一点"，早、中、晚餐进餐间隔时间不超过4小时，午点时间安排在中餐、晚餐之间。[①] 除特殊情况外，不得提前或推迟开饭，幼儿进餐时间在20—30分钟，不允许催饭。要保证幼儿每天有充分的饭后散步、安静活动时间，饭前和饭后等待时间要合理安排多种活动，安排一日生活制度和组织幼儿活动时还要注意对体弱、病儿的照顾。

二、以科学为标准的卫生保健管理策略

科学合理的幼儿食谱是幼儿三餐膳食摄入量的基础保障。幼儿食

---

① 尚煜. 托幼机构卫生保健人员实用手册［M］. 北京：北京出版社，2018：19-20.

谱的制定是解决幼儿吃什么，怎么科学地吃的问题，进而解决幼儿膳食应然状态和实然状态存在偏差的问题。

（一）制定科学的幼儿食谱

中华人民共和国教育部颁布的《幼儿园教育指导纲要（试行）》中指出："幼儿园必须把保护幼儿的生命和促进幼儿的健康放在工作的首位。"其中健康既包括身体健康也涵盖着心理健康的内容。为了保证幼儿的身体健康，日常饮食是最主要的内容，讲究膳食带量一方面能充分保证幼儿身体发展所需的营养；另一方面也避免了幼儿暴饮暴食所引发的其他疾病的发生。

《中国居民膳食指南》和《幼儿每日膳食中营养素推荐摄入量标准》中提出"按照人体生理需要摄入热能和各种营养成分的需求，编制幼儿园带量食谱。以达到合理营养、促进幼儿健康生长的目的。"因此，幼儿园应根据幼儿的年龄特点和实际发展水平制定适宜的膳食方案，提供适宜的营养搭配，为幼儿身体的健康发育打好坚实的基础。

1. 中国居民平衡膳食宝塔

中国居民平衡膳食宝塔是指 2022 年中国营养学会颁布的《中国居民膳食指南》中把平衡膳食的原则转化成各类食物的重量，并以直观的宝塔形式表现出来。平衡膳食宝塔共分 5 层，包含我们每天应吃的主要食物种类，如表 5 所示。

表 5　中国居民平衡膳食日摄入量

食物分类	日摄入量	备注
盐	＜5 克	
油	25—30 克	
奶及奶制品	300—500 克	
大豆及坚果类	25—35 克	
动物性食物	120—200 克	每周至少 2 次水产品 每天一个鸡蛋

续表

食物分类	日摄入量	备注
蔬菜类	300—500 克	
水果类	200—350 克	
谷类	200—300 克	全谷物和杂豆 50—150 克
薯类	50—100 克	
水	1500—1700 毫升	

中国居民平衡膳食宝塔中指出蔬菜和水果各有优势，不能完全相互替代。一般说来红色、绿色的蔬菜和深黄色的水果含营养素比较丰富，所以应多选用深色的蔬菜和水果。膳食宝塔建议的各类食物每日摄入量是一个平均量，不是每天必须严格遵守的膳食配方。每日膳食应尽量包含膳食宝塔中的各类食物。在一段时间内，比如 1 周，各类食物摄入量的平均值应当符合膳食宝塔的建议量。

2. 带量食谱

带量食谱是指在花样食谱的基础上，在旁边注明每种食物的用量。合理的膳食计划需要带量食谱来完成，把计划中各种食物的每周用量反映在食谱中，采购员按食谱的要求购买食品，炊事员按照食谱上规定的花样和各种原料的数量制作饭菜，这样才能保证计划的落实，使幼儿得到应有的营养量。

制定带量食谱简单来说就是除了告诉我们每天孩子们吃什么以外，还要告诉我们吃多少。

依据营养学知识，在制定带量食谱时应本着种类多、品种全的原则，合理搭配各种食物。谷类、肉类、蛋类、蔬菜类、豆制品等，不仅每天都应食用，在安排幼儿“三餐一点”的带量食谱时，还应做到粗细搭配、荤素搭配、蔬菜水果搭配、米粥靓汤搭配。按量配餐，按量制作，按量进餐，充分满足幼儿对菜肴色、香、味、形的心理要求，使食谱落在实处，保证幼儿身体的正常发育，确实起到平衡营养的作用。①

表6　中国学龄前儿童平衡膳食日摄入量

食物分类	日摄入量	
	2—3 岁	4—5 岁
盐	<2 克	<3 克
油	10—20 克	20—25 克
奶类	350—500 克	350—500 克
大豆（适当加工）	5—15 克	15—20 克
坚果（适当加工）	—	适量
蛋类	50 克	50 克
畜禽肉鱼类	50—75 克	50—75 克
蔬菜类	100—200 克	150—300 克
水果类	100—200 克	150—250 克
谷类	75—125 克	100—150 克
薯类	适量	适量
水	600—700 毫升	700—800 毫升

（二）进行正确严谨的膳食调查

幼儿园一般在食谱制定后，交给餐饮工作人员按照食谱进行操作，在月末进行营养测算后能够发现幼儿缺少某种营养素的摄入，针对缺乏的某种营养素有意加强所缺乏的营养素的食物安排，以弥补缺失。但如果我们提前做膳食调查，就可以在制定一周食谱并且应用前就保证各种营养素的摄入充足与科学。

膳食调查就是从儿童每天摄取各种食物的数量中计算能量及各种

① 尚煜．托幼机构卫生保健人员实用手册［M］．北京：北京出版社，2018：19-20.

营养素的数量，然后按照国家制定的相应年龄儿童营养素供给量标准，分析其膳食平衡情况。

一周带量食谱制定完成后，我们就对这张食谱从热量分配、热量来源分布、三餐能量分配、优质蛋白的来源以及各种营养成分的摄入量多个方面进行分析，按照以下原则及时调整食谱。

1. 热量分配

在安排儿童膳食时我们考虑到蛋白质、脂肪、碳水化合物之间的供能比例，以总能量的12%—15%来自蛋白质，25%—30%来自脂肪和50%—60%来自碳水化合物为依据。

2. 三餐能量分配

每餐能量的分配我们保证早餐占全天热量的25%、午餐占全天热量的35%、午点占全天热量的10%、晚餐占全天热量的30%。早餐以主食为主，以优质蛋白为辅。午餐、晚餐都要有菜，多选用季节性蔬菜。争取每天有一定量的深绿色或橙色蔬菜。

3. 蛋白质来源分配

我们力求做到来自动物性和豆类蛋白质（优质蛋白质）达到50%。

4. 幼儿各种营养素达标指数①

如果带量食谱中某种营养素不达标，就及时进行修订。比如，维生素A摄入量低，可以适当增加动物肝脏、蛋黄等含量丰富的食物用量，使这张食谱各项均达到标准再投入使用。这样一来，幼儿在进餐前就有了科学可靠的营养保证。

（三）运用“查改比对”的调膳方法

在月末的膳食评价中做到查“五量”、对“三比”。五量即每人每天各种食物的日进食量、八大类食物日进食量、平均每人每日摄入食

---

① 中华人民共和国卫生部基层卫生与妇幼保健司．全国托幼机构保健医务人员岗位培训教材［M］．北京：中国医药出版社，2000：42-61.

物量、热量食物来源分布量、蛋白质来源分布量。“三比”即各大营养素每人每日摄入量占供给量的百分比、三大产热营养素热量占一日热能百分比、各类蛋白质摄入量占总摄入量之比。通过认真计算、科学分析后，再对食物进行更加科学、合理的搭配，使各大营养素摄入量均占总摄入量的75%以上，达到一级标准，满足幼儿各种营养素的需要，正是科学合理的平衡膳食结构的结果。①

表7 膳食评价工作改进前后调查结果对照表

项目	膳食营养素参考摄入量比值					
	热量%	蛋白质%	钙%	铁%	锌%	维生素A%
改进前	76.85	88.62	40	85.02	60.30	82.23
改进后	91.48	99.53	70.82	102	76.18	95.72

有了膳食调查做基础，带量食谱做保障，那切实保证食品在加工制作过程中的营养价值和有效食物量的摄入就是手段了。这就要掌握一定的营养学知识，熟知各种营养成分的性质和理化特点并能够洞察幼儿的心理。

三、以安全为基础的餐饮管理策略

前面曾经提到建立科学严谨的膳食制度的必要性问题，但是将制度从纸面落进实际工作层面，避免“纸上谈兵”的情况，就需要逐步探究一系列解决实际工作中存在的问题的策略，让膳食管理人员以幼儿需要为出发点，回归到幼儿本位的基点上。

---

① 中华人民共和国卫生部基层卫生与妇幼保健司．全国托幼机构保健医务人员岗位培训教材［M］．北京：中国医药出版社，2000：42-61.

（一）科学的流程，保证制作合理

制度是保障，而规范的流程是将制度有效落实并且保障实施效果的关键。幼儿园内的炊事人员直接参与对幼儿饮食的烹调制作，如何保证食品在加工制作过程中将各种营养素的损失降至最低，保证幼儿摄入营养成分较高的食物就成了他们的工作重点。食药监部门提供的《关键加工环节食品操作规程》“粗加工及切配操作规程”明确提出：“各种食品原料在使用前应洗净，动物性食品、植物性食品应分池清洗，水产品宜在专用水池清洗，禽蛋在使用前应对外壳进行清洗，必要时消毒处理。”“蔬菜在使用前冲洗干净并浸泡30分钟以上，以降解蔬菜中农药残留量，预防食物中毒。”为了避免细菌滋生，影响食品食用效果，我们也严格操控温度，所有禽肉类食品必须高温加热，中心温度保证70℃以上；奶蛋制品必须冷藏保存，蛋类在加工前必须对蛋壳进行冲洗，防止沙门氏菌感染。我园也就标准化操作先后建立了《菜面案工作流程》《家长伙委会组织流程》《食堂采购流程》《食堂入班回访流程》《食堂开放性活动流程》等一系列流程管理制度。

除标准化流程外，炊事人员不仅要熟练烹制出丰富多样的菜肴与主食，而且还要掌握一定的营养学知识，熟知各种营养成分的性质和理化特点，如维生素C遇热易水解等，所以蔬菜需要在清洗后再切配，不能颠倒顺序，以防水溶性维生素大量流失。

（二）专业的培训，提升操作水平

1. 虚心向专家求教

知识是不断积累和更新的。餐饮制作人员和保健医生需要不断学习最新的营养学知识，明确相关标准。每次对幼儿进行体检前，我园积极向省、市托幼保健机构的儿童保健科专家请教，掌握适合北方地区幼儿身高、体重等多项测评的指标标准，明确研究方法和方向，把握卫生保健工作指导方向，提高教师的保教水平；每个假期都会邀请职业学校的烹饪教师或营养学老师入园对食堂餐饮烹制方法做指导，监测不同时期幼儿的生长发育水平。

2. 组织膳食带量专题培训

为保证幼儿基础营养素的摄入，努力构建特色的饮食文化，促进幼儿身体健康发育，教师和食堂餐饮工作人员可以根据对幼儿饮食习惯的观察，有针对性地学习“幼儿营养知识”“幼儿园膳食管理新思路”“幼儿园带量食谱的制定”“幼儿食育食养”等相关知识，逐步深入研究不同年龄段幼儿的身体结构特点、饮食需求，以及特异性体质（过敏性体质、脾胃运化不良等）幼儿的餐饮需要，不断积累教师在科学的保教方法、饮食知识、膳食管理、特色食谱的制定等方面的实践知识。

3. 落实《纲要》精神进行有关转变观念的研讨

依据《纲要》精神和《中国居民膳食指南》《幼儿每日膳食中营养素推荐摄入量标准》的要求，了解不同阶段幼儿身体发育所需营养，分析幼儿园现有食谱，制定适宜不同阶段幼儿的营养食谱，完善幼儿园带量平衡膳食体系，找到适合本地区、本园的膳食带量合理区间，合理配给，杜绝浪费。

4. 走进班级，了解幼儿需求

幼儿易对单一食品感到厌烦，可以通过改进烹饪手法、翻新花样、利用视觉冲击力来增强幼儿的食欲，比如在制作豆沙包的时候，将单一的白面改为紫米面和白面搭配使用，用水和面改成用牛奶和面，制作完成后点缀上杏仁或红枣。这样，制作出的紫米杏仁（红枣）豆沙包不仅受到小朋友们的热烈欢迎，而且有效提高钙质的供给和锌等微量元素的摄入。

四、以严格为准的保教管理策略

所有的保教规范都是以科学的保健知识为前提而制定的。所以，教师作为落实保教行为的第一人，特别需要严格落实以促进幼儿科学进餐效果的达成，从而解决因教养方式偏差影响幼儿生长发育的情况。

（一）创设良好的进餐环境

为了培养幼儿专心吃饭的好习惯，教师可以提供给幼儿一个“温馨、适宜”的进餐环境。在餐前组织开展一些安静的活动，如听故事、手指谣等；在进餐过程中播放一些优美的乐曲，为幼儿营造温馨的氛围，避免幼儿间说话、打闹的现象发生。通过创设进餐环境，幼儿能够在良好的情绪状态下进餐，对食物产生兴趣。良好的情绪状态也会促进消化液的分泌，促进幼儿食物消化能力的提升。

（二）培养幼儿良好的进餐习惯

1. 饮食定时、定量

饮食要有节制，要有量的要求。我国古谚语道：“要想小儿安，三分饥与寒。”不能孩子爱吃的就不节制地吃，不爱吃的不吃，教师猛塞硬灌的现象更应该杜绝，这样容易让孩子产生畏惧、厌恶情绪。教师要严格遵守开饭时间。幼儿园一般都会按要求规定两餐间隔时间，3.5—4小时为宜，进餐时间也最好保证在20—30分钟，这样既保证了孩子有良好的食欲，有利于食物的消化吸收，也有利于孩子养成规律进餐的习惯。另外，饮食还需定量，要根据幼儿每日所需各种营养素的总量分配到三餐一点中。

2. 专心吃饭，不剩饭，不洒饭

在日常保育环节中，餐前教师组织幼儿观看电视或进行一些娱乐性活动的安排容易造成幼儿进餐时注意力不集中，导致幼儿消化不良，更有甚者会造成孩子呛咳、误吸，甚至死亡。我园教师在进餐前都会给小朋友们讲一些农民伯伯辛苦劳作的故事，既能让孩子们尽快安静下来，也能让孩子们自觉意识到珍惜他人的劳动成果的必要。孩子们不仅自己不浪费粮食，还会提醒别的小朋友不剩饭，这样也有助于幼儿从小就养成勤俭节约的好习惯。

3. 养成不挑食、不偏食的良好饮食习惯

小班幼儿的身体发育迅速，需要汲取许多营养物质，但是他们的胃肠还不够成熟，消化力较弱，牙齿也正在生长，咀嚼能力有限，故应增加餐次，供给富有营养的食物，食物的加工要细又不占太多空间，每日供给奶或相应的奶制品不少于350毫升，要注意供给蛋和蛋制品、半肥瘦的禽畜肉、肝类、加工好的豆类以及切细的蔬菜类。有条件的每周给孩子吃一些动物血和海产品食物。要引导和教育孩子自己进食，进食应该有规律。吃饭时应培养孩子集中精神进食，暂停其他活动。应让孩子每日有一定的户外活动。

中、大班幼儿活动能力逐渐增强，在丰富食品种类的同时要增加食物的分量，逐步让孩子进食一些粗粮类食物，一部分餐次可以以零食的方式提供，例如午睡后可以让孩子食用少量有营养的食物或汤水。

4. 洞察孩子心理，了解孩子需求

教师不单单是教育者，更是幼儿健康的观测者。教师需要既站在孩子立场上想问题，又要以家长的身份考虑："我会怎样指导要求他（她）呢?"应该定时测量孩子的身高和体重，并做记录，以了解孩子发育的进度，并注意孩子的血色素是否正常。应该避免幼年过胖，如果有这种倾向，可能是因为偏食含脂肪过多的食物或是运动过少，应在保健医指导下做适当的调整，着重改变不合适的饮食习惯。

同时，鼓励孩子和其他小朋友共同进食，以相互促进食欲。教师切忌在幼儿进餐时训斥孩子，这将大大削弱孩子的进餐乐趣。

（三）组织丰富的餐饮活动

1. 实施开放性的节日教育

节日是促进幼儿良好情感、个性品质和激发幼儿餐饮兴趣的契机。"六一儿童节"让孩子当自己节日的主人，根据孩子的意愿开展丰富的饮食活动。比如在"我的六一我做主"饮食文化活动中，我们将食谱中涉及的面点和菜肴通过展板进行展示，让幼儿选择自己平常喜欢的内容，将评选出的餐饮进行排名，按照排名顺序，合理逐一添加到六一活动周的食谱中，提高幼儿参与活动的热情。同时，还利用端午节、中秋节等节日契机制作展板，对幼儿进行餐饮文化教育。

2. 鼓励幼儿不断尝试

明确孩子是幼儿园工作的中心和服务对象，鼓励孩子大胆尝试餐饮制作，如可以开展“我和叔叔一起做”和“食堂叔叔进课堂”活动。“我和叔叔一起做”活动：设定特定区域，让幼儿进食堂体验餐饮制作的方法，激发幼儿对餐饮制作的兴趣，使其了解餐饮制作的方法和过程。通过这一活动，孩子既能品尝自己的劳动成果，激发饮食兴趣，还能了解食堂工作人员的辛勤劳作，懂得珍惜粮食和别人的劳动成果，杜绝浪费粮食。“食堂叔叔进课堂”活动：鼓励食堂的工作人员进入班级，向幼儿展示一些餐饮制作技术，如萝卜雕花、动物面点等，这样能够扩宽幼儿餐饮制作视野，突破思想中餐饮的单一性和局限性，也可以提高幼儿的餐饮乐趣。

3. 开展食育教育，丰富幼儿餐饮知识

教师是幼儿良好饮食习惯建立的重要参与者和保障人。良好的饮食习惯不仅能保证幼儿在进餐过程中摄入必要的营养素，也能培养幼儿良好的秩序感、责任感，是帮助幼儿了解我国传统“食文化”的重要内容。

食育就是良好饮食习惯的培养教育，是指从幼儿期起，给予孩子食物、食品相关知识的教育，并将这种饮食教育延伸到艺术想象力和人观培养上。广义的食育，还要涵盖食养和食疗。在实践中，这种颇为有趣的食育，很易被儿童所接受，故在家庭和幼儿教育机构中得以迅速推广。

国外，日本对食育教育普遍关注并广泛推行；国内，河南省实验幼儿园对食育研究最为深入。结合中国传统中医学“五味入五脏，辛入肺，酸入肝，咸入肾，苦入心，甘入脾”等相关知识，可以将食疗知识融入带量食谱，融合中医个性体质的不同，达到保健效果，促进幼儿个性化健康发展。

同时，可以将知识融入二十四节气传统内容，如诵读古诗词、食育活动实践等方式，培养激发幼儿对食物的认知和了解，增加幼儿饮食兴趣，进一步提高幼儿餐饮摄入量。

4. 培养幼儿自主性活动

教师在教育生活环节要注重幼儿的参与性，在生活区活动中让幼儿体现自主、自理和自立。教师可以让幼儿适时加入到餐饮工作的自我料理中，比如水果的准备、分发、收整，在服务他人的过程中感受到饮食的乐趣；教师也可以在种植活动中有意安排幼儿对农作物进行养护和培育，体验种植、收获的过程。体验式学习会增强幼儿的融入感，激发其主人翁意识，促进幼儿食欲，有效增加进食量。

五、以合作为目标的家长工作策略

家长作为幼儿园教育的同行伙伴，在支持园所工作的同时还是儿童教育不可或缺的重要组成部分，家园合作始终是助推幼儿成长的关键和有力措施。

（一）开展丰富的膳食管理家委会活动

膳食管理委员会是增进园所膳食管理、建立有效家园共育的一条有效途径。每班可选派 2—3 名家长代表组建幼儿园的家长伙委会，定期组织活动。活动的形式和内容可以多样化：以会议形式听取幼儿园对膳食管理的管理思路、想法和工作安排，家长可以积极进言，参与其中，丰富管理内容；开展家长开放日活动，家长按照着装及健康要求进入食堂参观餐饮制作流程，对硬件和软管理提出可行性建议，共同促进幼儿园餐饮工作的管理水平。

（二）培养家长对正确膳食的认知

家长作为孩子的第一任教师，从孩子出生起就是孩子学习的榜样，家长的个人饮食习惯会直接影响到幼儿饮食习惯的养成。据保定市妇幼保健院统计，儿科门诊除常见的呼吸道和消化道疾病外，厌食症的患病率也呈上升趋势，不容忽视。儿童厌食症的形成原因之一就是喂养方式不当，由此导致幼儿出现积食、腹胀、呕吐、便秘、食欲不佳、消化不良等情况，有时由于家长的急迫，很可能发生强制喂食的现象，造成儿童心理负担，因心因性原因造成神经性厌食，从而加重孩子的厌食症，形成了恶性循环。

在生活中，一些在幼儿园里表现很好的幼儿，一旦回到家里，便变换了一种姿态，因为不爱吃就不吃，因为不想吃就不吃的“追赶喂”现象比比皆是。因此，饮食习惯的培养要做到“家园一致”，幼儿园必须要和家庭紧密联系起来。我园通过保健医生每季度以“家长课堂”的方式组织家长开展系列饮食讲座、保教主任和班级教师从饮食习惯及饮食礼仪等方面组织家庭教育培训等方式，将科学的育儿理念传达给家长，将幼儿园对幼儿的饮食习惯培养内容和要求讲解给家长，取得家长的理解和支持，家园携手一致，保证幼儿良好饮食习惯的一贯执行。

（三）组织积极有效的亲子实践活动

陈鹤琴先生的“活教育”思想强调：教材是活的，方法是活的，课本也是活的。大自然、大社会都是活教材，尽量利用儿童的手、脑、口、耳、眼睛，打破只用耳朵听，眼睛看，而不用口说话，用脑子想事的教育。我园在膳食管理中践行“活教育”理念，在儿童实践的基础上，让家长鼓励孩子在家一起参与餐点的制作，带着孩子一起亲近自然，参与农耕、种植、采摘等活动，让孩子们拥有自己的“自留地”，做标志牌，感受动手播种的欢乐，带着猜测去观察，感受收获的幸福，有效改善亲子关系的同时，让孩子们更好地去懂得食物获取的不易，让家长和孩子都能够懂得劳动的意义，感恩与珍惜大自然的给予。

六、以对照因果甄别管理效果

通过上述卫生保健、膳食制作、教师管理以及家长互动四方面的策略研究不难看出：经过科学指导，幼儿食谱中的食物品种搭配更加丰富，充分考虑了米面、蔬果、蛋禽肉、奶制品、豆制品等的合理补充；食物供给量也较符合幼儿基本摄入量；教师带领幼儿参与的食育活动有效提升了幼儿参与膳食管理的热度；幼儿良好饮食习惯得以加强，在有意识纠正自己不良饮食习惯的同时，也有意识地去帮助其他幼儿进行改善；教师对食育工作的认知也更加深入，能够积极配合食堂餐饮制作工作，辅助幼儿有效进餐。幼儿营养测算达标率及平均身高、体重均有提升，超重及肥胖率有所下降。幼儿整体更加趋于健康状态。

目前，在幼儿膳食结构的安排上依旧存在着谷物类主食摄取与蔬菜量不均衡、矿物质钙仍然不达标的问题，还有就是教师和家长在促进幼儿进餐和良好饮食习惯的培养问题上所要注意的细节问题等，依旧是教师、家长及餐饮保健人员需要继续深入研究探讨的问题。寻求促进幼儿良好膳食习惯培养的方法，以便使幼儿体格健壮，智力发育健全，增强抵御疾病的能力，减少疾病的发生，是家长和幼儿园需要继续努力的方向。

【导师点评】

“民以食为天”，而幼儿园的科学膳食比天还大，因为科学膳食不仅仅是幼儿园的饮食安全问题，更是幼儿园孩子们健康成长的问题。李海涛老师发挥自己的医学优长、基于自己的管理职责、以保定市青年路幼儿园为例选择了“幼儿园科学膳食的管理对策探索”这一主题开展研究，形成了幼儿园科学膳食的系列管理对策，对幼儿园的膳食有着重要的指导意义。本文值得肯定的地方有如下三点。

一是系统设计，整体推进，将膳食工作纳入全员育人体系之中。本文作者认为，只有幼儿园的后勤、教学部门，乃至家长的协同管理与共同参与，才能够达到科学膳食的管理效果。于是，建立严谨严格的膳食管理制度和科学合理的卫生保健制度、细化完善的保教细则成为科学膳食的保障。每一项制度或细则都细化到各项工作的时间节点、空间节点和人员节点上。在强调幼儿园全体教职工和家长全员育人的同时，强调通过营造环境、开展活动等方式引发幼儿科学膳食的兴趣，启发幼儿科学膳食的自觉，提升幼儿科学膳食的习惯和能力。

二是明确标准，清晰流程，将膳食工作纳入全程育人体系之中。根据从中央到地方关于食品安全和膳食营养的各方面标准，制定科学的幼儿食谱，确保三餐能量分配、热量分配、蛋白质来源分配以及幼儿各种营养素指数达标；同时，运用“标准化”的膳食调查和“查改比对”的调膳方法等进行动态调查，确保膳食全程的安全与科学。为使过程中的幼儿食谱得到科学制定和执行到位，园所对全体教职工进行培训，确保各工作岗位人员结合本职工作落实科学膳食。

三是家园合作，相互支持，将膳食工作纳入全方位育人体系之中。作者认为家庭教育是幼儿养成良好饮食习惯的关键，而家园合作、携手共育，是做到幼儿园科学膳食的保障。因此，开展丰富的膳食管理家委会活动、组织积极有效的亲子实践活动不仅加深了家长与幼儿园彼此的了解，更重要的是提高了家长对正确膳食的认知和科学膳食的能力，尤其重要的是能够愿意并善于与幼儿园一起为幼儿的科学膳食而努力。

本项研究的调查数据不仅证明了科学膳食对于幼儿成长的实际价值，更重要的是用事实教育了幼儿园教师和家长，提高了双方对于科学膳食的认识，也提升了双方利用科学膳食科学育人的能力，为幼儿的健康成长奠基。

（点评导师：北京教育学院教授杨秀治）

课程建设研究篇

随着我国幼儿园课程改革的不断推进，课程越来越贴近幼儿生活，使幼儿能在积极主动的探索中获得丰富的经验。幼儿园课程资源开发与利用是课程建设的一项重要工作，其重要性日益显现，特别是乡土课程资源越来越受到人们的关注与重视。幼儿园从富有乡土特色的自然人文环境挖掘教育资源，利用本地的自然物品丰富教育材料，利用有特色的地方文化丰富教育内容和形式，综合各种资源催化课程的多样性，真正实现了幼儿的自主愉悦的发展。

课程建设研究篇

幼儿园创意美术活动中乡土材料的开发与利用探索

保定市望都县辛街幼儿园　陈　敏

3—6 岁儿童的年龄特征是好奇、爱动、乐于探索，他们喜欢参与以游戏材料为中介的操作活动并且善于创造，而创意美术活动恰恰能满足幼儿这一特征，因此笔者所在园从 2017 年 9 月开始在班级开设创意美术课程，让孩子们在亲身感知和动手操作中体验艺术活动的乐趣。通过几年的实践，班级创意美术活动已成为园里的特色活动，师幼参与活动的兴趣不断高涨，在艺术活动中感受及表现美的能力不断增强。但在持续深入推进创意美术活动过程中，我们也发现仍存在着的如下问题：一是教师在创意美术活动中选择的材料较单一，供幼儿想象和创造的空间不足；二是教师设计和组织活动的能力仍然较弱，活动理念及组织策略都比较单一。根据《幼儿园教育指导纲要（试行）》（以下简称《纲要》）中提倡“尊重幼儿身心发展的规律和学习特点”，结合《中共中央 国务院关于学前教育深化改革规范发展的若干意见》中提出的“支持引导幼儿园充分利用当地自然和文化资源，合理布局空间、设施，为幼儿提供有利于激发学习探索、安全、丰富、适宜的游戏材料和玩教具”，我们把对乡土材料的开发与应用和班级创意美术活动有效结合了起来。一方面因为我们的孩子生活在农村，乡土材料是幼儿生活中随手可见、唾手可得的材料，种类丰富，搜集方便；另一方面因为乡土材料大多为低结构材料，不仅操作性强、可塑性高，而且可以“一物多玩”，充满挑战，也更能让幼儿充满好奇。因此，我们依照明晰乡土材料价值、筛选地域乡土素材和不断优化乡土材料的实践三步骤，在实践中不断完善创意美术活动方案，有效促进师幼的发展。

一、明晰乡土材料价值

儿童教育家陈鹤琴曾说过：“大自然是我们的知识宝库，大社会是我们的生活宝库，是我们的活教材。”因此，作为农村园教师，明晰乡土材料的特性及对幼儿的价值至关重要。

（一）乡土材料的特性

1. 乡土材料具有易得实用的特性

乡土材料因为存在于我们的身边环境和生活中，这些天然和现成的材料极易搜集，如幼儿园的种植园内不仅有心形的杨树、红薯叶，也有掌形的梧桐叶、扇形的银杏叶，还有披针形的桃叶、椭圆形的冬青叶等，这些现有的材料方便幼儿采集。

2. 乡土材料具有亲和熟悉的特性

在农村，许多乡土材料是一直伴随幼儿童年生活的，如幼儿从小爱捡拾的小石头，经常拿在手里玩耍的小木棍，以及存在于身边大自然中的花草等，都是孩子们最熟悉不过的材料，极具亲和力。

3. 乡土材料具有丰富且取之不竭的特性

自然及生活中的乡土材料种类丰富、形式多样，如各种果蔬、种子、蛋壳、稻草、纸箱、木块等，一年四季，随处可见，不会因为时间的流逝而减少。

4. 乡土材料具有用之多元的特性

“一物多玩”可以说是乡土材料最鲜明的特点。比如，就树叶来说，不仅可以根据其树叶形状来进行粘贴、添画活动，还可以在树叶上刷上颜色开展树叶拓印；拿麦秆来说，不仅可以利用其秸秆中空的特点开展麦秆吹画，还可以直接选择长短不一的麦秆进行拼贴，也可以玩麦秆染色活动。

（二）开发及应用乡土材料对于幼儿的价值

1. 在材料收集过程中可丰富幼儿的认知经验

大自然是一部活教材，是一个真实、丰富、美丽的知识宝库。苏联教育家苏霍姆林斯基说："大自然是第一本教科书，是世界上最有趣的老师，她的教益无穷无尽。"可见，乡土材料收集过程对幼儿来说亦是丰富认知过程，可潜移默化地让幼儿习得丰富的知识。比如在收集树叶过程中，幼儿自然而然就习得了关于树叶的大与小、多与少，以及形状、颜色不同等方面的知识，再通过进一步整理和归纳，其对物体的认知经验会越来越丰富。

2. 满足幼儿操作需求同时锻炼动手能力

乡土材料具有综合材料工具的特点，操作性强，幼儿在触摸材料和操作过程中能充分调动各种感官，手、眼、脑、口并用，因此在摆、拼、剪、贴、画、印等动作反复的过程中自然而然地训练了手部动作，使其灵活性不断得到发展。

3. 低结构乡土材料可激发幼儿创造力

乡土材料大部分属于低结构材料，可塑性强，和玩法单一、结构固定的高结构材料比，蕴藏着无限的可能性，如可以利用废旧纸箱做"美丽的秋天"，用废旧报纸创作出草地、大树、房子、小桥。这些本该丢弃的废旧材料，经过幼儿的想象和创造被塑造成一个个栩栩如生的作品，也成为孩子们快乐创造的源泉。

二、筛选地域乡土素材

中国幅员辽阔，地大物博，我们所处的华北平原也拥有众多富有地域特点的乡土材料，比如玉米、小麦、高粱等农作物，土豆、苹果、西瓜等果蔬。因此，我们组织教师利用不同维度有效筛选出不同种类的乡土材料，为教师设计开展创意美术活动奠定基础。

（一）本土材料分类梳理

我们依据乡土材料的来源将其划分为两大种类：自然类材料和生活类材料。自然类乡土材料指来源于自然的各种材料，生活类乡土材料指来源于日常生活中的各种材料。进一步往下划分，自然类乡土材料包括花草类、蔬果类、农作物类、动物类和其他类等；生活类乡土材料包括衣物类、包装类、餐具类、玩具类等。花草类乡土材料包括各种花、草、树枝、树叶、树根等；蔬果类乡土材料包括各种蔬菜和瓜果，如红薯、南瓜、白菜、萝卜、香蕉、橘子等；农作物类乡土材料就是指田间地头生长的棉花、玉米、豆子、花生、稻谷等；动物类乡土材料包含各种动物的羽毛、蛋壳、贝壳等；其他类乡土材料有石头、泥巴等。生活类乡土材料中的衣物类乡土材料具体包括各种布料、纽扣、绳线等；包装类乡土材料包括各种纸品、金属、玻璃等；餐具类乡土材料包括各种餐盒、刀叉、纸盘等；玩具类乡土材料包括各种积木块、玩具汽车等。

（二）季节变换主题梳理

大自然就如魔法师，我们还组织教师结合季节变化将创意美术活动以春夏秋冬 4 个主题的形式组织材料筛选。比如在春天的主题下，可选择枝条、果壳、花草等材料组织活动：大二班开展的“柳条变变变”活动，结合班级编织特色，组织孩子们收集春天刚发芽的柳条，利用其柔软的特性，开展柳条创意编织活动，孩子们参与性极高，兴趣盎然；中一班开展的“有趣的丝瓜瓤”活动，通过为孩子们提供黏土及纸杯，创意设计丝瓜娃娃，让孩子们体验了创作的乐趣。在夏季主题下，可以选择荷塘、果蔬、麦秆等材料开展活动：以“麦秆”为例，小班可以组织孩子们开展麦秆吹画活动，中班可以组织孩子们进行麦秆创意捆扎活动，大班则可组织孩子们进行麦秆编织或麦秆创意粘贴活动。在秋季主题下，可以选择色彩斑斓的树叶、种类多样的果皮作为材料开展活动：大班开展的“水果皮大变”活动，为孩子们提供了充分的想象空间，童趣盎然的香蕉皮“章鱼先生”、柚子皮“自行车”等幼儿作品让人眼前一亮。在冬季主题下则可以选择树枝、稻草、秸秆等材料开展活动。

（三）对应能力按龄筛选

乡土材料的选择必须结合不同年龄段幼儿的发展水平来确定，小班幼儿因为具有从众心理，在选择乡土材料时要考虑同一种材料投放的数量，而中、大班幼儿就可以在乡土材料的丰富性上加以考虑。比如，蔬菜拓印活动，小班幼儿需要教师提供一些提前制作好的蔬菜拓印材料，同一种蔬菜的数量要足够幼儿选择；而到中、大班，就可以让孩子们自己动手制作拓印材料，而且提供的蔬菜拓印种类可以更加丰富，满足幼儿多方面探索的需求。

三、优化乡土材料实践

（一）注重转变教师观念

《纲要》指出：“教师应成为幼儿学习活动的支持者、合作者、引导者。”我们通过引领教师在创意美术活动组织上不断由“灌输者”向“引导者”角色转变，由“实施者”向“共同参与者”角色迈进，不断提升教师教育理念。

1. 由“灌输者”向“引导者”转变

“灌输者”指教师在活动中不考虑幼儿的实际状况及身心发展和学习特点，完全按照自己的经验或教案内容强加给孩子，让幼儿被迫接受知识和技能；而“引导者”则强调基于幼儿的发展现状，充分尊重幼儿意愿、兴趣，在其原有经验和技能发展上，教师通过合理引导帮助他们提高或收获新的经验和技能。

例如，在中班“创意树枝花”活动中，我们改变以往教师直接示范讲解的活动步骤，首先关注幼儿的已有经验，带领幼儿走进种植园、公园，观察各种花的形态及颜色，了解花的基本构造，让幼儿头脑中建构出花的造型；然后，在活动中提供给孩子们自由创作的空间，教师注重观察与引导，针对孩子们的操作实践给予适当的帮助，让孩子们收获自我成长的经验。

2. 由“实施者”向“共同参与者”迈进

“实施者”指教师以自我为中心，在活动中对幼儿施加影响，不考虑幼儿的实际需要和感受；而“共同参与者”是指师幼是活动开展的共同主人，尊重幼儿的主体地位，充分发挥幼儿的主观能动性，师幼配合，共同完成活动。

例如，在大班开展“种子创意粘贴”活动时，我们改变以往教师实施布置的方式，由教师发布活动意向，班级幼儿以小组的形式确定任务及分工，由小组成员商议、确定粘贴主题，通过小组间幼儿的分工与合作，共同协商、配合完成作品。通过变教师单一开展教学的实施策略为引导幼儿共同参与，让孩子们发现了自己的力量，体验了团队合作的愉悦和成功感。

（二）注重激发幼儿参与兴趣

1. 关注材料的丰富性及适宜性

皮亚杰提出：“儿童的智慧源于材料。”因此，适宜的、丰富的活动材料更容易激发幼儿参与活动及开展创作的兴趣，如在开展玩转纸杯的活动时，除了提供大小各异、颜色不同、图案不一的纸杯外，教师还为孩子们提供了橡皮泥、彩砂、木棍、卡纸、干花等辅助材料，让孩子展开想象，创意玩转纸杯。有的孩子用彩泥、卡纸等对纸杯进行装饰，做了各种小动物和花朵；有的则选用彩砂和干花，把纸杯叠起来做花瓶，然后将彩砂放进去，一方面可以保证花瓶的稳定性，另一方面可以当作花泥把干花插进去，这样，一个唯美的插花作品就诞生了。当一幅幅作品呈现出来的时候，孩子们的脸上充满了喜悦和满足。

2. 贯彻落实“游戏化”理念

兴趣是幼儿学习最好的老师，《纲要》中指出：“要珍视游戏和生活的独特价值。”因此，我们提倡教师贯彻“艺术领域课程游戏化”的活动指导理念，通过创新创意美术活动的形式，激发幼儿参与活动的兴趣。

艺术领域课程游戏化是指“将游戏的理念、游戏的精神渗透于幼儿园艺术领域课程，并运用适宜的游戏手段和方法，以促进幼儿快乐学习和身心和谐全面发展的过程”①，可以有效激发幼儿的参与活动兴趣，促进幼儿主体性的发展。

例如在小班“小树叶拓印”活动中，教师以孩子们喜欢的魔法精灵为线索，将游戏情境和美术活动有机结合起来，导入环节通过引入情境“树王国的成员”，引导孩子感受自然中多姿多彩的树叶形状；教学环节通过“魔法变变变”，带领孩子观察树叶的变身——即树叶拓印的方法；制作环节则以“幼儿需要完成魔法精灵的任务，制作树叶拓印作品送给树王国的朋友”组织开展，抓住小班幼儿直觉形象思维的发展特点，将活动与情境游戏有机融合，激发幼儿参与活动的热情，突出活动效果。

在中班“有趣的石头娃娃”手工创意制作过程中，教师通过引导幼儿与石头玩游戏的组织策略，引导幼儿将石头变一变，生成形态各异的石头娃娃。游戏内容分别是“手指画一画”“手指贴一贴”和“手指捏一捏”，在画一画中让幼儿结合已有经验选择不同绘画材料在石头

---

① 曹东方. 幼儿园艺术领域课程游戏化研究［D］. 济南：山东师范大学，2018：摘要 1.

上作画；贴一贴则是运用五官贴纸让幼儿对石头变脸；捏一捏则是利用超轻黏土对石头进行造型，通过营造宽松、自由的游戏氛围，充分让孩子运用多种材料与石头互动，激发幼儿长久的学习动力。

在大班“藤蔓变变变”活动中，孩子们用红薯藤蔓制作出了“手链”“项链”“辫饰”等多样作品，于是教师在活动最后生成了“T台走秀”环节，以游戏展示的方式让每一个孩子收获创作的自豪感和愉悦感。

3. 充分尊重幼儿的主体地位

《纲要》指出：要“提供自由表现的机会，鼓励幼儿用不同艺术形式大胆地表达自己的情感、理解和想象，尊重每个幼儿的想法和创造”。因此，在活动开展中，我们鼓励教师充分尊重幼儿的主体地位，给他们足够的时间和空间进行想象和创造，并大胆进行表达。在大班开展的“萝卜扦插”活动中，幼儿的独特创造让我们感到惊喜，如A女孩创作的“两个好朋友手拉手”、B男孩创作的“炮车”、C女孩创作的“旋转木马”、D男孩创作的“独轮车”等作品。自由和宽松的空间更加激发了幼儿参与活动的兴趣。

图 15 两个好朋友手拉手

（三）注重科学设计活动

俗话说：“凡事预则立，不预则废。”因此，我们引导教师科学设计创意美术活动。

1. 顺应季节特征设计活动

鼓励教师随季节变化选择不同时节的乡土材料设计活动。比如，在“多姿多彩的秋天”主题下，小班教师设计了“蔬菜印画”活动；中班教师利用干花、莲蓬等材料设计了“美丽的插花”活动；大班教师结合自身综合创意目标，利用各种萝卜，借助牙签、西红柿等辅助材料，设计了“萝卜造型拼插”活动。在“寒冷的冬天”主题下，应用形状各异的树枝，小班教师通过设计“树枝娃娃”活动，锻炼幼儿用毛线给“树枝小人”缠绕衣服；中班教师通过设计“有趣的餐盒娃娃”活动，鼓励幼儿利用树枝等物品装饰自己的“餐盒娃娃”；大班教师则通过设计“漂亮的树枝花”活动，组织幼儿为树枝上色，然后利用黏土制作花朵进行装饰。

2. 利用形状变化设计活动

各种乡土材料造型各异，具有很高可塑性。比如各类果壳，因其本身为立体结构，和其他材料搭配使用能组合出不同的造型，可以从多方面满足幼儿创意美术活动的造型要求。以开心果果壳为例，不仅可以利用其凹面设计“有趣的花瓣粘贴”活动，还可以利用其凸面设计昆虫、项链等创意手工活动。

3. 结合不同用途设计活动

幼儿阶段本就是个体释放天性的阶段，教师可以利用乡土材料的不同部分设计活动：用玉米皮可以设计玉米皮创意手工“玉米皮娃娃”活动，还可以开展“有趣的卷花”“趣味编织”等活动；用玉米棒可以设计“玉米棒创意动物”造型活动，还可以用玉米棒横切面设计“玉米棒拼画”，利用半截玉米棒蘸上颜料设计“有趣的滚画”活动等；用玉米粒可以设计“玉米粒粘贴画”活动。总之，充分利用乡土材料各部分的用途，调动幼儿对材料的积极性，使其在参与创意美术活动中收获快乐和发展。

此外，在设计活动过程中，我们还引导教师特别注重以下问题。

1．充分挖掘自然类乡土材料的应用价值

我们通过引导教师结合美术活动的要素特征组织开展创意美术活动。比如种植园内收获的“萝卜”，通过将其与色彩相结合，小班教师开展了“萝卜拓印”活动，将萝卜横切面制作成不同图案，幼儿蘸上颜料印出了花朵、爱心等图案，激发了幼儿的参与热情；通过将其与构图相结合，中班教师开展了“萝卜拼盘”活动，首先带领幼儿认识萝卜的种类，观看不同类型的萝卜拼摆作品，然后鼓励幼儿大胆想象，亲手操作，孩子们利用各种片状及块状萝卜，拼摆出“自行车”“花朵”“娃娃”等童趣盎然的作品；通过将其与造型结合，中、大班教师通过提供牙签、黏土、蔬果等辅助材料，鼓励幼儿大胆想象和表现，“小猪的一家”“旋转木马”“小推车”等富有天真和童趣的作品栩栩如生。

图 16　萝卜拼摆自行车

2. 充分挖掘生活类乡土材料的应用价值

《纲要》中指出教师要“指导幼儿利用身边的物品或废旧材料制作玩具、手工艺品等来美化自己的生活或开展其他活动”。

（1）巧用衣物类材料。

车尔尼雪夫斯基曾提出“美是生活”这一观点。毛线是生活中常见的一种材料，用毛线编织成的各式帽子、围脖、坐垫等花色丰富，样式美观，我们将其引入创意美术课堂，开展大班艺术欣赏活动，通过对毛线织物的欣赏和设计制造，培养幼儿的审美能力，激发其美化生活的愿望。

（2）巧用包装类材料。

例如生活中常见的瓶瓶罐罐，我们既立足于幼儿的生活经验，又力图把幼儿已有的经验概括、提升，在“瓶子娃娃”活动中，不仅启发孩子们在瓶子上涂抹、绘画、粘贴，还鼓励幼儿用黏土和麻绳等彩绘、缠绕装饰，使原本物化的生活材料在幼儿手中被赋予鲜活的生命。

（3）巧用餐具类材料。

通过教师“慧眼识材”“因材而异”“因材施教”，巧妙地将餐具类材料转化为创意美术活动中的工具和材料。例如常见的吸管，作为材料使用开展“吸管拼贴画”“跳舞的人偶”等活动，作为工具使用开展“吸管吹画”“吸管吊饰”等活动，让孩子们在多元的表达中体验创造的快乐。

（4）巧用玩具类材料。

日常生活中幼儿使用的一些玩具也可以成为创意美术活动中的有效材料，比如男孩子们喜欢的汽车，在“车轮画”活动中，可以让孩子们感受并体验用车轮滚画开展绘画活动的乐趣。

（四）注重有效活动组织

1. 合理安排创意美术活动时间

我园大、中、小 3 个年龄段共有 6 个班级，每个年龄段两个平行班，因此，幼儿园固定在每周周四的下午，由班级组织开展创意美术活动，并且为给教师提供互相借鉴与学习的机会，明确单周由3个年龄段的一班组织活动，二班教师观摩，双周由3个年龄段二班组织活动，一班教师观摩。活动开展时间及具体内容的确定为创意美术活动的有效深入提供了保证。

2．灵活选择多种乡土材料

在活动组织开展上，一方面我们结合季节性乡土材料呈现特点，与主题活动相结合，通过确定同一种乡土材料内容，探索在不同年龄阶段的应用；另一方面，根据乡土材料的分类，结合班级幼儿年龄特点及班级创意美术活动方案，通过让班级自主选择应用不同乡土材料开展探索。

3．注重发挥家园协同作用

乡土材料的收集主要源于教师、幼儿及家长3个途径，家长是幼儿园重要的合作伙伴，争取家长的支持和理解能使活动达到事半功倍的效果。于是，我们一方面充分发挥班级家委会成员的帮助，协助教师完成乡土材料的收集；另一方面，利用班级微信公众平台向全班家长及时发布班级创意美术活动计划，吸引家长参与班级活动，学期末还通过评选“优秀家长志愿者”的方式鼓励班级家长支持配合教师工作。

4．启发引导幼儿与材料的互动

在活动中，我们通过积极调动幼儿已知生活经验，启发引导幼儿与材料的互动。如在中班“百变彩绳”活动开展中，教师的教学目标是鼓励幼儿尝试用粘贴的方法，使用彩绳表现人物画像的典型特征。在活动过程中，教师首先设计了“情感体验”环节，让孩子们说说自己的面部特征，然后让孩子们观察比较，介绍一下自己好朋友的面部特征，让孩子们先构建出关于人的面部特征的画面，接着出示操作材料，启发幼儿用绳子拼贴出有趣的人物画像。

5．提倡鼓励与欣赏的评价方式

《纲要》中指出：“承认和关注幼儿的个体差异，避免用划一的标准评价不同的幼儿，在幼儿面前慎用横向的比较。”因此，在创意美术活动开展过程中，我们引导教师采取鼓励与欣赏的评价方式，为幼儿提供大胆表现的机会，倾听并理解、尊重每一名幼儿的独特表现。如大班活动“吸管画”中，一名小男孩不仅用吸管做成了一棵大树，而且在树干两边还长出了许多“足”，教师及时捕捉到这一信息，在评价环节鼓励幼儿介绍自己的作品，原来幼儿制作的是一棵“蜘蛛树”，树干周围是“蜘蛛的足”，因为幼儿非常喜爱《蜘蛛侠》电影里拥有超能力的蜘蛛侠，因此，希望自己的这棵“蜘蛛树”也像蜘蛛侠一样厉害，能帮助树林里的小动物。教师通过鼓励性语言“原来你这么有爱心，愿意主动去保护别人，老师相信你这颗蜘蛛树肯定能像蜘蛛侠一样厉害”，让幼儿感受到教师对他的支持和肯定。

总之，通过开展创意美术活动对乡土材料进行开发与利用的探索，不仅有效提升了教师的专业能力，更重要的是为孩子们提供了充足的物质媒介，利用大自然和生活中的有效资源，使幼儿在参与创意美术活动中获得美的感受和体验，促进了想象力和创造力的进一步发展。

【导师点评】

此文是作者及其团队在深入开展创意美术实践中梳理出来的非常有价值的成果。她们能从园所优势与具体问题出发，在充分认识乡土材料对幼儿具有巨大价值的基础上，通过采取本土材料分类梳理、季节变换主题梳理、对应能力按龄梳理等有效的分类梳理方法，筛选适宜的乡土材料加以利用。在实践过程中，通过转变教师理念、注重激发幼儿参与兴趣、科学设计与组织活动等有效策略，结合幼儿年龄及学习特点，开展了丰富多彩的创意美术活动，师幼的创造力在活动的开展过程中得到了淋漓尽致的发挥。

（点评导师：保定幼儿师范高等专科学校教授王惠然）

绘本阅读融入幼儿生活的策略研究

保定市曲阳县第一幼儿园　靳　红

本文通过对幼儿园绘本教学现状的调查和研究，更深入地了解到绘本教学的实际开展情况，运用访谈法对曲阳县第一幼儿园绘本阅读教学现状进行了研究，探索绘本阅读教学中存在的问题及相关原因，一线教师可以更加深入地认识其教学的问题所在，同时提出比较科学的绘本阅读教学策略，让一线教师掌握更加正确的方法，形成合理的教学理念，在思想及行动上有所改变。让幼儿教师在了解绘本阅读及绘本阅读融入幼儿生活的重要性的同时，丰富相关经验，优化教学过程，对于推动绘本阅读融入幼儿生活有一定的实践意义。

一、绘本阅读融入幼儿生活的重要意义及存在的问题

（一）绘本阅读对于幼儿发展具有重要意义

绘本阅读作为一种新颖的阅读方式，正以它独特的魅力和优势逐渐走进幼儿园，走近孩子。①《幼儿园教育指导纲要（试行）》（以下简称《纲要》）中提到："引导幼儿接触优秀的儿童文学作品，使之感受语言的丰富和优美，并通过多种活动帮助幼儿加深对作品的体验和理解……利用图书、绘画和其他多种方式，引发幼儿对书籍、阅读和书

① 邹丽娟．让绘本阅读融入幼儿生活［J］．考试周刊，2015（30）：195．

写的兴趣，培养前阅读和前书写技能。”由此可见，阅读对幼儿的成长是非常重要的，而儿童绘本正是很好地结合了这两点。

《3—6 岁儿童学习与发展指南》（以下简称《指南》）中明确指出：幼儿的学习是以直接经验为基础，在游戏和日常生活中进行的。要珍视游戏和生活的独特价值。可见，幼儿的一切活动都基于幼儿的生活。阅读是生活的重要组成部分，生活中也处处充满了阅读的养分，时时弥漫着阅读的气息，而幼儿的生活更是离不开绘本阅读，当幼儿沉浸在绘本阅读的书香氛围中时，就会获得来自绘本阅读的滋养。绘本阅读是孩子的权利，当绘本阅读与孩子的生活相融合，绘本阅读也将成为孩子成长过程中的重要基石……

绘本画面唯美，充满情感；文字优美，充满韵律。文字与图画紧密搭配，交织着构成一个连续完整的视觉影像。绘本作为一种图文结合的阅读材料，以图叙事的功能符合儿童的身心特点与认知能力。精美的图画、优美的文字、暗藏的细节，能够激发幼儿的想象能力，提高儿童的审美能力，同时也丰富着儿童的情感。绘本通过故事给幼儿最初的文学体验，不仅满足幼儿智力发展的需要，同时对幼儿情感、意志等非智力因素方面的培养也发挥着很大作用，是幼儿最喜爱的一种活动形式。

（二）绘本阅读教学在幼儿园中得到广泛的重视和运用

越来越多的教育者和家长认识到绘本的独特魅力，在此大背景下，幼儿阶段阅读意识的培养、阅读习惯的养成、阅读能力的提高，得到了广泛的关注。幼儿园也纷纷开展绘本阅读课程，将绘本作为阅读教学的重要载体，绘本阅读教学也因此得到了广泛的重视与运用。

（三）幼儿教师的绘本阅读教学能力有待进一步提升

幼儿需要在教师的引导下才能更全面、深入地理解绘本内涵，更好地感受绘本独特的魅力所在。只有结合幼儿的年龄特点，进行科学有效的绘本阅读教学，才能让幼儿从爱读逐渐走向会读。

近几年，绘本阅读教学在幼儿园得到了广泛重视，但是通过已有研究和实际情况调查发现，绘本阅读教学的开展情况在地域上存在着严重的不均衡，有明显的地域差异，笔者所在曲阳县第一幼儿园绘本教学刚刚兴起，在绘本阅读教学中，仍然存在着很多不足之处，为更好地推动本园绘本阅读教学的发展，开展绘本阅读融入幼儿生活的调查和研究十分必要。

二、幼儿园绘本阅读融入幼儿生活存在问题的原因

通过调查，我们可以看到幼儿教师逐渐认识到绘本阅读融入幼儿生活教育的价值。更多的幼儿可以享受到这份童年的礼物，绘本为孩子打开了另一个奇妙的世界，但幼儿教师的绘本阅读教学观念、日常绘本阅读教学的情况又反映了现实中存在着诸多问题。

（一）教师将绘本阅读融入幼儿生活的认知有待提升

通过访谈发现，大多数教师对于绘本阅读教学的价值及其重要性有比较深入的认识和肯定，但是教师对于绘本阅读融入幼儿生活的理解却不到位；大多数教师虽然意识到环境的创设对于绘本阅读教学的重要性，但有待进一步提高。绘本的主题具有丰富性与多样性，所以很难有统一的教学模式，因此教师在研究绘本阅读教学时，要不断提高自身的文学素养和艺术审美能力，更深入地把握绘本的内涵。这不是短期内可以见效的，需要日积月累的提高。提升教师绘本阅读教学能力，还要加强绘本理论知识的学习。

（二）亲子阅读——家园合作有待加强

绘本的使用不应只局限于幼儿园绘本课程的开展，亲子阅读更有不可替代的作用。绘本为幼儿带来了丰富的语言体验，为传递亲情搭建了桥梁。松居直一直致力于绘本的推广，他在《幸福的种子》一书中说：“以图画书为媒介，帮助大人与幼儿心灵相通，才是给幼儿看图

画书的意义所在，所以图画书可以说是大人与幼儿进行心灵沟通的场所。”大多数家长不了解绘本，不知道如何利用绘本进行亲子阅读，绘本到底好在哪里。只有通过教师的宣传、引领，家长才能进入绘本的多彩世界，接受绘本，也更利于家长了解幼儿园的绘本教学并使幼儿园的绘本教学得到延伸。

（三）绘本阅读融入幼儿生活，延伸活动虚化

丰富的延伸活动可以帮助幼儿更加深入地体验绘本主题，感悟其所传递的寓意，有效提高绘本阅读教学活动的效果。通过访谈可以看出，延伸活动选择随意、开展不足、在实施方面缺乏有效性等问题。存在问题的原因有很多方面，一是教师缺乏对于绘本阅读融入幼儿生活相关理论的认知，导致对于绘本阅读融入幼儿生活的认识存在一定的偏差；二是教师关于绘本阅读融入幼儿生活教学的能力不足，导致对于教学方法的选择与运用、活动过程的设计与组织、环境创设及延伸活动的开展显示出诸多弊端。因此，幼儿教师需要在理论和实践两个方面进行学习，注重自身理论知识学习的同时，还要注重教学经验的丰富以及教学能力的提升。

三、将绘本阅读融入幼儿生活的策略

基于陶行知“生活即教育”的理论，将绘本阅读与幼儿生活常识积累、技巧学习的有机融合，将绘本中的内容生活化。将绘本阅读融入幼儿一日生活，积极营造“让绘本走进幼儿生活”的良好氛围，给幼儿提供绘本阅读场所和绘本阅读空间。教育必须要以生活为依托，只有通过生活的实践才能发挥绘本的效果。因此，教育就是生活，用生活来进行教育，正好与绘本生活化教学模式的精神和内涵进行了完美融合。我们在绘本阅读融入幼儿生活方面进行了实践探索，形成了相应的策略，较为有效地解决了绘本阅读融入生活方面的问题，真正

实现了让幼儿在绘本阅读中快乐成长。

（一）理解内涵，达成共识

以《指南》为背景，打造绘本阅读融入幼儿生活园本特色。生活即教育，教育即生活，一日活动皆课程，[①] 是幼儿园课程实施的基本理念，也应该成为幼儿的生活，成为教师建构课程的支点。教师要智慧、灵活地运用各种教育组织形式，在集体活动、游戏活动、家庭生活等各个环节创设支持幼儿发展成长的机会与环境，把教育融合到幼儿的生活中去，达到生活化的课程实施，是《纲要》精神所主张与提倡的。

提高幼儿教师对于绘本阅读融入幼儿生活的认知，形成正确的教育观念非常必要。每个教师要树立自主学习的意识，不断提升自身素质；构建学习共同体，首先幼儿园要与相关专家进行交流与合作，形成以专家引领指导的学习共同体，其次幼儿园组织教师进行相关的教研活动，注重教师之间相互交流、探讨和学习，形成以幼儿园为中心的学习共同体。

1. “阅读融入生活”是一种理念

阅读是生活的重要组成部分，生活中到处充满了阅读的养分，到处弥漫着阅读的气息，人的生活离不开阅读的滋养。阅读是孩子的权利，当阅读融入孩子的生活，渗透到她生命中的每个细胞，并由此不断拓展、延伸，成为一种生活习惯和社会方式时，那么幸福将伴随其一生，阅读也将成为和谐社会、文明社会的基石内容。

2. “阅读融入生活”是一个过程

“阅读融入生活”是一个悄无声息的变化过程，犹如冰雪融化、春雨润泽般进入幼儿及其身边的每个人（家长、教师）的生活，并不断产生潜移默化的影响，由此改变着他们的生存状态与学习方式；它又

---

① 李煜. 从陶行知“生活即教育”的内涵看当前幼儿园教育 [J]. 南京晓庄学院学报，2007 (2)：85-87.

是一种自然的、有意或无意地渗透与调和的过程，寓意幼儿、家长、教师三位一体，和谐一致地共同营造阅读绘本的氛围，增强彼此的阅读意识，提高阅读兴趣，养成良好的阅读习惯，继而提升他们的生活与学习品质。

3. “阅读融入生活”是一种状态

“阅读融入生活”是一种流通与开放的状态，[①] 一种自主、多元的状态，寓意通过不拘一格的阅读形式与方法，在幼儿、家长、教师的阅读过程中呈现出多样的、充满个性的、精彩纷呈的表现与表达。

根据不同的对象，我园组织了不同的活动：有针对教师的研究性阅读活动、沙龙活动、教学研讨活动；有针对家长的专题讲座、亲子阅读指导半日活动、亲子阅读沙龙活动等；有教师、家长、幼儿共同参与的无字书创意评比，围绕一个主题开展绘本制作等。通过各种活动，教师和家长形成了理念上的认同，认识到“阅读融入生活”的重要性。

（二）创设环境，养成习惯

绘本阅读课程建构的过程是要通过不拘一格的阅读形式与方法，在幼儿、家长、教师的阅读过程中呈现出多样的、个性的、精彩纷呈的表达与表现，在孩子身边营造完整的书香氛围。

《纲要》中指出：“环境是重要的教育资源，应通过环境的创设和利用，有效地促进幼儿的发展。”“幼儿园应与家庭、社区密切合作，与小学相互衔接，综合利用各种教育资源，共同为幼儿的发展创造良好的条件。”儿童教育专家陈鹤琴认为：“孩子们来到人世后，应尽早为他们创造优良的阅读环境。”所以，要充分创设幼儿园、家庭的阅读环境，为孩子们创造亲近绘本、享受阅读的机会，让幼儿认识书籍、

---

① 刘菊红．幼儿园绘本阅读环境创设的探索［J］．文教资料，2016（26）：192-193.

爱上阅读，从小培养他们的阅读兴趣。①

温馨、舒适、宁静、自由、宽松是我园绘本阅读环境创设的主要追求之一。为了让绘本阅读融入幼儿生活得以顺利开展，并取得理想的效果，创设具有绘本阅读特色的环境，让幼儿在书香校园的氛围中充分感受与体验，以对幼儿进行潜移默化的熏陶。

1. 园内环境

幼儿园一日活动皆课程，时时处处有教育。因此，要充分利用幼儿园的每一处环境，为孩子们创造亲近绘本、享受阅读的机会。

（1）开辟“绘本花园”。

在园内开辟“绘本花园”专用图书室，为幼儿储存大量优秀的绘本资源，如《中国经典故事》《1 分钟节日的来历》《大卫，不可以》《幼儿园安全教育系列绘本》《幸福的种子》等，以满足幼儿各种形式的日常阅读需要。幼儿园可根据绘本题材分门别类地进行投放，如品格培养的、美感训练的、生命教育的、自我认同的、人际关系的、环保意识的等，让孩子们通过自主选择的方式来阅读绘本。

（2）打造书香走廊。

在楼道两边的墙壁上设置“绘本之旅”，通过图片和绘本内容简介相结合的方式将绘本故事展现在孩子们面前，不仅带领孩子们走进绘本的旅途之中，更让孩子们了解阅读的多种形式，产生对文字的兴趣。在每一层楼的楼梯拐角处，摆放一个图书架（20 本绘本图书），每两周更换一次绘本，让孩子们闲暇时也能与绘本亲近。在活动室走廊外的窗玻璃上装饰“鼠小弟”“传统故事”等系列绘本中的形象，让每一扇窗都能传递出阅读的信息。利用走廊开辟阅读长廊，投放与课程相关的绘本，让幼儿进行前阅读或后阅读。创设阅读主题墙，将日常阅读

---

① 徐鸿洁．让阅读融入生活：幼儿园绘本阅读的实践研究课题成果报告［J］．教育科研论坛，2013（12）：40-41.

活动中的精彩瞬间，以照片配文字说明的形式布置在墙面上，让环境对幼儿起到潜移默化的作用。

（3）创设教师读吧。

读书是时代前进对教师提出的必然要求，是教师成长的重要途径；同时，教师读书也会潜移默化地影响学生。我们在教师办公室专辟一隅，提供多种书籍，为教师阅读提供适宜的环境。

2. 班级环境

《纲要》明确要求："创造一个自由、宽松的语言交往环境，支持、鼓励、吸引幼儿与教师、同伴或其他人交谈，体验语言交流的乐趣。""语言能力是在运用的过程中发展起来的，发展幼儿语言的关键是创设一个能使他们想说、敢说、喜欢说、有机会说并能得到积极应答的环境。"也就是说，良好的阅读环境不仅能维护幼儿愉快的阅读心态，还能激发幼儿的阅读兴趣。幼儿园内个性化的阅读区域主要以班级为主，每个班级充分利用空间为幼儿创设个性阅读区域，从而促进班级良好阅读氛围的形成。

（1）绘本阅读区。

幼儿的生活离不开区域活动，每个班设置专门的阅读区域，结合幼儿年龄特点提供适宜的绘本。小班可投放画面较为单纯，主要形象突出，色彩明快、鲜艳，情节生动有趣，基本为一本一个小故事，以图画为主加一行文字的图画书，如《是谁嗯嗯在我的头上》《好饿的小蛇》《谁咬了我的大饼》等。中班幼儿理解力得到了很大的提升，他们能够阅读单页多幅图画故事，并能关注图画故事中的细节部分。结合中班幼儿特点，可投放情节联系比较密切的绘本，如《小猪变形记》《犟龟》等，让幼儿通过观察画面，找寻故事发展的线索。大班幼儿能够感受作品的情感发展脉络，并对角色形象的思想感情做出自己的判断。大班阅读区可投放《鸭子骑车记》《猪也会飞》《母鸡萝丝去散步》等情节发展脉络丰富的绘本，引导幼儿在阅读的过程中综合运用多种形式。

（2）绘本表演区。

《纲要》中明确指出："语言能力是在运用的过程中发展起来的，发展幼儿语言的关键是创设一个能使他们想说、敢说、喜欢说、有机会说并能得到积极应答的环境。"绘本表演是学前儿童语言教育开展的有效形式，它不仅可以锻炼幼儿的口语能力，还能丰富幼儿的感知和体验，并帮助孩子理解文本。根据实地情况，我园设置了绘本表演区——小剧场。在剧场里面，幼儿通过对绘本的二次创作，运用绘本表演的形式尽情演绎，提高沟通能力、合作能力和表达表现能力，使绘本阅读有效融入幼儿生活之中。

3. 家庭环境

家庭环境对儿童的成长具有潜移默化的作用，这是学校教育所不具备的。为幼儿创设良好的阅读环境，是促进幼儿养成阅读习惯的基础。孩子的阅读环境既要方便，同时也需要让孩子有属于自己的独处的阅读空间，建议每个家庭设立家庭书角。通过召开家长会、发《告家长书》、绘本推荐、书香家庭评选等方式，指导家长为孩子积极营造良好的家庭阅读环境，家庭中要有一定量的适合孩子阅读的绘本。让幼儿的生活中弥漫着书香，让阅读陪伴孩子的成长。

（三）联合运作，快乐阅读

在绘本阅读课程建构的过程中，我们寻求绘本与幼儿生活的结合点，旨在让绘本成为幼儿生活中的好朋友，让阅读成为幼儿日常生活的一部分，引导幼儿与绘本为伴，品尝绘本带来的滋养与味道，沉浸在书香与艺术气息中。阅读是为读者的生活与成长服务的，要立足于阅读对象的生活与经验，因此，绘本阅读要源于幼儿的生活，并回归幼儿的生活，服务于幼儿的生活。绘本的种类繁多，反映的主题多种多样，如何对接绘本与幼儿的生活，实现绘本与生活的融合是一个重要的问题。

1. 在绘本内容与幼儿生活需要之间寻求交叉点

生活是一切教育之源，教育内容越是贴近生活，所收到的教育效果也就越大，让教育更有意义。对绘本而言，绘本内容的选择越贴近幼儿生活，越能将绘本中所隐含的知识与道德教育内容加以吸收并转化为幼儿的品质。所以，在绘本的内容选择上要遵循一定的原则，让内容与实际生活相接轨，与幼儿的年龄及心理特点相符，为幼儿教育目标的实现提供有利土壤。比如，针对小班的幼儿可以选择《我爸爸》《我妈妈》《我爱幼儿园》《鳄鱼怕怕　牙医怕怕》等绘本，这些绘本的内容都很符合小班幼儿的年龄水平，与幼儿的生活密切相关，涵盖了幼儿生活的各个方面，能在生动有趣的情节中帮助小班的幼儿学习自我服务、礼仪交往，培养他们的良好习惯。这样的绘本阅读是为幼儿今后独立生活、融入社会做准备的，对孩子的成长起到积极作用。

2. 将绘本阅读与区域活动有效整合

绘本阅读作为幼儿园早期阅读的重要载体受到幼儿教师的重视，幼儿应该“在活动中阅读、在操作中阅读、在游戏中阅读”。绘本阅读与区域活动的有效整合，可以为幼儿创造自由、自主的氛围，提供丰富的活动材料，让幼儿在区域活动中加深感受，丰富已有经验，大胆表达自己的理解和想象。例如，宫西达也创作的“恐龙的温馨故事绘本”系列，每一本都让孩子们感到心动。在中班，教师根据每本书的主题内容巧妙地与区域活动进行整合：与科学区整合，教师围绕“恐龙化石”的制作，鼓励幼儿在与材料互动中自主操作、主动学习、获得经验；教师在益智区投放“恐龙拼图”的操作材料，孩子们通过操作材料在数、形、空等感知过程中，培养爱动脑筋的习惯，促进思维的发展；与表演区整合，教师鼓励幼儿根据绘本的故事内容准备故事表演所需的场景、服装和道具，和同伴一起创编动作，孩子们在表演区穿上用纸箱制作的恐龙服装，惟妙惟肖地表演绘本故事，通过表演，孩子们体验绘本故事，加深了对绘本的理解。教师在充分理解绘本、充分了解幼儿的能力和经验的基础上，寻找与区域活动之间的内在联系，投放适宜的操作材料，通过观察，不断反思、调整和推进，让幼儿在与材料的互动中，体会阅读的快乐。

3. 联合运作幼儿园三大组织环节，让幼儿快乐阅读

（1）品味绘本精髓，有效组织集体阅读活动。

集体阅读活动是帮助幼儿打开阅读与认识世界之门。首先，教师根据幼儿各年龄段发展需要筛选经典绘本，对绘本进行研读，形成方案，组织幼儿进行集体阅读活动。从激发幼儿对绘本阅读的兴趣入手，通过“看、听、讲、编、画、演”等阅读表达活动，让绘本与幼儿、绘本与生活、幼儿与生活三维之间不断碰撞、摩擦，借助多种表达方式，让幼儿表达自己对绘本、对生活个性化的认识与理解。

（2）充分利用自主阅读时间，进行绘本阅读和展示。

自主阅读时间是幼儿最快乐、最自由的时间。在这个时段，孩子们自由亲近绘本，让绘本成为孩子的玩伴，自主提升阅读综合能力。教师可为幼儿提供一些手偶、衣服、帽子等物品，鼓励幼儿进行绘本故事表演；孩子们还可以自己设计绘本游戏，这样既让幼儿重温了绘本的情节和画面，又让幼儿充分体验了绘本游戏活动的快乐，促进了幼儿多元化的发展；在自主阅读活动环节，幼儿自主选择自己喜欢的绘本，教师提醒幼儿“慢翻页、仔细看”“轻轻说、轻轻放”，鼓励幼儿“提问题、大胆猜”，帮助幼儿保持浓厚的阅读兴趣，建立良好的阅读常规，自主建构阅读能力。

（3）建立家园共同体，开展亲子阅读。

《纲要》中提出：“家庭是幼儿园重要的合作伙伴。应本着尊重、平等、合作的原则，争取家长的理解、支持和主动参与，并积极支持、帮助家长提高教育能力。”让阅读融入幼儿生活，家庭环境是不可或缺的一部分。将绘本阅读从幼儿园延伸到幼儿另一个重要的生活环境——家庭中，开展多样化的亲子阅读活动，把绘本阅读融入幼儿生活中。

图 17　曲阳县第一幼儿园亲子阅读活动

第一，通过活动，帮助家长了解绘本、感受绘本。为了帮助家长接受绘本、更直接的了解绘本对于幼儿成长的价值，我们在家园栏、绘本长廊里做了专题推荐，每月更新有关亲子阅读指导的文章，每周更新好书推荐，定期推送不同的绘本，不仅让家长熟悉绘本、接纳和了解绘本的重要价值，还丰富了家长的绘本知识，帮助家长根据自己孩子的发展情况选择绘本。

开展“图书漂流活动”，一方面，利用园内的绘本精选出适合小、中、大班幼儿的绘本内容，进行每周一次的借阅；另一方面，请每个幼儿带来 1 本绘本，利用周末与同伴互换图书，将绘本带回家和爸爸妈妈一起分享阅读。这一活动既可以丰富幼儿的绘本阅读量，还可以和班里的其他小朋友分享自己带去的书，让每个孩子从小养成爱读书、爱护书的好习惯，从小体会与人分享的乐趣，懂得与集体在一起时能获得更多的快乐，也有助于营造和谐、充满爱的家庭。为了让家长们加深对绘本的认识，我们还使图书越“漂”越远——以班级内部扩散到班级与班级间。

第二，通过“三个一工程”，提高家长亲子阅读指导能力。一次思维的碰撞——家长专题教育交流。针对部分家长在家不会指导孩子阅读这一问题，幼儿园利用家长会做了专题指导，在活动中，一方面由教师给予经验、方法，另一方面是家长间的经验交流。

一次现场的指导——家长现场观摩活动。为了帮助家长更清晰地了解绘本，从多方位了解指导孩子阅读的方法，在家长观摩活动中我们还特意组织了有关绘本阅读的活动。在观摩中引领家长走近绘本世界，感受孩子对绘本的兴趣，从而为自己指导孩子阅读开拓新的思路。

一次经验的分享——亲子阅读笔记点滴。亲子阅读笔记是让家长和孩子共同记录下读书的点点滴滴，把家长和孩子一起读书的心得、感受都记录下来，通过书香走廊、班级网站、家园联系栏等形式进行交流与分享，互相借鉴。

（四）结合活动，获得体验

将主题活动与绘本阅读进行有效整合，更好地提升幼儿的自我学习和探究能力，使阅读更加富于趣味性和探究性。

1.“传统节日”主题活动

大班将绘本《年》与春节结合起来，开展系列主题活动。随着社会意识的逐渐成熟，大班幼儿对社会、对自己生活的世界充满了好奇，绘本《年》满足了幼儿了解未知世界的好奇心。通过对绘本的阅读，帮助幼儿了解中国民俗文化，我们引导幼儿关注生活，了解中国人是怎样过春节的，了解家乡特有的春节习俗，和爸爸妈妈走进超市参与置办年货，贴贴春联，画画年夜饭，说说祝福话，讲讲开心事，和朋友一起舞龙灯等，充分体验过年带给我们的热闹与快乐，温情与幸福。这样的阅读是和生活紧密相关的，让绘本与生活建立了沟通与联系，使孩子更好地关注生活，了解家乡，提升了孩子爱家乡、爱祖国的情感。当孩子们亲身体验过年之后再回过头来阅读这本书的时候，他们心中装的就不只是书上的静态画面，而是一个个鲜活的经历与生动的经验。在“阅读融入生活”的理念指引下，绘本阅读不再是封闭的、单一的，而是丰富的、多元的。

利用迎新年庆元旦的时机，围绕“让阅读陪伴幼儿成长”的主题，组织“迎新年故事明星大赛”展演活动，为孩子呈现感动、精彩的时刻。幼儿园把绘本包装成精美的礼物，送给幼儿作为成长的纪念，让教师在绘本的扉页上写上对孩子的祝福与期望，让绘本陪伴幼儿成长，在欢声笑语中感受绘本带来的别样快乐。

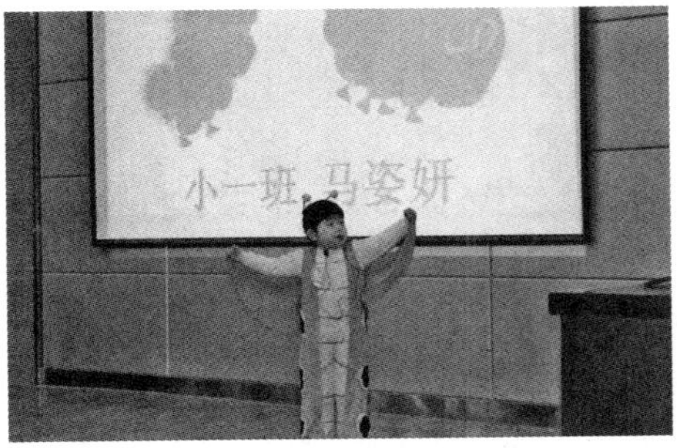

图 18　曲阳县第一幼儿园“故事明星比赛”活动

2. “读书节”主题活动

从世界读书日到六一儿童节，以“大手牵小手，共享阅读乐”为主题开展系列活动，如小班的亲子修补图书、中班的捡石头画绘本、大班的童话剧表演等活动让幼儿、家长、老师充分体验到绘本带来的愉悦。

将三大活动环节（集体绘本阅读活动、自主阅读活动、亲子阅读活动）与两大主题活动相互扶助，与环境教育互相推动，三者有机整合，让绘本阅读变得丰富多彩，使幼儿更加愿意亲近绘本，通过幼儿易于接受的阅读方式来开展各项绘本阅读活动，实现了让阅读回归幼儿的生活，让幼儿在生活中阅读，让阅读成为幼儿学习、生活的一部分，有效将绘本阅读融入幼儿生活。

图 19　曲阳县第一幼儿园图书修补活动

结语

通过理念的渗透、环境的打造、活动的开展，绘本阅读真正融入幼儿生活：幼儿在生动有趣的故事情节中进行学习，把枯燥的知识和生活技能变得简单易懂，更易于幼儿接受，幼儿自身的生活能力也得到进一步提高。在以后的工作中，我们会随着社会的发展，把现代化信息技术与幼儿的绘本阅读相结合，继续营造良好的阅读氛围，挖掘其潜在的教育价值，增强幼儿的阅读意识和阅读兴趣，帮助其逐渐养成良好的阅读和生活习惯，让阅读服务于生活，让生活因阅读而精彩。

【导师点评】

该篇文章选择“绘本阅读融入幼儿生活的策略”展开研究，选题具有现实性。因为只有当绘本阅读能够真正融入幼儿的一日生活、改变幼儿生活的时候，它才能在幼儿的成长中转化为一种需要。同时，只有当阅读教育回归幼儿的生活，它才能真正地实现幼儿的自主发展，并最终为幼儿的终身教育奠定坚实的基础。

论文结构完整，从“绘本阅读融入幼儿生活的重要意义及存在的问题”入手，分析“幼儿园绘本阅读融入幼儿生活存在问题的原因”，最后提出“将绘本阅读融入幼儿生活的策略”。在写作过程中，结合本园的实际操作，重点提出“绘本阅读课程建构中环境的作用”，因为环境在阅读过程中扮演了第二语言的角色，能够对幼儿的心理起到一定的暗示作用，因此幼儿园要充分利用环境创设，提升阅读教学效果。同时，幼儿园阅读区环境的创设能够从物质与精神两方面对幼儿的阅读行为造成影响，通过二者之间的有机融合，让幼儿在阅读中直接感受乐趣，丰富其阅读感悟，全方面培养其阅读理解能力。在论文写作中，笔者结合大量的事实论证进行举例说明，如在园所中开辟“绘本花园”、打造书香走廊和创设教师读吧。在班级中，创设“绘本阅读区”和“绘本表演区”，同时，非常重视家庭环境的营造。

整篇文章行文较流畅，将自己幼儿园的“绘本教学课程”的构建过程，依托布朗芬布伦纳的环境理论及杜威的“生活即学习”理论加以总结和提升，将幼儿阅读与其生活建立起一个关系，并在过程中给出合理化的建议。

（点评导师：河北大学教育学院副教授赵娟）

利用乡土资源
开展幼儿户外活动的实践探索

保定市唐县第二幼儿园　王玉红

为了提升幼儿参加户外活动的兴趣，幼儿园一直都在探索户外活动的材料呈现、运作模式。在探索实践中，我们认识到自然环境、人文环境和周边社会生活中蕴含着丰富的、有教育价值的乡土资源。为此，我们通过园本研修提升教师挖掘和利用乡土资源进行户外活动的能力和水平，多角度多层次挖掘家乡特产、风土人情、历史文化、民歌民谣等乡土资源的教育价值，利用乡土资源的特质丰富户外活动课程，增进幼儿文化课程体验，提升幼儿综合素质。

一、挖掘乡土资源中的“活教材”，拓展户外活动思路

“儿童的智慧源于操作。”① 陈鹤琴先生主张让儿童与大自然、与生活、与生产劳动实践直接接触，让孩子们亲身到生活中去体验，获取知识，培养能力。他还强调要善于利用“活教材”，乡土资源就是“活教材”的重要组成部分。乡土资源是指当地特有的自然、社会、生产生活、人文景观、地方文化活动等资源。

---

① 蔚青．挖掘乡土资源创设农村幼儿园特色区域活动［J］．学前教育研究，2008（11）：49．

（一）利用乡土资源的优势与问题

1. 地域优势

唐县历史悠久，是唐尧文化发祥地，千年古县，文化底蕴深厚；唐县是革命老区，在抗日战争时期是晋察冀军区司令部驻地，是白求恩精神发祥地；唐县自然资源丰富，境内地形地貌多样，有平原、山岭、河流、丘陵，多水库，多山地；唐县物产丰富，北方农作物品种齐全，山地果木多样。

2. 存在的问题

虽然我们周围的“活教材”丰富，但对“活教材”的深入挖掘和灵活运用还有不足。大部分教师不重视对乡土资源的开发与利用，认为乡土资源都是本地的，不够现代时尚；日常保教工作牵扯了较大的精力，不能再抽出精力去挖掘、开发、利用、布置；在课程资源中没有固定的模式可以借鉴，且教师本身对当地乡土资源不了解，就更谈不上开发利用了。

3. 利用乡土资源开展户外活动的价值意义

乡土资源是一个地方的地域特色、自然景观、文物古迹、地方文化、社会生活及民间艺术、民俗风情、名人轶事、语言文化等，是一个地域的自然地理资源、人文历史资源和社会发展资源等的统称。户外活动是以增强幼儿体质、开阔视野、培养意志品质、提升审美为目的的有计划、有组织地走进大自然、接触大自然的保育教育活动。利用乡土资源开展户外活动可以挖掘乡土资源的教育价值，丰富幼儿的情感体验，增进幼儿的家乡社会文化认同，是提高保育教育质量的有效途径。

（二）了解乡土资源类别是挖掘和利用的前提

乡土资源是自然与人文社会的集合，蕴含着丰富的可利用的教育价值，要在户外活动中渗透并利用好乡土资源，就必须对乡土资源进行分类汇总，通过类别挖掘乡土资源的教育价值。

基于教师对乡土资源在户外活动中的作用认识程度不高、理解不准确等问题，我园着力进行以挖掘唐县乡土资源的教育价值为主题的园本研修。定期组织教师对国家政策方针中涉及乡土资源的内容和国内外先进学前教育思想进行学习与培训，提升教师对乡土资源的深度认知，对挖掘和利用乡土资源与实施户外活动的意义达成共识。如组建专业团队挖掘唐县乡土资源的教育价值，对唐县乡土资源进行专门的分类汇总。我园通过实地调研，并参考《冀中军区在唐县》《白求恩在唐县》《唐县民间传说》等书籍文献，对唐县的自然人文资源、生产生活资源进行筛选，列举出具有幼教价值的五大类乡土资源：第一类是以自然景观为特征的西大洋水库、大茂山、青虚山、西胜沟等自然资源；第二类是以历史景观为特征的唐尧受封地、尧戒主题公园、宪法主题公园等具有地域特色的传统文化资源；第三类是以革命印迹为特征的白求恩纪念馆、晋察冀军区司令部等红色文化资源；第四类是西大洋鲤鱼、木兰红枣、马佐苹果、礼泉草莓、葛庄中华寿桃、唐梅稻米、同龙小米、黑角磨盘柿、唐河彩石、小麦玉米谷物等的生产生活资源；第五类是“跳房子”“滚铁环”“打耳”“舞龙”“抬花轿”及“显口杂耍”等民间游戏资源。这些资源既具有历史文化传统，又具有地方特色优势，开发、利用好本县乡土资源中的教育价值既具有现实意义又具有长远发展影响。

（三）突出乡土资源的教育价值是挖掘和利用的关键

陈鹤琴先生指出：“大自然、大社会是我们的活动材料，运用天然材料开展教育活动，可以让幼儿获得真实的感受。”① 在充分挖掘乡土资源的教育价值基础上，根据资源类型和幼儿发展水平进行分类汇总，在自然资源、文化资源、生产生活资源三个主题方向上组织教师撰写

---

① 陈鹤琴. 陈鹤琴教育思想读本·活教育［M］. 南京：南京师范大学出版社，2012：23.

主题案例。

1. 挖掘自然资源的利用价值，在自然环境中拓展幼儿户外活动的空间

唐县有丰富的自然资源，地形地貌多样，有山川、河流、丘陵、平原、水库、森林等。通过这些自然资源开展户外活动可以开阔幼儿视野，提高幼儿参与的兴趣。在中、大班开展的户外主题活动“我登上了古北岳恒山——大茂山”，教师通过利用大茂山的自然资源，创设丰富的材料，让幼儿亲身体验名山大川的秀美壮丽，欣赏辨识大自然中的植物，增强幼儿身体素质。在活动中，各班根据自己的主题和特色灵活选择材料组织开展活动。从认识植物、手工活动、音乐表演、体能训练、讲故事比赛等不同侧面去丰富户外活动并突出各个侧面的教育价值。比如开展突出社会实践的活动，由家长带孩子到大茂山爬山，寻找山上的树木种类，寻找不同的叶子，观看小溪流水等，感受大茂山的美；观看山上的消防设施，请消防员叔叔讲如何灭火等，让孩子初步了解消防知识，如何保护大自然；开展突出培养语言和美术能力的活动，听导游讲述大茂山的历史故事，激发孩子爱家乡的情感，让幼儿讲述自己走进大茂山的故事，画出眼中的大茂山；开展突出手工技能的活动，利用自己寻找的不同形状的叶子、石头进行自由创作，摆放出山、树、房子的造型。通过整合五大领域教育活动，将自然资源转化为教育资源，在活动中生成课程，获得全面发展。

2. 挖掘红色文化资源价值，培养幼儿的家国情怀

唐县文化底蕴深厚，从远古的唐尧传说到今天的改革开放故事，既有发人深省的人生智慧，也有激荡人心的革命情怀。我们充分利用这些文化资源，创设适合儿童感知的情境，提供优质的文化体验，让幼儿在参展和体验中接受文化熏陶和革命传统教育，培树幼儿人文情怀。比如在主题活动“我爱家乡，我爱祖国”中，带领幼儿开展游览考证活动，观看红色小镇和家庄村的雕塑、图文展示，在一个又一个

胡同和石头砌筑的围墙小院中寻找聂荣臻、吕正操等老一辈革命家曾住过的院子，感受抗战时期艰苦的生活条件。比如开展听报告活动，由老爷爷讲述抗战时期老一辈革命家的英勇故事、生活点滴，让幼儿从小树立正确的历史观，让他们缅怀先烈、热爱祖国；开展讲故事比赛活动，参观后让幼儿讲述自己看到的、想到的，通过讲故事提高幼儿语言表达能力，加深幼儿的感知；开展野外生存训练户外活动，分成若干组，将教师或家长编入各组内带领幼儿在四通八达的农村小巷内开展"打游击"、捉迷藏活动，在新环境里让幼儿体验游戏的别样快乐；开展欣赏、学唱革命歌曲活动，让和家庄村的老爷爷领唱并教唱革命歌曲，让幼儿在音乐中体会战火弥漫的革命岁月和为人民冲锋陷阵的革命情怀。通过组织参观、体验等户外拓展活动，丰富了幼儿的认知经验和情感体验，在多样化的教育活动中彰显文化资源的体验价值。

3. 挖掘农产品资源的食用价值，在田园活动中体验劳动的快乐

教育家陶行知先生提出了"生活即教育"理论，使教育的目的更加扩大，他认为教育不仅仅是生活的一部分，也是教育的过程。陈鹤琴先生提出的"活教育"之一的"做中教、做中学、做中求进步"也是针对传统教育的缺点，只有"做"才有经验，才能有实践，学习才有实效。① 为了让幼儿亲身到生活中去体验获取知识、培养能力，让幼儿知道可口的饭菜是怎样来的，漂亮衣服是如何通过农民和工人的辛勤劳动才穿到我们身上的等道理，我们让幼儿走向农村，开展体验劳动、参与劳动的主题活动。

我们以四季时间为轴线，以四季农作物收获为节点，以幼儿的兴趣和劳动体验为主线，设计实施了一系列劳动实践活动。比如春季组

---

① 陈鹤琴. 陈鹤琴教育思想读本·活教育［M］. 南京：南京师范大学出版社，2012：4.

图 20 组织幼儿参加田间劳动

织幼儿走进蔬菜大棚开展采摘活动，到种植大棚实地参观，介绍品种的引进、种植、保存、运输情况，体验采摘劳动过程，了解我们每天吃到的美味蔬菜都要付出辛苦的劳动，培养他们热爱劳动的情感；夏季组织开展观察麦收活动，“麦秋”是唐县对麦收季节的称呼，让幼儿观察麦穗，参观面粉厂，让农民伯伯介绍小麦的种植、浇水、收割、晾晒、磨面粉的过程，使幼儿明白没有付出就没收获，每一粒粮食都来之不易；秋季组织开展“我劳动，我光荣”活动，让幼儿到田间观摩，参与刨红薯，收集红薯蔓，了解香甜的红薯是怎么种植、除草、翻蔓、收获的；冬季组织开展参观活动，带领幼儿参观养殖场，了解牛羊等家禽家畜的育肥期，观察家禽家畜的生长情况、养殖过程，利用幼儿对小动物的兴趣引导他们关注养殖过程，激发孩子关爱动物、热爱劳动的情感。这类户外活动课程让幼儿走进田间劳动现场，通过观察、听故事、品尝体验等活动，将农产品的食用价值转化为认识动植物生长过程的教育价值，体会到劳动光荣、劳动者最美丽的情感。

二、构建利用乡土资源的“活机制”，夯实户外活动基础

利用乡土资源开展户外活动不是随机的、随意的，要通过科学的方法、系统的组织，要遵循教育规律和儿童成长规律，通过系统挖掘、科学论证、严密组织、及时反馈，构建户外活动的乡土资源体系。我们积极构建活动课程建设的“本土机制”，通过谋划推进方案去系统地挖掘资源，通过建立考评机制来激发教师的创造力，强化课程意识促进案例的汇总和整理，强化团队意识促进案例的交流和推广，强化评估与反馈促进活动的整体完善和系统开展。

（一）制定科学的推进方案

1. 成立领导机构并明确专人负责

成立以园长为组长的乡土资源挖掘利用领导机构，按工作性质和方向分成自然资源部、文化部、农业农产部 3 个部门，每个部门由专人负责，就各自负责的乡土资源主题进行整理、挖掘和汇总。自然资源部重点挖掘本地自然资源，包括地理资源、自然环境资源、旅游资源和野生动植物相关资源；农业农产部重点挖掘本地生产生活资源，包括农业、种植养殖业和本地特色产业相关资源；文化部重点挖掘本地人文历史资源，包括传统文化、历史文化、红色文化和本地文体娱乐活动相关资源。

2. 明确工作原则并在全过程中遵循

整体性原则就是在挖掘中充分考虑乡土资源的系统性、整体性，不断章取义，在未来组织户外活动时能够将乡土资源直观地呈现给幼儿；科学性原则就是以科学的态度去挖掘和使用乡土资源，在挖掘中讲证据、有佐证，经得起实事的考验，在未来组织户外活动时呈现的是科学的资源、全面的资源；兴趣性原则就是能吸引幼儿观察、思考、体验的兴趣，遵循幼儿心理生理特点；教育性原则就是要挖掘利用富

有教育意义的乡土资源，组织的户外活动要内容丰富、形式灵活、富有教育意义，能促进幼儿体、智、德、美全面发展。

（二）设立合理的激励机制

1. 明确考评内容

教师的积极性和主动性是前提，我们建立了切实可行的考评方案，激励团队积极工作。将开发、撰写、组织活动三方面的教师工作完成情况分成4个等级，纳入年终考核内容和绩效考核内容，以此鼓励教师开发乡土资源的主动性，调动教师开发利用乡土资源的持久积极性。考评工作本着客观公正、民主公开、注重实绩的原则进行，考评结果作为聘任、评优、绩效考核的重要依据。

2. 实施量化考评

考评是以赋分、可视化的方式进行。因为只有通过数据进行的评价才是可以量化并为人所接受的。“把原则阐述清楚，运用各种工具和行为准则来推进实施，形成信任、公平的氛围，使任何结论都可以通过跟踪其背后的逻辑和数据来加以评估。”① 为此，工作中我们重视数据和赋分，将工作量化、可视化。

（1）资源开发成果、案例撰写、活动展示评比分设一、二、三等奖，分别赋分，推荐参评县级以上获奖分别加分。

（2）承担园级示范、研讨、讲座分别记分，参加教师竞赛活动加分。在国家、省、市、县级报刊发表论文（获奖）分别记分；逐级上推地按此方法记分，超出一篇者按同级别的加分，同篇文章以最高级别记分。

（3）鼓励教师将成果向县教研网积极投稿，每人每学期最少2篇，发表或获奖加分，没有达到标准则扣分。资源开发成果、案例撰写、活动展示评比三项活动内容均参与的教师方可参与全园组织的评级。

---

① 达利欧. 原则［M］. 刘波，綦相，译. 北京：中信出版社，2018：517.

在量化考核和绩效考核中分别按级别计分。以此来评价及激励教师的德才表现和工作实绩，促进教师认真履行工作职责，提高业务素质。

（三）把握关键要素及实施要点

1. 树立课程意识，及时汇总整理

在资源挖掘、方案设计、活动组织上都要树立课程意识，挖掘内容要翔实具体，乡土资源表述清晰，方便在活动设计时准确运用；工作时限要确定，树立强烈的时间观念，包括在户外活动设计时，要充分考虑幼儿的接受能力、体力、兴趣保持时间；活动方案要完备，要从幼儿、教师、家长、社会等几个方面综合考虑活动设计，在教育效果和社会效果上达到高度统一；保障措施和预案要可行，要以人为本全面设计，全盘考虑安全性、教育性、科学性、可行性。

2. 强化团队意识，形成工作合力

在挖掘和利用过程中既要分工明确也要通力合作，部门间既有竞争也有协调。唐县乡土资源丰富，需要查阅大量文献资料，部门间、教师间要有协作意识，在为幼儿发展服务这一主题下撰写方案、展示方案、交流方案、查漏补缺、逐步完善。我们通过展示会、交流会、擂台赛、头脑风暴等不同形式组织教师沟通交流，将教师撰写的活动设计汇编成稿，让教师设身处地地考虑怎样按方案组织活动，在活动组织中还要关注哪些问题，并及时修订相关设计方案。

5. 关注后期评估，分享活动过程

活动结束后的评估是教师提升的重要途径，是评价活动成功与否的关键环节，是促进今后工作的必要手段。我们历来重视后期评估与分享。评估的方式有很多，一种是口头形式，比如过程中和过程后的提问、小组讨论、故事演讲等；一种是可视化成果展示，比如反思总结、绘画作品、手工作品等。将幼儿的活动过程和成果有效地记录和保存十分必要，便于教师之间、家园之间甚至向公众分享，让幼儿看到自己的表现、让家长看到孩子的成长。评估完成也为教师设定长期的课程目标、掌握幼儿发展状况和今后的工作奠定了基础。

三、利用乡土资源实现“活教育”，提升户外活动质量

（一）运用自然人文环境拓展户外活动空间

幼儿户外活动形式一般是幼儿喜欢的活动，利用本地自然环境和人文环境更能吸引幼儿的注意，提高幼儿参与活动的兴趣。配合以形式多样的音乐活动、劳动实践活动、观察体验活动及民间文体活动，能促进幼儿身心健康发展，增进幼儿文化体验以及提升技能水平等。

陈鹤琴指出，直接经验是使人进步的最大动力，直接经验是“活教育”的第一原则。[①] 为了呈现给幼儿以直接经验，让幼儿接触社会生活，我们利用周围的人文地理环境，积极拓展幼儿的接触空间。

旅游是幼儿喜欢的活动形式，开展游览、远足、游学活动，不仅能够拓展户外活动空间，创新户外活动载体，提升活动效果，而且能让幼儿感受大自然的美好，感受家乡的美丽，促进幼儿爱家乡、爱祖国的美好情感。

1. 走进大自然拓展户外活动空间，感受家乡的美丽

旅游、远足既能锻炼幼儿体魄，也能增长见识开阔眼界，同时也是家长乐意接受的活动形式。我们开展了“唐河风光——我带父母去旅游”活动，选取十里画廊、唐梅稻田、西大洋水库几个景点，组织亲子旅游，欣赏唐河沿岸的美丽风光，感受波光粼粼的西大洋水库，组织写生绘画活动，让他们用画笔描绘心中美丽的景色。

---

① 陈鹤琴. 陈鹤琴教育思想读本·活教育［M］. 南京：南京师范大学出版社，2012：79.

2. 走近人文景观拓展户外活动空间，感受家乡的变化

家乡的大自然很美丽，随着经济社会的发展，新建的人文景观能让幼儿直接感受家乡的变化，感受家乡的发展。如开展“唐尧古镇摄影采风”活动，组织参观尧戒公园，让幼儿在懵懂中感受古老的唐尧文化，带领幼儿游览唐尧古镇的小吃街、星空帐篷、七彩滑道，将幼儿或家长的摄影作品举办展览比赛。

通过上述活动，幼儿和家长走出户外，活动形式得以创新，活动空间得以拓展，整个大自然都成为保育教育的资源和场所，在幼小的心灵里种下了自然美的种子，让每一双纯洁的眼睛里充满美好的景色。

（二）利用农产品资源丰富户外活动信息

科学家研究发现，高质量环境中的幼儿比低质量环境中的幼儿的皮质醇水平更低，更有利于幼儿学习。在材料丰富的环境中，幼儿更容易投入独立自主的学习活动中。[①] 自然物品材料因为其新颖的外形特征更能引起幼儿的注意和兴趣，为此，我们在户外活动中尽可能给幼儿提供更丰富的自然物品。

1. 自然物品的种类和收集

唐县是一个水产、农产、地产丰富之地，唐河彩石、西大洋银鱼、木兰红枣、同龙小米均产自唐县，且特色鲜明。我们将自然物品进行分类整理，在相应的季节提供给幼儿进行户外活动。自然材料大致分为 3 个类别，即果实食材类、秸秆回收类、自然植被类。果实食材类包括利用各种果实、各种农作物种子及各种水产地产资源等；秸秆回收类包括利用各种农作物的秸秆、藤蔓等；自然植被类包括利用田间地垄边、山坡上、河边的植被等。

---

① 布拉德. 0—8 岁儿童学习环境创设：第 3 版［M］. 陈妃燕，彭楚芸，译. 南京：南京师范大学出版社，2020：109.

2. “一班一品”活动设计与实施

（1）材料的目标定位。

从实际出发，和幼儿一起收集身边的自然材料，并分班分类，形成各班的特色。我们实施“一班一品”活动，各班结合自身优势和特点，开展富有班级特色的户外活动。“一班一品”活动指向5个目标：一是利用丰收的果实，感受收获的价值和喜悦，感受的劳动的光荣与意义；二是通过秸秆回收了解秸秆的价值，了解保护生态环境的意义；三是通过户外活动感受民俗文化价值，感受传统文化的意义；四是通过材料的多样性提升幼儿参与的兴趣，促进其创造力；五是培养幼儿亲近大自然、热爱大自然，尊重生命、热爱生命的情感。

（2）材料的玩法设计。

小班收集玉米、小麦、水稻、谷子、黄豆等制成各种各样的沙包，开展扔、踢、跳等户外活动，活动分单人、双人、多人分组等活动形式，既有活动的乐趣，也让幼儿感受并分辨不同农作物种子的质地。中班利用玉米、谷子、高粱秸秆缠上布条做成标枪或古代兵器的矛、长枪等，进行投掷、持枪队伍表演，既让幼儿了解了农作物，又对幼儿进行了国防教育；用秸秆扎成花轿进行抬花轿的活动，让幼儿感受古代中国的民俗文化。大班幼儿用小麦稻草秸秆及山坡的白草做成足球，用稻草和山坡的藤蔓搓成跳绳，用树墩做成梅花桩进行各种户外活动。活动的本身以及为活动开展进行的物品设施创造极大地促进了幼儿创造力的发展，有效地激发了幼儿亲近自然的积极性、主动性。

（三）利用红色文化资源进行思想品德教育

唐县是革命老区，是最早的抗日根据地之一，有丰富的红色文化资源，抗日战争时期、解放战争时期无数英模先烈可歌可泣的革命事迹至今仍为人们传唱，利用本地红色文化丰富户外活动内涵，传承国际主义、爱国主义、人道主义精神，开展红色教育，对升华幼儿的思想品德、健全幼儿人格有着重要意义。

组织开展“走进白求恩纪念馆——清明祭英烈”活动，通过体验清明节这一中国传统节日，让幼儿接受传统文化教育。通过祭扫活动缅怀国际主义战士白求恩和柯棣华，缅怀为民族独立解放英勇献身的革命烈士，对幼儿进行思想品德教育。

活动中设置以下目标。一是古诗导入活动——“清明时节雨纷纷，路上行人欲断魂，借问酒家何处有？牧童遥指杏花村”——或者由教师讲述清明节的由来，以此丰富幼儿的感知，让他们知道清明节的日子及习俗，初步了解家族中人与人之间的亲属关系，怀念先祖、尊重长辈等，感受传统文化。二是进馆参观活动，带领幼儿向白求恩馆和柯棣华纪念像敬献花篮，表达对革命烈士的缅怀之情。听讲解员讲解国际主义战士、八路军战士的事迹，进行革命传统教育。听读《纪念白求恩》，让幼儿了解毛主席对争做三种人的期望，了解精益求精的工作态度和救死扶伤的人道主义精神。三是进行宣誓仪式，共同歌唱《国歌》《国旗国旗真美丽》《学习雷锋好榜样》。四是开展活动反思，深化活动的意义和效果。通过扫墓活动，了解传统习俗，让幼儿通过向烈士致敬、默哀或扫墓等活动追念烈士的高贵品质，树立继承先烈遗志、长大建设美好祖国的理想。树立爱英雄、爱家乡、爱人民、爱祖国的美好情感，培养幼儿的家国情怀。

（四）利用民间游戏资源丰富户外活动内容和形式

文化是价值观念、行为习惯、语言风格、风俗习惯在发展过程中凝结而成的，本地文化在日常生活中提炼、升华、积累下的宝贵财富，是本地固有的一种生活方式，能够让幼儿感知本地文化特色，更能让幼儿产生文化认同，增强幼儿的归属感，有利于幼儿的社会发展。为此，我们从两个侧面利用本地文化特色组织户外活动。

1. 利用本地民间生活帮助幼儿直接体验，激发求知欲

唐县是人口大县、农业大县，种植业发达，随着近年来的社会发展，在瓜果成熟的季节进行的采摘活动蔚然成风。人们在相应季节纷

纷到长古城草莓种植园、高昌樱桃种植园、礼泉黄桃种植园进行采摘。为开拓幼儿视野，增长其见识，培养幼儿亲近自然、感受生活的习惯，增强幼儿的集体意识，我园开展的“特色采摘”主题活动。

围绕草莓采摘这一主题，我们通过8类活动丰富幼儿的感知：活动一，认识草莓，让家长和孩子在网上搜集关于草莓的知识，了解草莓的生长过程；活动二，谈话，让幼儿懂得如何保护草莓，懂得草莓不容易存放，采摘草莓后如何保存好等问题；活动三，安全教育活动，让孩子了解如何安全乘车；活动四，认识人民币，知道如何付款；活动五，草莓采摘，体验草莓采摘过程，观察草莓的生长，认识草莓大棚，体验购买的过程；活动六，分享活动，分享给小班小朋友品尝，说出体验过程；活动七，美术活动，以我喜爱的草莓为主题，进行绘画创作；活动八，手工创作，用纸黏土制作草莓。

图21 走进长古城蔬菜水果种植大棚开展采摘活动

图 22　采摘结束后称重付款

2. 了解本地民间活动，增强家乡归属感

唐县民间活动内容广泛，形式多样，乡土气息浓郁，“开展幼儿民间活动能让幼儿在活动中获得体智德美全面发展”①。因此，我们十分注重收集、挖掘民间游戏作为幼儿活动的新内容。比如现在几近失传的“跳房子”“滚铁环”“打耳”等户外游戏。用农作物秸秆为材料，利用民间传统节日，展示活动新内容，由教师幼儿共同组织舞龙、抬花轿、骑马赛跑，尽管材料设施做工较为粗糙，美观性不足，但无论是教师还是幼儿，甚至家长都在制作过程中得到了不一样的体验，分享到了成长的快乐。

“为了提升每个幼儿的幸福感，尊重每一个幼儿的个性特征，允许

① 张爽．谈丰富的乡土资源的好处［J］．教育教学论坛，2011，(2)：192．

幼儿按照自己的方式发展。”① 我们融合本地文化特色，依据幼儿年龄、体能、性别、兴趣特点，初步尝试个性化教学，如小班和中班组织跳房子、骑马赛跑活动；大班男孩子开展“滚铁环”和“打耳”游戏，中班和大班开展舞龙、抬花轿活动。幼儿在民间游戏的体验中，感受到了本地文化的魅力，增强了身体素质，家长也在孩子的进步和成长中找到了归属感和认同感。

“活教育”奠基孩子们的美好未来，青山绿水、广阔田野、美丽的家乡是孩子们快乐的源泉，是蕴含丰富教育价值的“活教材”。我们从实际出发，充分挖掘周边环境的教育资源，顺应孩子的天性，拓展户外活动，让孩子们在玩中学，在学中乐，促进他们的全面发展；利用好“活教材”，打造好“活机制”，实施好“活教育”，在潜移默化中让幼儿学习知识、锻炼技能、健全人格，培养幼儿的文化认同、乡土情结和家国情怀，让户外活动贴近生活实际、洋溢乡土气息，让幼儿生活丰富多彩、健康成长，推动学前教育普惠民生、快速发展。

【导师点评】

发挥农村地域优势，实现低成本、高质量的幼儿教育是落实《幼儿园教育指导纲要（试行）》精神、更新农村幼儿园教育发展理念、提升农村幼儿园教育质量的关键。乡土资源是农村地区得天独厚、价值巨大的教育资源，农村幼儿园开发、利用乡土资源不仅能够丰富自身幼儿教育资源，为幼儿打造更多实践、探究、创造的自主性教育环境，还能够通过持续的探索形成乡土化、个性化和多元化的农村幼儿园特色课程，因地制宜地开展满足农村地区幼儿需要的、适宜的学前教育，促进幼儿全面和谐发展；同时革新陈旧、固化的农村幼儿教育理念，提升幼儿园教师的教育专业素养和水平。

---

① 文丹. 以儿童为中心的幼儿园［J］. 区域教育治理，2020，（1）：98-99.

陈鹤琴先生指出，大自然、大社会都是活教材。作者从园情出发，不片面追求“高、大、上”的教育形式，而是真正寻找一条回归本土、回归自然、回归童本的适合农村幼儿园的发展之路。作者准确定位自身的潜在优势，充分利用农村独特的自然、人文条件，就地取材，提炼优化，一体设计，实践运用，形成了具有丰富乡土特色的幼儿教育生态，让幼儿回归生活。本文立足资源文化、红色文化、地域文化，注重不断丰富并拓展课程资源，创生出不少幼儿感兴趣的、具有地方特色的主题活动，以此推动研究不断深入并具有很强的应用性、指导性和创新性，这种选题的方向与思路值得广大教育研究者、园所管理者思考和借鉴。同时，本文也给予一线教师许多启迪。鼓励教师转变传统教育教学观念，充分发挥自身在开发、利用乡土资源中的主体作用，不断提升乡土资源开发、利用质量，真正发挥乡土资源的教育价值。

（点评导师：保定市贫困县园长工作室主持人张春炬）

农村幼儿园乡土课程资源开发与利用实践研究

保定市涞水县明义乡冀家沟幼儿园　冀艳华

随着幼儿园课程的生活化、游戏化探索的不断深入，因地制宜地开发课程资源日益受到重视。因此，利用乡土资源课程是农村幼儿园课程的必由之路。

《国家中长期教育改革和发展规划纲要（2010—2020年）》确定重点发展农村学前教育。面临农村物质资源匮乏、经济落后的特点，乡土资源应在课程中有效运用，因地制宜构建合理的课程体系。同时《幼儿园教育指导纲要（试行）》明确指出："城乡各类幼儿园都应从实际出发，因地制宜地实施素质教育。"① 在农村幼儿教育问题课程改革倍受关注的背景下，本研究以我园乡土课程资源开发利用现状调查为研究课题，通过调查乡土课程资源开发利用的现状及影响因素，并根据具体情况提出可行性建议，对农村幼儿园课程的完善及教育质量的提高都具有重要的理论和现实意义。

---

① 教育部基础教育司.《幼儿园教育指导纲要（试行）》解读［M］. 南京：江苏教育出版社，2002：3.

一、幼儿园乡土课程资源开发与利用中存在的问题

（一）教师对乡土课程资源开发利用的意识薄弱

开发与利用乡土课程资源，首先要求园长和教师有足够的开发与利用乡土课程资源的意识。通过访谈发现，该幼儿园有利用具有当地特色的一些资源，诸如种子粘贴、树叶粘贴或是给幼儿讲一些民间故事等进行教学的活动，但他们对这些资源的利用并没有上升到足够的课程资源意识层面，有的还是处于一种自发的状态。该幼儿园老师教给孩子的多是教材上的内容，教材以外的内容也是为了迎合家长的需求，教孩子做一些手指操、讲一些故事，但这些有关手指操或故事的书籍也是幼儿园给教师买的一些辅助教学的书籍，并没有涉及乡土课程资源。

研究者：园长，您了解课程资源吗？

园长：不知道什么是课程资源。

研究者：那乡土课程资源呢？

园长：没有。

研究者：那你们开展树叶粘贴、玉米种植这样的活动，是出于一种什么目的呢？

园长：以前去南京培训看到那里的幼儿园开展主题活动，能通过这些活动锻炼孩子的动手能力，孩子动手也是对大脑的锻炼，手脑并用嘛。这次不懂得怎么做，一点一点地积累，慢慢地也知道该怎么做了。

研究者：这样啊。其实您上述的那些玉米都是属于乡土课程资源的，您有没有考虑过其他农作物或动物之类的，让老师以这些资源开展一些活动呢？

园长：我们幼儿园外面就是村民们种植的农作物，但是由于安全问题很少带孩子出去。

从上述访谈中我们可以发现，该园长并不具有乡土课程资源的理论基础。如果园长不具备有关乡土课程资源的理论基础，则不利于幼儿园乡土课程资源的开发与利用。

下面这段是研究者和幼儿教师的对话。

研究者：您了解课程资源吗？

教师：我不太知道。

研究者：那乡土课程资源呢？

教师：我不知道。能把幼儿园给配备的画册讲完就可以了，再说我们管好孩子不出事，家长满意就行了，其他的也没有用。

研究者：那你们开展手工制作活动、室外观察活动都是出于什么样的目的？

教师：主要目的是引起孩子的兴趣，锻炼孩子的动手能力，孩子动手也是对大脑的锻炼，手脑并用，这样慢慢锻炼孩子的手腕活动能力，为握笔写字打基础。

研究者：您有没有考虑过用小狗、小麦、树叶、石子等我们周围的动植物开展课程活动呢？

教师：这些东西农村的孩子都认识，不知道讲什么。

从上述访谈中我们发现，该教师并没有认识到身边这些唾手可得的本土资源的重要性，不利于幼儿园乡土课程资源的开发与利用。

（二）教师对乡土课程资源开发与利用的能力有限

所谓能力，这里主要指幼儿教师开发、利用和整合乡土课程资源的能力。

研究结果表明：这所幼儿园教师对乡土课程资源的认识较肤浅，了解得不够深入，仅有 12.5％的幼儿教师对乡土课程资源比较了解，62.5％的幼儿教师对乡土课程资源了解不全面，25％的幼儿教师不太了解乡土课程资源。开发利用乡土课程资源的必要条件是全面认识、了解乡土课程资源，而 87.5％的幼儿教师不能全面认识、了解乡土课程资源，更谈不上开发利用。另外，教师学历及教龄也是制约完成乡土资源开发运用的因素之一。该园共 8 名教师，其中本科学历 2 人（1 人是后续学历），大专学历 6 人（4 人为后续学历）；0—5 年教龄 5 人，20 年以上教龄 3 人。上述调查可以说明，幼儿园教师队伍素质整体低下，不具有幼儿教育的专业素养和理论知识，缺乏实践和专家的指导，不知道开发利用乡土课程资源的内容、原则、方法或策略等。能力在乡土课程资源开发利用中处于主要地位，如果教师没有能力，就谈不上乡土课程资源的开发利用。其原因是农村幼儿教师不能深入了解乡土课程资源的概念，不了解开发利用乡土课程资源的原则、方法和途径，没有任何开发利用的范例和经验可借鉴，农村幼儿教师的创新能力差，整合、利用课程资源的能力有限。

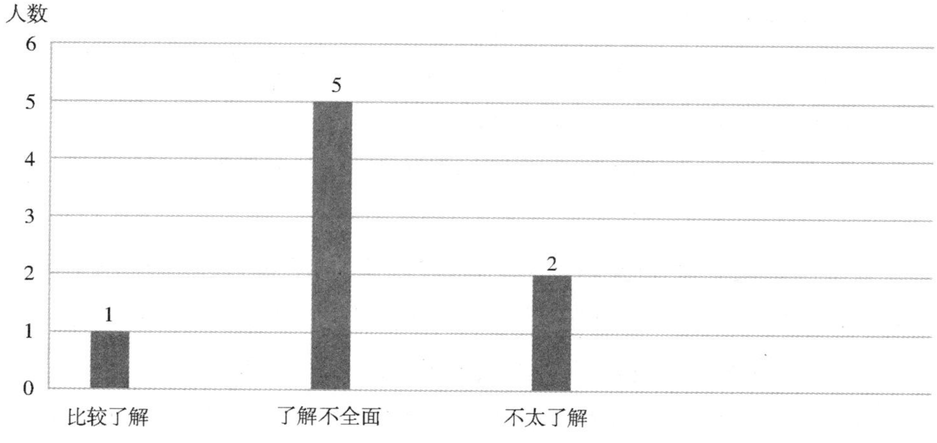

图 23　教师对乡土资源的认识人数统计

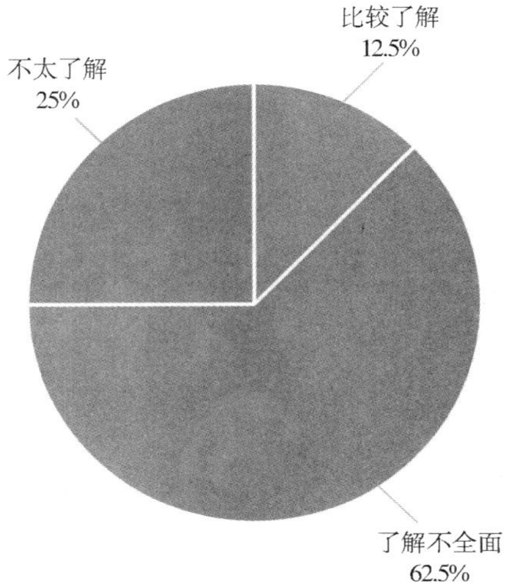

图 24　教师对乡土资源认识百分比统计

（三）家长对乡土课程资源开发与利用教育观念陈旧

文化制约着课程的方向，不同民族、不同地区的文化间接地影响着幼儿园课程的走向。但目前就农村幼儿园课程出现课程边缘化，越来越多的人把目光投入到城市幼儿园，希望自己的子女能接受更好的教育，课程呈现“城市化”“小学化”的趋势，忽略了农村地域资源的丰富性和文化的多样性，这些现象不符合幼儿园课程开发的原则，脱离了文化母体最后导致本土文化的丢失，资源的浪费。由于家长陈旧的教育观念，他们希望自己的孩子能通过知识改变命运，望子成龙的观念导致他们重知识、轻能力的培养，乡土资源开发受到阻碍。幼儿园从小班就开始学习故事、数字、文字，这使得幼儿的创造力受到限制，而且由于教师的专业素质不高，幼儿身心未达到一定水平，这种功利性教育也使得乡土资源的开发与利用受到阻碍。

从访谈中我们发现，幼儿家长群体比较复杂。在年龄方面，有老人、中年人和年轻人；从教养关系来说，有祖辈（爷爷、奶奶、姥姥和姥爷)、爸爸妈妈和哥哥姐姐等；从文化水平来说，有初中和文盲等。所以幼儿家长群体对农村幼儿的影响比较大，与乡土课程资源的开发利用也有很密切的关系。

在访谈中与一位家长的对话：

研究者：您把孩子送到幼儿园想让孩子学点什么东西?

家长：就是让孩子学点加减法、a o e 了、多认识点字什么的，将来考上个好大学。

研究者：那您对老师教的内容满意吗?

家长：感觉老师教的还是少，没有私立幼儿园教的内容多。私立园的孩子去一周就会写 1、2、3、4、5 了。

研究者：那如果老师带孩子去田里捉蚂蚱、蚯蚓，还有摘些野草野花，幼儿园里也有小菜园，让孩子们和老师一起种植、管理，了解植物的生长周期和动物习性，您同意让孩子去吗?

家长：不同意。种个菜有什么用呀?

（四）幼儿园对乡土课程资源开发与利用尚不够深入

课程开发要做到基于实际，因地制宜，广泛挖掘可利用的乡土资源，从实际角度看到乡土资源的使用价值和审美价值，做到将好的理念付诸实践，有理论可依据，有深度可挖掘。一些乡土资源的开发运用，教师只能选择一些处理简单、省时省力的资源去进行教育活动，而处理费时费力、存在安全隐患的资源即使很有价值但还是选择放弃。而教学活动只能随教师的能力进行，教育培训会对乡土资源开发在农村幼儿园课程没有显著效果，最终导致整个资源开发的深入度不高，仅仅靠对这方面感兴趣有精力的教师去自主开发，开发的程度由自己掌控。

幼儿园管理者对乡土课程资源的认识及态度：首先，幼儿教育管理者对乡土课程资源的认识主要包括对乡土课程资源概念的理解和认知，知道开发利用乡土课程资源的意义，明白开发利用乡土课程资源的原则、内容和方法，掌握开发利用乡土课程资源的技能等；其次，幼儿教育管理者是乡土课程资源开发利用的主导者，是否开发利用乡土课程资源以及开发利用到何种程度关键在于管理者的态度。

二、乡土课程资源开发与利用问题存在的原因分析

乡土课程资源的开发与利用，既是新课程观的更新和完善，也是学前教育改革与发展的必然趋势。

开发与利用这些乡土资源，有助于引起幼儿的学习兴趣，从而促进幼儿身心健康发展；教师能够参与并积极投入乡土课程资源的开发与利用，不仅能够使幼儿园形成具有地方特色的园本课程，使幼儿园课程实现乡土化、个性化和多样化，也能够在促使教师对当地的乡土课程资源加深认识和理解的过程中提高工作兴趣和积极性，提升职业自我认同感，进而促进其专业成长；有利于加深幼儿对周围环境和文化的认识和了解，激发幼儿对家乡文化的关注与热爱。

（一）构建适合本地区幼儿的课程

乡土课程资源与幼儿的生活紧密相连，将其巧妙应用到幼儿园教育中，不仅充实了幼儿园课程内容，而且解决了教材脱离幼儿生活的问题，促使教育工作者更加关注幼儿的现实生活，建构适合本地区幼儿经验需要的课程，为幼儿园课程内容增添多元性和趣味性。

（二）促进幼儿教师的专业发展

教师是课程资源的主要开发者，本研究通过与幼儿教师合作开展行动研究，使幼儿教师充分认识到乡土课程资源的重要价值，并在这个过程中让教师掌握乡土课程资源开发的相关知识、技能，从而完善其专业能力结构，提升其研究水平，促进其专业发展。

（三）传承和发展乡土文化

乡土课程资源的开发与利用为幼儿提供了与乡土文化充分互动的机会，能够让幼儿了解和认识自己生长或长期居住的乡土环境，从而激发他们对家乡文化的关注与热爱，有利于乡土文化的传承和发展。

三、幼儿园开发与利用乡土课程资源的策略

（一）教师要增强课程资源意识和能力

1. 提高教师开发与利用乡土课程资源意识

幼儿教师是实现幼儿园教育与乡土资源融合的中介者，正确的创设理念是创设良好环境的前提，善于发现幼儿的身心发展特点是幼儿教师的重要职责。提高教师课程资源意识需要做到以下几方面：第一，加深幼儿教师对于区域环境作用的认识。了解幼儿在区域游戏中的表现，深入了解区域环境对于幼儿发展的作用，认识乡土资源材料的低结构性、丰富性给幼儿全面发展带来的优势，更好地有针对性地进行乡土资源区域环境创设。第二，加强专业知识的学习。教师要大量阅读期刊和专业书籍，不断了解国外的教育期刊与最新的教育思想以丰富自己的专业知识。第三，提升幼儿教师对于乡土资源的认识程度，通过家园合作了解更多本地区的乡土材料。

2. 提升教师开发与利用乡土课程资源的能力

农村地区的师资力量薄弱是我国教育需要面对和解决的一个重大问题，除了需要相关政策保证及加大对农村地区的资金投入之外，最主要的是要加强对农村教师的职后培训。农村教师职后教育落后，大多流于形式，培训的内容也往往脱离农村的实际情况及教师的真正需求，涉及乡土课程资源内容的培训更是少之又少。这样的培训容易造成教师们应付了事，培训的实效很难达到。农村地区除了要加大对教师的培训力度，还要力求提高培训的实际效果。在开发利用乡土课程

资源方面，培训内容要因地制宜，除了使教师熟悉相关理论，在教育思想和观念上也要给予新的启迪，增强教师乡土课程资源开发利用的意识。同时，培训者要以某地区乡土课程资源开发利用的成功实例为标准向教师进行详细讲解，若是时间或条件允许，培训者还可以因地制宜，带领教师们进行一些乡土课程资源开发利用的实践探索，使理论联系实践，巩固教师所学习的理论知识，提高其开发利用乡土课程资源的能力。

3. 引领教师自觉开发利用乡土课程资源

农村幼儿教师作为有思想、能判断、善创新的独立个体，他们完全可以成为自觉开发利用乡土课程资源的责任承担者。首先，幼儿园要引领教师构建一种主动、自觉的发展观，摆脱已有的课程控制和被动状态，经常以一种批判、反思、研究的视角来看待所谓的“标准教材”，并根据幼儿园所在地区的乡土课程资源情况，主动自觉地把乡土课程资源与“标准教材”结合起来，调整教材中远离幼儿生活经验的部分内容，将适合本地发展又有益于幼儿发展与学习的乡土资源充实到教育教学活动中，成为开发乡土课程资源的主动者。其次，教师在日常生活中对乡土课程资源要经常保持敏感、开放的心态，把一些具有积极意义又贴切幼儿生活，适宜幼儿实际发展水平的乡土课程资源积累起来，变成有趣的、具有乡土气息的教育活动，为自身的发展增添新的推动力。引领幼儿教师充分利用当地独特的自然、人文等乡土资源，为农村的孩子们提供更为广阔的发展与创造空间。

（二）家长要积极参与课程资源开发

改变家长关于乡土课程资源开发与利用的教育理念。家长是农村幼儿园生存发展的主要支柱力量，也是影响乡土课程开发与利用的重要方面。幼儿园要向家长宣传科学教育幼儿的知识，转变家长的教育理念，让家长积极参与到课程开发中来。大力宣传乡土文化及乡土课程资源开发与利用的优势之处，改变家长对幼儿教育的认识误区。

1. 定期组织家长会

幼儿园要注意多与家长进行沟通交流，避免只在接园时与家长简单沟通孩子的班级表现或者是在孩子头痛脑热时才联系。幼儿园应该定期组织家长会或家长开放日，丰富家长会及家长开放日的内容。除了对孩子近日的表现予以总结外，幼儿园要注重通过各种形式传递给家长一些先进的教育理念，讲解当前社会关注的教育热点及家长容易步入的教育误区，纠正家长不正确的做法，改变家长只注重孩子知识的获得、智力的发展而忽视其他方面发展的错误观念，促使家长形成对幼儿教育的科学需求，为下一步引领家长积极参与乡土课程资源的开发与利用打下一个好的基础。

2. 注重多种形式的培训

若使家长对乡土课程资源的开发与利用有一个正确的理解与认识，让他们成为开发利用乡土课程资源的主体，幼儿园还要注重利用多种形式对家长进行培训。如幼儿园可以借家园栏、家教指导、微信等多种形式对家长开展关于乡土课程资源开发与利用的培训，改变家长对乡土课程资源的不正确的理解，引起他们对乡土课程资源的重视，激起他们对乡土课程资源开发与利用的兴趣，鼓励他们参与到乡土课程资源的开发与利用中来，成为乡土课程资源开发与利用的主体之一。

（三）幼儿园要调整环境材料和完善环境评价制度

1. 及时调整开发与利用乡土课程资源区域环境材料

不同年龄阶段的幼儿的认识、能力、兴趣各异，所提供的材料必须符合各个阶段的幼儿的年龄特点，固定的区域材料会导致幼儿在进行区域游戏时失去兴趣，所以幼儿教师要及时根据幼儿的需要调整区域环境中的材料。根据调查数据发现，幼儿教师调整区域环境中的材料是根据传统节日进行，很少根据幼儿的年龄特点和季节性进行调整。传统节日时间周期长，容易导致幼儿在区域活动中失去兴趣。及时调整区域环境中的材料不仅仅是根据传统节日，还有根据幼儿的年龄特点、游戏中的表现、喜爱程度，阶段性分批调整，除此之外还要根据季节调整区域环境中的材料，比如，盆栽植物的及时更换，让幼儿了解不同的季节有不同的植物。

2. 增加幼儿开发与利用乡土课程资源实践操作的机会

《幼儿园工作规程》中明确指出："幼儿一日活动的组织应当动静交替，注重幼儿的直接感知、实际操作和亲身体验，保证幼儿愉快的、有益的自由活动。"① 幼儿参与活动，不仅仅是简单地提供材料或者按照教师的要求去做成品，而是要让幼儿身临其境，真正参与到实际活动中进行操作、感知、体验，达到幼儿的主体性学习的目的。幼儿教师应灵活安排时间，根据区域环境创设的需求，与幼儿共同进行区域环境设置。

《〈幼儿园教育指导纲要〉解读》中明确指出："让教育回归真实的生活，让幼儿回归自然的环境。"对此，幼儿园一日生活应充分利用乡土教育资源，不断挖掘、激发幼儿的学习兴趣，确保丰富的乡土资源可以在幼儿教育活动中发挥最大的作用。乡土教育资源的合理运用对幼儿的发展具有比较显著的影响，这就需要根据幼儿自身的特点及乡土资源的作用，有效划分各年龄阶段的教育内容，进行相关教育活动方案设计处理，使主题活动、区域活动和家园共育等成为课程的重要部分，促使幼儿得到全面发展。

3. 科学合理地制定乡土课程资源开发与利用的评价制度

一是幼儿园应基于教师的专业发展，将教师参与乡土资源开发与利用过程中的变化和发展过程作为评价的重要组成部分，制定有利于发挥教师主动性和创造性的多元化教师评价体系；二是要强调评价主体的多元性，建立以教师自评为主，园长、同事、家长共同参与的评

① 中华人民共和国教育部. 幼儿园工作规程［M］. 北京：首都师范大学出版社，2016：5.

价机制，使教师开发与利用乡土资源的过程受到园长、同事及家长的监督与支持。

结语

乡土课程资源的开发与利用有利于农村幼儿园科学办园理念的建立，有利于农村幼儿园园本课程的开发，有利于促进农村幼儿教师专业的成长，也有利于培养农村幼儿尊重和热爱本土文化的情感。农村地区的乡土课程资源非常丰富，但由于多种原因，很多农村幼儿园的乡土课程资源开发与利用的现状不容乐观。为充分发挥其功用，我们需要克服各种制约乡土课程资源开发利用的实际困难，使教师在理论与实践中进一步加强研究与探索。

涞水县明义乡冀家沟幼儿园对农村幼儿园乡土课程资源开发与利用访谈提纲

访谈日期：2019 年 12 月

访谈对象：园长

访谈的主要内容：

（1）您了解课程资源吗？

（2）您了解乡土课程资源吗？

（3）你们开展树叶粘贴、玉米种植等活动是出于一种什么目的呢？

（4）您有没有考虑过让老师以其他农作物或动物之类的资源开展一些活动呢？

访谈对象：教师

访谈的主要内容：

（1）您了解课程资源吗？

（2）您了解乡土课程资源吗？

（3）你们开展的手工制作活动、室外观察活动都是出于什么样的目的？

（4）您有没有考虑过利用小狗、小麦、树叶、石子等我们周围的动植物开展课程活动呢？

访谈对象：家长

访谈的主要内容：

（1）您把孩子送到幼儿园想让孩子学点什么东西？

（2）您对老师教的内容满意吗？

（3）如果老师带孩子去田里捉蚂蚱、蚯蚓，还有摘些野草野花，让孩子们和老师一起种植、管理，了解植物的生长周期和动物习性，您同意让孩子去吗？

【导师点评】

该文本研究以涞水县明义乡冀家沟幼儿园的乡土课程资源开发利用现状调查为研究课题，通过调查乡土课程资源开发利用的现状及影响因素，根据具体情况提出可行性建议，对农村幼儿园课程的完善及教育质量的提高都具有重要的理论和现实意义。

文章逻辑框架较明晰，第一部分先提出问题——“幼儿园乡土课程资源开发与利用中存在的问题”，这部分分析了教师对乡土课程资源开发利用的意识薄弱、教师对乡土课程资源开发与利用的能力有限、家长对乡土课程资源开发与利用教育观念陈旧、幼儿园对乡土课程资源开发与利用尚不够深入等问题；接着分析“乡土课程资源开发与利用问题存在的原因”，提出了3点原因；最后提出“幼儿园开发与利用乡土课程资源的策略”，即教师要增强课程资源意识和能力，家长要积极参与到课程资源开发，幼儿园要调整环境材料和完善环境评价制度，结论较正确。

（点评导师：河北大学教育学院副教授赵娟）

教育教学研究篇

作为一名幼儿园教师，观察幼儿、读懂幼儿、支持幼儿是我们必须掌握的一项能力，也是我们的重要工作职责。教师通过区域活动中对幼儿行为的积极、有效观察为教育提供科学依据，为幼儿自主学习发展发挥支架作用。研究者结合所在园所教师观察过程中存在的诸多问题，开展教师观察能力提升的探索与实践；在区域活动持续开展过程中，发挥教研作用，引发教师的主动学习与探索实践，实现教师有目的地制订观察计划，根据需要适时介入和指导，并给予有价值的评价，保证了幼儿区域活动游戏的深度与经验的获得。

《幼儿园教育指导纲要（试行）》明确指出：“环境是重要的教育资源，应该通过环境的创设和利用，有效地促进幼儿的发展。”创设幼儿园环境不仅要考虑其教育性,使环境创设的目标与幼儿园教育目标相一致，同时还要注意与幼儿身心发展的特点和发展需要相适应。研究者从园所实际出发，通过创造游戏环境激发幼儿学习热情、丰富活动材料以支撑幼儿游戏活动开展、充分发挥孩子在环境创设中的主体性等方面进行了有益探索。

幼儿园区域活动中
教师支持策略的实践探索

保定市易县白马乡中心学校　王海玲

“区域游戏活动是教师为幼儿创设区域环境，提供区域游戏材料，让幼儿可以按自己的兴趣自主选择游戏区域和材料的一种游戏形式”①，因此倍受幼儿喜爱。当前，区域活动已成为幼儿园一日活动的重要组成部分。笔者所在的幼儿园近年来尝试开展了区域活动，但开展过程中存在着孩子们不会玩儿，教师不会支持的状况，如放手就成了“放羊”，介入就成了“高控”。支持策略指的是区域活动中，教师通过提升理念、优化结构、投放材料、适时介入等一系列支持幼儿游戏的行为方法。为解决区域活动中存在的问题，园里尝试实施了区域活动中教师支持策略的实践探索。两年来的实践总结出 4 个方面的行动策略。

一、准确定位教师角色，提升理念

（一）问题的发现梳理

幼儿在区域活动时，教研主任进班观察，发现有的老师在高控孩子们的自主游戏，仍然采用知识讲解法，指挥孩子们怎么玩，大部分

---

① 田灿芸. 基于儿童本位的幼儿园中班区域活动指导策略研究［D］. 贵阳：贵阳师范大学，2018：摘要 1.

孩子无兴趣，茫然一片；有的老师认为既然是自主游戏，那就想怎么玩就怎么玩，如同放羊；还有的老师跟孩子们一起玩，看起来很和谐，但关注不全面，指导无计划、无目的，比较随意。孩子们不会玩儿，教师不会支持的问题凸显，忽略了幼儿才是游戏的主人。

（二）教师的角色定位

区域活动注重让幼儿自由地开展游戏活动，具有鲜明的自主性特点，游戏过程的各个环节也是自然而然地进行。区域游戏活动还具有鲜明的教育性，通过轻松愉快的活动过程促进其身心得到发展，实现游戏本身的教育价值。这就要求老师们关注幼儿探索学习的整个过程，充分了解每一个幼儿的发展水平，有利于正确指导和帮助不同层次的孩子。支持幼儿真正“自主、自选、自发、自由、自信”地进行区域游戏，不断激发幼儿游戏的兴趣要求教师能准确定位角色。

图 25　专家来园指导

（三）理念的更新定向

1. 专家示范，引领方向

专家入园诊断，厘清了教师角色准确定位的思路。保定市贫困县张春炬园长工作室专家团队来我园进行区域活动指导。张春炬园长在观察幼儿区域活动中对幼儿游戏进行了专业分析，她强调："教师发现幼儿的游戏需要，是支持幼儿游戏的关键点。"当走进小班看到生活区内一名幼儿在用练习筷夹着不同颜色的橡皮泥放在同一个纸杯中，反复重复这样的动作时，具有丰富经验和扎实专业功底的张园长从幼儿的表情和动作中发现了这个游戏对该幼儿已没有难度，所以他玩得没兴趣了。张园长对身边的一名老师说："帮我拿 4 个纸杯来。"然后她蹲下身来轻轻地对这个幼儿说："宝贝，这是 4 个纸杯，你能把相同颜色的橡皮泥放进同一个纸杯中吗？"看到这儿，老师们一下就明白了张园长通过提高游戏的难度来激发孩子游戏兴趣的意图。她进入每个班内都会用心观察幼儿游戏，当看到幼儿在专注地玩时就不去打扰，当观察到幼儿对所玩的游戏不感兴趣时，便现场演示教师如何支持与引导。通过多次专家指导，教师的角色定位由以前简单的知识传授者逐步向幼儿游戏的支持者、合作者、引导者转变。

2. 学思相长，提升技能

读书学习夯实了教师角色准确定位的基础。专业基础知识是了解幼儿学习特点和认识规律的基础，针对本园教师缺乏专业基础知识的实际情况，幼儿园开展了形式多样的读书活动：园内集中购买专业书籍进行集体学习；鼓励教师自发查找资料进行个别化学习；组织互相传阅、定期分享等互助学习。通过读书活动的开展，教师们深刻认识到了学习的必要性。如一位新任教师在谈读书体会时说道："以前没有成为幼儿教师时认为做幼儿教师不用有多大学问，今天我读了《每个游戏都精彩——积极引导儿童游戏的策略》这本书后，觉得自己知道得太少了，学问不够用啦。今后我一定要多读书多学专业知识才能成为合格的幼师。”另一位老师在分享时谈道：“在写观察案例时，以前就只会描述观察到的现象，不会进行理论分析，不能从幼儿发展的视角来观察获取信息进而解读信息。读书太有用了，我一定坚持每天读书，还要把自己所学由输入变成输出分享给大家，因为分享的过程让我有了更深刻的理解。”

在不断地学习中，教师们的专业知识不断丰富，观念也随之发生改变，对幼儿区域活动的支持也有了许多方法，出口成章的专业语言表述随处可以听到。看到老师们脸上自信的笑容，就知道她们走在教师专业发展之路上是幸福的。

3. 外出参观，开阔眼界

外出参观学习开阔了教师角色准确定位的眼界。“它山之石，可以攻玉。”为解决我园在区域活动中遇到的问题，老师们多次外出到优质园参观，学习借鉴别人的经验。每次外出学习回来后，教师们都要将自己的收获分享给全体老师。陈红彬老师在参观学习回来后分享时说：“看到实验幼儿园的阅读区设立了图书修补台，我觉得很好，我们班也经常有图书损坏的现象，都是老师发现后修补。今后我也给他们设立一个图书修补台，投放修补材料，这样不仅能使图书及时得到修补，还能养成幼儿爱护图书的良好习惯。老师要改变角色，不是所有的事情都要替幼儿做，而是通过环境和材料引导幼儿去做，从而实现向引导者角色的转变。”卢安老师分享：“看到在青年路幼儿园的区域活动中老师为幼儿创造了宽松的环境氛围，给幼儿提供自己解决问题的机会，今后要改掉自己主宰掌控的方式，真正以幼儿为中心，多想孩子所想，放手让孩子自己去尝试。”教师们眼界开阔了，思路打开了，在区域游戏中逐渐找准了幼儿游戏中引导者、合作者、支持者的角色定位。

二、系统优化区域结构，支撑活动

（一）区域结构中存在的问题

走进活动室里，长长的两排桌子，把所有玩具一股脑倒在桌子上，孩子随便怎么玩；把玩具收了，桌子就变成了画桌、饭桌，孩子们坐两边，老师讲授，孩子聆听；教师书写，孩子模仿。没有明显的区域界限，没有诱人的区域环境，没有互联互通的连接主线。本应属于幼儿的自主区域游戏无处可寻。

（二）系统化区域结构的意义

“幼儿是在与环境相互作用中主动发展起来的”[①]，所以幼儿园的空间、设施、活动材料等应有利于引导、支持幼儿与周围环境之间积极的相互作用。区域环境是区域活动的第一要素，是幼儿在区域活动中能够持续游戏的物质前提，因此必须合理优化区域结构，发挥游戏及教育价值。多种区域的设置能够为幼儿提供更多的学习机会，促进幼儿多方面的发展。根据不同年龄幼儿的发展水平和活动需要，合理安排适宜的活动区域，设计独特的空间布局，从而促进幼儿在良好的区域环境中学习、探索、实践与发展，因此，优化区域结构势在必行。

（三）系统化区域结构的举措

1. 科学定设区域

根据幼儿的年龄特点，保证幼儿发展的均衡性，根据区域功能设置各区域。我园 6 个班，每个班都设置了 6 个区，即科学区、益智区、建构区、美工区、阅读区和一个社会区域，每一个区的活动都有其独特的价值。

科学区从幼儿的好奇心出发，让幼儿通过操作性的探究、发现与

---

① 石爱琴. 系统优化幼儿园区域活动［J］. 福建教育，2014（42）：31.

思考，亲历记录探究的过程，获得对周围世界的认知或提升科学经验，发展认知能力，提高幼儿观察、探索的能力，培养其忍耐力和坚持性；益智区锻炼孩子的逻辑思维能力，从而养成其善于观察、善于思考的良好习惯；建构区锻炼幼儿的动脑动手能力，培养幼儿的想象力和创造力；美工区让幼儿感受并喜爱环境、生活和艺术中的美，培养幼儿对各种形式的美术表现方式的兴趣，从绘画、手工、欣赏等教育内容入手培养幼儿想象能力和大胆创作能力；阅读区可以培养幼儿的阅读兴趣，提高其阅读能力和语言表达能力；社会区域有生活化的游戏环境及真实的或替代性的操作材料，通过自己选择角色对生活经验回顾及再创造，幼儿在情境中与他人主动交往，激发社会行为，提高独立生活能力。

关注幼儿已有的生活经验，尊重幼儿的发展需求，创建不同的社会区域活动，如小班的娃娃家，中班的饺子馆、美食城，大班的理发店、小医院等。同时，我们也关注到幼儿的个体差异，在同一区域投放材料时要满足不同能力幼儿的需要，如在中班的美食城，要为幼儿提供软硬不同的食材以及不同的刀具，供不同能力的幼儿选择。

2. 合理布置区域

区域环境分为精神环境和物质环境，物质环境又包括两类：第一类是包括玩具柜、桌椅、隔断、大型的道具等在内的基础设施设备，属于静态环境；第二类是包括区域装饰、操作指示或规则、各区配备的操作材料等在内的动态环境。

（1）营造精神环境。

环境是重要的教育资源，应通过环境的创设和利用，有效促进幼儿的发展。宽松和谐的环境氛围能促进幼儿积极主动地参与游戏，可以遵循动静相宜、开放和围合结合、室内和室外互补的原则。

阅读区是需要安静环境的区域，设置在教室一角，用书架和书桌围合起来，与美工区之间悬挂上粉色的纱帘隔开，墙上挂上静物画，再放上小沙发、靠枕、软垫等，在地面上铺上不同颜色的软垫，进区口粘贴几双小脚丫图片，标识区域控制的人数。合理漂亮的布置给人以和谐雅致的美感。

结合地域特点，美工区的设置具有浓厚的乡土气息，易水河畔的鹅卵石、易县西陵松林间的松塔、田野里的各种农产品等，再加上多彩的颜料、各色卡纸、彩泥等材料渲染，无不吸引着孩子们的眼球，区角丰富了，孩子们的精神世界也丰富了。

在制定区域规则时，让幼儿充分发表意见，大家共同制定、共同遵守。教师充分尊重幼儿，将自主进区牌放在幼儿方便取放的地方，允许幼儿之间互相商量去哪个区玩、怎么玩，还可以一起制订区域活动计划。

（2）完备基础设施。

设施设备充足是保证创设物质环境的基础。一是要有足够数量的玩具柜可满足游戏材料的归纳，还可以当成分隔不同区域的隔断；二是适量的桌椅可供科学区和益智区使用，既是隔断，也是操作；三是用 PVC 水管和布组合制作成帘子等方法自制一些隔断来补充各区之间的分隔，这也是非常必要的，它比玩具柜子省空间，方便拆卸。

（3）调配合理环境。

区域装饰、操作指示、规则等环境布置不是一成不变的，要随着游戏的需要随时增减，随着主题或者季节的变化而变化。根据幼儿能力的发展过程，操作指示也要随之加深。在活动中发现有些规则不适合或者漏掉了，可与幼儿一起商量增减规则。

3. 联动激活区域

活动室根据功能不同被分隔成不同区域，彼此之间相对独立又相互联系。区域活动内容由主题进行链接，如在主题“秋天来了”的背景下在美工区就要投放一些和秋天有关的材料，比如果实、树叶等，在阅读区就要投放一部分和秋季相关的书籍，在科学区就要投放探索秋天季节特点的工具、材料。各区域之间要有一根主线连接。

区域之间的联动是幼儿游戏的需要，如小班娃娃家，在玩“当孩子生病了”时，根据幼儿已有经验，孩子生病了就要去医院给孩子看病，看完病饿了就要去饭店吃饭。我园的活动室内空间较小，不能同时创建这么多区，我们采取的方法是串班，要看病去大一班，要吃饭去中一班饺子馆或者中二班的美食城。

连接区域之间的纽带是我园自制的一种可以在园内流通的纸币——爱心币。教师奖励幼儿可得；幼儿通过自己劳动可得，如当厨师、服务员、理发师等角色获得的“钱”归幼儿所有；在本班或别的班推销商品可得，如中班美食城中的服务员经常去别的班推销美食，小班幼儿经常到别的班去表演节目获得爱心币奖励。总之，孩子们会想出各种办法去“挣钱”，然后自己就有“钱”去“消费”了。爱心币的使用极大地促进了班级之间的联动。

三、科学投放游戏材料，满足需求

（一）茫然的投放材料使区域游戏价值降低

通过访谈教师，调查投放区域活动材料对幼儿游戏的价值是什么时，教师们的回答五花八门。有的教师说对幼儿来说，材料是引发他们主动活动的中介和桥梁，所以越多越好；有的教师说对教师来说，材料是教育目标和教育内容的物化，教师应根据教育目标投放材料；还有的教师说随便投放材料更有利于幼儿的创造。表面上看教师的回答都很有道理，实则是教师不能正确理解科学投放材料的价值。

（二）科学的投放材料能激发幼儿游戏兴趣

教师通过投放准备好的材料，对幼儿实施间接性、隐性的指导。材料与幼儿的年龄特点、经验、能力和需要相适应，能激起幼儿对学习的主动性，使他们在没有压力的环境中主动观察、发现问题、独立思考、解决问题。因此，活动区中材料投放的重要性不言而喻。

（三）投放材料应关注幼儿特点与游戏需要

1. 恰当投放材料，满足幼儿年龄需求

小班幼儿的年龄特点是情绪波动大，分离焦虑带来心理极度不安，爱模仿，不会与人合作，动作发展还不太成熟等；中班幼儿的年龄特点是有意行为开始发展，开始学习控制自己的情绪，萌发规则意识，学会与人交往，能基本控制自己的动作，思维开始具体形象，理解力增强，能独立表达，游戏水平明显提高；大班幼儿的年龄特点是思维逐渐成熟，有自己的主见，动作水平更加成熟，合作意识逐渐增强。根据幼儿年龄特点不同，投放材料要有层次性，如在美工区，小班幼儿通常只能随意地剪出纸条或纸片，或者用手在纸上挖洞。他们只能学会简单的对折，会用蜡笔画画，也会使用剪刀，但动作无法精细化，因此就要投放一些简单的折纸，如折出三角形的小红旗，指导他们在纸上画出简单的基本图形后剪出来。由于小班幼儿与他人合作的能力还较差，投放材料时要注意到进区幼儿每人一份，防止发生争抢。到了中班，他们已有了一定的制作意图，能自如地控制手腕，可以投放一些颜色各异的纸、软硬不同的笔、各种剪刀等低结构材料，让幼儿进行简单创作。到了大班，除了要投放幼儿创作时必需使用的工具，还可以多投放能满足幼儿创设场景的材料，如较大篇幅的纸、能混在一起创作的多种材料——彩泥、树枝、扣子、各种粮食等，满足幼儿创作完整作品的需要。

2. 适时投放材料，满足幼儿游戏需要

活动兴趣是幼儿对所感兴趣的物品或活动持久而专注的活动状态。教师投放的材料幼儿是否感兴趣直接影响着幼儿的区域游戏质量，因此一定要观察幼儿的兴趣点在哪儿，根据兴趣点投放材料。比如我们在进行小班娃娃家的游戏时，就发现原先投放的小床、被子、娃娃等材料比较单一，幼儿没有兴趣玩儿，于是老师就又投放了奶瓶、彩泥制作的小饼干、体温计、小衣服等，孩子们就可以玩宝宝饿了、宝宝生病了等游戏。这类材料是和他们的生活密切相关的，极大地提高了他们对游戏的兴趣。

3. 科学投放材料，激发幼儿游戏兴趣

区域活动投放的材料不能是一成不变的，既要考虑主题，又要考虑幼儿的学习能力、动手能力、探索能力的逐步提升。在材料投放的过程中，教师必须对幼儿的阶段性变化进行深入了解，根据幼儿游戏的需要及预设合理投放材料，从而不断满足幼儿突破最近发展区所需要的活动材料。例如中班以“春天的游戏”为主题的区域设置，就需要在美食城准备野炊的材料；在建构区，除了按比例投放一些供搭建的积木，还应有设置情境所需要的一些交通标志、车辆、路灯、大树等辅助材料。在图书区增添师幼一起制作的头饰、服装和道具，教师也以角色身份与幼儿们一起表演，不仅能激发幼儿兴趣，还能加深幼儿对故事的理解，同时提高幼儿的语言表达能力。辅助材料的投放有助于幼儿构想并创意建构游戏主题，对现实生活场景进行模仿与复制，进而与幼儿实际生活相结合，学会使用材料设计环境，创造生活，丰富幼儿生活经验，从而引发幼儿对生活的热爱。

四、适时介入游戏活动，促进发展

（一）不适宜的介入打扰幼儿游戏

游戏是孩子的天性，幼儿在游戏中更能激发学习兴趣，提升自身学习能力。然而在游戏过程中也会遇到一些问题，教师们反映当发现幼儿在游戏中遇到问题时不知道怎样介入，经常陷入误区，出现打扰孩子思路、我行我素放任、敷衍了事指导等问题。

“教师在幼儿区域活动中有着十分重要的作用，只有教师在恰当的时机，选择适宜的支持策略介入游戏之中，才能丰富幼儿的经验，提高幼儿的游戏水平。”[①] 我园在教研活动中，注重研讨教师的支持策略和介入时机，为推进幼儿开展游戏，帮助幼儿在游戏中获得新经验提供了理论基础。

（二）适时介入促进幼儿全面发展

1. 兴趣的创意者

幼儿识字量小，理解能力较差，大多数幼儿对阅读不感兴趣，进区以后随便翻来翻去，不知道应该看些什么。老师决定带幼儿制作绘本，先引导幼儿观察绘本的结构，然后一起制定主题，发挥幼儿各自的特长进行分组：善于绘画的负责图画、善于讲故事的负责创编、善于涂色的完成图画。老师负责提炼语言、附上文字，并装订起来。创意的过程很艰难，但每个幼儿都特别喜欢看自己参与制作的图书，并且乐于把故事讲给同伴们听，阅读区的幼儿也渐渐多了。

2. 理智的参与者

幼儿在游戏中遇到争执与困难时蕴含着多种教育契机，教师运用交叉介入的方法，巧妙地以游戏角色的身份参与，与幼儿共同解决问题，帮助幼儿提升游戏水平，这种介入比较容易被幼儿接受，有利于促进幼儿深度学习，引导游戏继续进行。如案例“谁的小汽车跑得快”。

小一班区域活动开始了，孩子们根据自己的喜好自由地选择了游戏区域。小朋友们玩儿得都很专注，突然科学区的两个小朋友大声喊了起来：“我的小汽车跑得快。”“我的跑得快。”教师走过去问：“发生了什么事?”张景川说：“老师，明明是我的汽车跑得快，他说他的跑得快。”郭子源也不甘示弱地说：“就是我的跑得快。”两个人谁也不让谁，老师说：“我来当裁判吧，看看你们谁的车跑得快。”两个小朋友

---

① 薛婷婷. 幼儿园大班建构区活动中的教师介入指导研究［D］. 长沙：湖南师范大学，2018：1.

把小汽车放在跑道上准备比赛，这时老师发现小朋友不是利用斜坡高度来让小车滑下来，而是用手推着小汽车在跑道上跑。老师并没有直接说出这个游戏材料是根据斜坡高度来比较车的快慢，而是说："你们两个跟老师来比赛好不好？"两个小朋友高兴地说："老师你一定会输的。"接下来，三个人开始比赛，每人一个跑道。教师偷偷地在跑道的一头下边垫了一个小木块儿。教师说："开始。"两个小朋友推着小汽车在跑道上跑，老师的车一下子就滑了下来。他俩疑惑地看着，问："老师，怎么会这个样子呢？"老师笑了笑说："我赢了。"这时张景川说："老师，一定是你的小汽车跑得快，咱俩换换吧。"老师说："好啊。"换了小汽车又比了一次，老师又赢了。他自言自语地说："这是怎么回事呢？"看着孩子那不解的小表情，老师说："你仔细看看老师的跑道。"这时，郭子源好像发现了什么，高兴地说："老师，你的跑道下边有小木板儿，你的跑道一边高一边低。"张景川这时也发现了，说："我的跑道是平的，老师的一边高一边低。"张景川、郭子源一起说："老师，再比一次啊？"老师说："行啊。"他们学着老师的样子，也拿一块木板放在跑道的一端下面。这一次 3 个人比赛郭子源却赢了。他高兴地拍着手说："我赢了。"原来他在跑道一端垫了两块木板，所以他的车子跑得快。两个小朋友这时明白了，跑道一端木板垫得越高，跑道坡度越大，汽车跑得越快，两个小朋友又高兴地玩儿了起来。

在这一活动过程中，教师的适时支持，引导幼儿通过自己探索发现了小车从不同高度的斜面上滑下来的速度是不同的。教师抓住了教育契机给予了恰当的支持，既让游戏能顺利进行下去，还让幼儿体验了发现的乐趣、成功的快乐，促进了幼儿的深度学习。

3. 预知的暗示者

当观察到幼儿的游戏已经没什么难度了，想给幼儿新的挑战时，教师可以运用暗示法，提升游戏难度，以促进幼儿递进发展。如案例"由块儿到丝儿"。

图 26 案例“由块儿到丝儿”

美食城的厨师几天来一直练习切一些块状的蔬菜水果，已经很熟练了，教师决定给他们增加点难度，早早地准备好一盘切好的黄瓜丝放在旁边。今天的厨师是子萱和雅文，只见两个小厨师忙碌地切着自己手里的黄瓜和苹果，一会儿就完成了。雅文说：“我早就会切块了，很简单。”子萱也附和：“我也早会了呀！”于是教师走到了服务员那里，轻声地说：“服务员，我要点菜，今天我想吃一盘拌三丝”。服务员马上跑到小厨师那里说客人点了拌三丝，子萱小朋友说：“哎呀，怎么办？我不会切丝啊。”雅文说：“我也不会，但是这有一盘黄瓜丝，肯定是老师切的。”两个小厨师发现了老师的暗示，她们照着老师的样子切了起来，虽然切得有点儿费力，丝有点太粗，但是也算成功。一会儿工夫，两个人的小盘子里都有了好多的蔬菜丝，她们把蔬菜丝和在一起，放了一点儿盐，然后端到了服务员那里。服务员说：“您好，这是您点的拌三丝。”教师尝了尝说：“嗯，味道很不错。”这时候，两个小厨师的脸上露出了满意的笑容。

在幼儿游戏中，教师与儿童的交往及对儿童的评估都存在最近发展区，如果儿童在最近发展区内接受新的学习，其发展会更有效果。“最近发展区”理论蕴涵着一个重要思想，即在儿童的最近发展区内，如果他们能得到成人的帮助，则比较容易地理解单靠自己而无法掌握的知识。这就意味着儿童能够通过成人的帮助比较容易地跨越自己的最近发展区，从而达到一个更高的发展水平。

4. 合作的牵线者

现在的孩子多数是独生子女，家长的过度呵护溺爱，不知道引导孩子与人合作与分享，使孩子变得越来越以自我为中心，表现出不会与人合作、缺乏合作的意识。如案例“一起搭会更好”。

中一班建构区有3个小朋友，其中两个小朋友在合作搭建，一个小朋友自己在玩。教师发现这个小朋友从不与其他小朋友合作。教师走过去观察了一会儿，问：“你怎么不和别的小朋友一起合作呀?”他说：“老师，这是我自己的城堡，我要自己完成。”老师笑了笑，说：“你可不可以带我去你的城堡看一看呀?”他说：“好呀!”然后就给老师介绍起城堡。他用小手指着城堡说：“老师，这是城堡的大门，它们是圆形的，这里是一个水池，还有大树，我的房顶有三角形的，还有半圆形的。老师，我的城堡漂亮吗?”老师说：“你搭建的城堡真漂亮！你如果跟别的小朋友一起合作，搭建的城堡会更大更漂亮的。”他点点头。教师引导另外两个小朋友和他一起来搭，不一会儿，他就请老师来观看他们的作品，脸上充满了喜悦。

《3—6岁儿童学习与发展指南》指出：“人际交往和社会适应是幼儿社会学习的主要内容，也是其社会性发展的基本途径。”重视幼儿在各个领域中与人合作的态度和能力，培养幼儿学会与人合作的品质是非常重要的。因此，教师要充分利用游戏培养幼儿的合作意识和合作能力，让幼儿体会合作的快乐。

5. 探索的激励者

幼儿学习的动力来源于对学习的兴趣，而愉快的成功体验则是产生兴趣和力量的源泉。因此，当教师发现幼儿的自信心受挫时要及时给予支持，引导幼儿在活动中获得成功的体验。如案例“小灯泡亮了”。在小二班科学区里，洪宇贤和殷俊熙选择了“小灯泡亮了”这组材料。他们把电线、电池等电器元件一通乱插，鼓捣了半天也不见灯泡亮起来。教师发现他们的方法不对，就鼓励说：“你们观察一下这张探索情景图卡 1，老师相信你们会按照图片的提示重新组装，试一试小灯泡会不会亮起来。”洪宇贤用手拿起图片，认真观察，两个小朋友还商量着首先找出图中的电器零件，然后按照情景图卡一次次地安装电路，过了一会儿还是不亮。老师引导说：“换个插头位置会怎样?”俊熙快速安好，兴奋地喊道：“灯泡亮了，老师!”孩子们激动的心情溢于言表。

这个活动中，教师给予幼儿足够时间让其进行充分探究。在观察到幼儿多次探索无果快要放弃时，教师适时地以平行游戏者身份介入并指导活动，先引领孩子观察探索图卡，给幼儿足够时间让他们自己进行观察，之后引导幼儿动手操作，幼儿通过自己的操作看到了灯泡亮了的现象，感到非常兴奋。

教师的支持策略在区域活动中起着举足轻重的作用，区域活动的实践探索让教师的观念和行为得到了很大转变，使幼儿真正成为游戏的主人，利用好区域活动这个主阵地，丰富幼儿实践经验，发展幼儿各种能力。实践出真知，真知需要不断的探索，在探索区域活动的这条路上，一起前行!

【导师点评】

本文源自作者所在幼儿园申报的保定市教育科学研究“十三五”规划课题研究成果。幼儿园地处城乡结合区域，在园幼儿多为农村进城务工人员和附近村民的孩子，师资队伍构成多为转岗教师，对区域活动的认知和理念均为零基础。为了实现幼儿园教育质量的改观，转变以集体教育活动为主渠道的活动现状，努力在全园开展区域活动，他们通过借鉴前人经验和自身实践探索，总结出了对本园行之有效的几点方法策略，具体包括认知理念提升、优化区域结构、科学投放材料、适时介入活动等，希望为同质园所提供借鉴。

（点评导师：保定幼儿师范高等专科学校教授王惠然）

幼儿园主题活动背景下
区域环境创设策略的实践探索

保定市涞水县义安镇北义安幼儿园　吴敏华

随着社会的发展，幼儿园的教育模式也在不断地改革变化，面临挑战，区域环境作为幼儿园重要的教育资源，对于幼儿的发展具有举足轻重的意义，越来越受到关注。良好的区域环境能够促进幼儿的身心发展，满足幼儿的个性发展需要，激发幼儿主动学习、探究的欲望，培养其良好的学习、生活习惯。它能给幼儿积极的暗示，使幼儿更加积极地投入活动。之前，教师组织开展主题活动时，忽视了区域环境创设在教育活动中的作用，不能与主题活动有机结合，让幼儿在主题活动区域环境中经验得到积累，能力得到提高，使主题活动依托我们创设的区域环境而顺利开展。因此，我们围绕主题活动背景下区域环境创设做了探索和实践，力争充分发挥区域环境在主题活动中的教育价值。

一、主题活动背景下区域环境创设存在的问题

（一）主题活动与区域环境脱节

与教师就“您认为主题活动与区域环境创设有联系吗，为什么”这一问题进行访谈发现，教师从活动开展形式和内容方面对二者认识不同。

大班于老师：主题活动主要以集体教学形式开展，以五大领域内容为主，区域环境创设是为开展区域活动服务的，不是为开展主题活动服务的。两个活动都是幼儿感兴趣的，活动内容可以适当联系。

小班赵老师：区域环境创设是为了更好地开展区域活动（分组活动），主题活动用主题墙展示活动过程，以集体教育活动为主，两个活动分别开展，组织形式不同，联系不大。

从访谈中可以看出，教师不知道主题活动与区域环境的联系和区别，概念模糊，不知道怎样把二者有效结合，造成各自孤立开展活动的现象。工作中受教师个人教育观念的限制，主题活动开展只浮于表面，也忽视了区域环境的创设与材料的投放，从而导致了班级主题活动与区域环境脱节，区域活动不能成为主题活动的一部分及其活动延伸，不能更好地为开展主题活动服务。

（二）区域活动空间相对孤立

与教师就“您是怎样进行区域空间划分的”这一问题进行访谈时发现，教师存在进行区域空间划分时思想保守、空间封闭问题。

大班郑老师：区域设置一般在班级四周，利用柜子隔开摆放，教室中间宽敞的地方用来开展集体教学。

中班孙老师：在划分区域空间的时候，由于班级活动空间有限，我把常设的 4 个区设置在靠墙的位置，用纸箱或柜子隔开，为了不出现安全事故，让幼儿在封闭的固定空间活动。

从访谈中发现，教师对区域空间的划分持保守态度，没有充分考虑幼儿活动需要，造成我们的区域是设置在班级四周这样相对封闭的一个空间内，活动面积较小，幼儿活动受限，造成区域之间不能互联，幼儿失去交流互动的机会，孤立地在某一个区域内活动，没有一条主线贯穿各区域，将主题教育内容渗透到每一个区域游戏中。

（三）幼儿不能成为环境的主人

与教师就“您所在班级区域环境是怎样创设的”这一问题进行访谈时发现，教师包办代替现象严重，幼儿主体地位缺失。

> 中班董老师：在环境创设中，我们班级教师根据自己多年的环境创设经验，设想、动手动脑，在短时间内完成了班级环境布置，做到精致美观。
>
> 小班李老师：孩子年龄小，动手能力差，环境创设主要是教师规划板块，选取内容和材料，精心设计制作，美观漂亮就好，老师费心费力，熬到环创结束感觉轻松了许多。

从以上访谈可以看出，教师在创设班级区域环境时，往往是在开学时教师一手包办，到学期结束时也不会再更换调整。教师会按照自己的想法把室内、室外、区域环境全部布置好，每次主题活动都是老师精心设计安排，幼儿并没有机会参与或者是表达自己的想法。教师是成人，跟幼儿的想法差异很大，教师从个人主观想法出发，过于注重环境的高大上与美观性，存在迎接上级检查，为了完成任务而急于应付的现象，缺乏站在儿童的立场发挥环境的教育价值以及让幼儿与环境对话、真正成为环境主人的意识。

（四）区域材料投放不合理

与教师就“您在区域材料投放时有哪些策略，您是怎样做的”这一问题进行访谈时发现，教师没有科学的材料投放策略，存在盲目性。

> 中班周老师：我在班级区域材料投放时选取安全美观的材料，只要幼儿能玩儿就行，有的时候孩子玩儿一会儿就失去了新鲜感，

就不玩儿了。

大班王老师：我在投放区域材料时数量以多为主，避免幼儿之间发生争抢现象，让每个孩子都有的玩儿，但也出现有的区域冷场、有的区域拥挤的现象。

通过访谈看出，教师在材料的选取和数量上盲目追求好看、多，结合主题内容的材料少，对实用性、多功能性欠考虑，缺乏对农村资源的开发和利用。教师一次性投放大量新材料，幼儿想玩儿但是不知道从哪里下手，不会操作，出现几种现象——有的看一看摇摇头就走了；有的看着别人玩儿，自己不敢动手；有的玩一会儿不成功，没信心也走了——导致活动开展不起来，所以教师要结合班级主题，考虑幼儿的水平差异性，分层次投放材料，满足幼儿需要。

二、主题活动背景下区域环境创设问题分析

（一）教师观念落后，读书学习少

教师对前沿幼教理念的理解存在片面性和狭隘性，造成概念混淆；活动开展分裂，不能有效融合并深入开展活动，发挥教育价值。

小班李老师：我对主题活动和区域环境创设怎样有机结合还不太理解，在实践运用中有困难，我擅长组织开展主题活动。

大班卢老师：主题活动延伸到区域活动对我来说还存在困难，二者怎样有机融合还缺少有效方法。

通过访谈了解到，部分教师对主题活动与区域环境创设有效融合缺少理论支撑，幼教理念落后，不能跟上幼教改革的步伐，制约了活动的深入开展。

（二）教师专业知识匮乏

已有的区域环境创设策略不足以支撑教师工作实践，思想保守，缺乏创新意识甚至是墨守成规。

大班刘老师：在区域环境创设时，我主要依据自己的经验，有时也模仿别人的，如从参观学习或抖音中看到的。

小班胡老师：我对班级区域环境创设策略掌握得很少，多数是按照惯例进行布置。

通过访谈了解到，教龄在 11—25 年的教师大多数是靠经验进行区域环境创设，没有学习专业知识；教龄在 6—10 年的教师学习了专业知识，积累了工作经验，但在实践中缺乏反思、创新；教龄在 1—5 年的教师明显经验不足，学到的专业知识还不能践行在实际工作中，需要不断地实践、反思、再实践。

（三）“儿童观”“儿童立场”没有落地

“儿童观”“儿童立场”只停留在口头上，教师没有真正理解其含义，更谈不上落实在工作中。教师主观意识太强，对角色的转换认识不到位，幼儿的主体地位没有充分体现。教师要反思环境创设为了谁，为什么要进行区域环境创设。

中班高老师：在环境创设中，教师为主体，先是动脑想怎样布置，以什么为主题，然后就是选材料，最后动手布置。整个过程中幼儿听老师的指挥完成需要的作品，教师再张贴到预设好的位置，教师看着满意就行了。

大班吴老师：我听了专家讲座，知道要以幼儿为主，树立儿童观，但是工作起来就忘了，忽视了幼儿的主体地位，要想真正做到可能还需要不断学习。

通过访谈发现，大多数教师主观意识有了改变，树立了儿童观，明确了儿童在区域环境创设中的主体地位，但是在实际工作中践行还不到位，需要逐步转变。

（四）教师缺乏对活动目标、幼儿发展水平和需要的了解

不能运用区域活动材料投放原则指导工作，观察幼儿活动时懒于动脑思考，动手操作，没有挖掘区域材料的多功能、多玩法，存在应付心理。

> 中班于老师：我在投放区域材料时考虑安全性、美观性，对幼儿的发展水平思考得少，造成有的材料幼儿玩一两次就不玩了，没有兴趣。交流学习后才知道，材料投放要有层次性、挑战性，激发幼儿的探究兴趣。
>
> 小班朱老师：我在区域材料投放时关注幼儿的年龄特点，投放的材料数量多、种类多，有些盲目，对材料的玩法探索得少，如一种材料有几种玩法，我只玩了一两种。

通过访谈发现，教师对区域材料的投放存在追求数量、种类、美观等方面的问题，在材料投放时缺少指导原则与方法。教师发现幼儿对材料不感兴趣时要思考为什么，引导幼儿探索一物多玩。

三、主题活动背景下区域环境创设策略

（一）建立主题活动与区域环境之间的联系

主题作为教育内容的一种组织形式，不只是中心议题本身，更是包含议题蕴含的或与议题相关的问题、事件、现象等。主题活动前，教师会根据幼儿的经验基础，提供丰富和适宜的资源，为幼儿发现问题、探索问题和解决问题提供环境支持。区域环境的创设随主题活动

的深入而变化，以促进幼儿积极地参与区域活动，并能主动获取与主题相关的知识和经验。

1. 明确幼儿园主题活动的含义

我们首先明确幼儿园课程中的主题不是主题名称本身，而是围绕这个名称展开的全部内容，围绕主题所设计的教学活动、所开展的游戏活动、所组织的区域活动及相关的日常生活活动等构成了整个主题的内容。主题活动是以一个话题为中心进行延伸扩展，进而形成更多的话题和活动，在活动中贯穿语言、健康、社会、科学、艺术五大领域的培养目标。在开展“春天来了”主题活动时，教师以季节为话题，分为春天的变化（大自然、天气、人、动物）、我爱春天、春天的故事、春天可以做些什么（植树、播种，春游、早睡早起做运动），贴近幼儿生活，渗透了五大领域教育内容和目标。

2. 理解环境育人的价值

人创造了环境，同样，环境也创造了人。可以说，人是环境的产物，特别是对以实际操作、参与活动和直接经验为发展基础的幼儿来说更是如此，因为幼儿是在与环境的交互作用中得以发展的。“我们坚信，幼儿在一个井然有序但充满刺激的环境中会学得最好，因为他们在这样的环境中可以自己做出选择并按自己的选择去执行。”因此，幼儿园区域环境现在越来越受到大家的关注。区域活动环境能够激发幼儿的活动兴趣，有利于幼儿自主性、独立性的发展；环境的创设有利于培养幼儿初步观察、操作、表达、思考等方面的能力，为幼儿构建了一个多方面联系的空间，能够促进幼儿主动建构多方面的经验。在中班“家乡美食”主题活动——“饺子馆”环境创设中，教师结合幼儿特点和生活经验，提供了包饺子流程图、不同角色的服装、职责示意图、饺子馆的店面形象、必要的活动材料等。幼儿在温馨的环境中有序工作，得到全面发展。

3. 基于主题活动下区域环境创设的价值

主题活动更注重幼儿动手能力的培养，区域活动就是一大特色。它是主题教学的一部分，幼儿的思考能力、动手能力都会得到提高，可能短时间内教育效果不是立竿见影，但有助于幼儿扩展知识面，获取书本以外的知识，促进全面发展。在中班“好玩的纸杯”主题活动中，教师进行环境创设，美工区投放成品或者半成品，有纸杯娃娃、可爱的动物造型、剪好的各种图形等；科学区投放实验卡片和操作步骤图、实验材料、记录卡；建构区投放大量纸杯、积木和辅助材料。活动中幼儿自主选择材料，通过动手动脑，实践操作完成了自己喜欢的作品。美工区的幼儿做出了动物一家表演故事“老鼠一家比赛跑”；科学区的幼儿用纸杯做基本材料尝试“打不湿的纸巾”“自制投影仪”和数字、图形游戏；建构区的幼儿完成了作品“我心中的城堡”。随着主题活动的深入，幼儿经过一段时间的交流合作，在活动中培养了善于思考、勤于动手的能力，获得了书本中学不到的知识。

（二）创设互动共享的活动空间

适宜的区域活动空间是根据各区域需要的空间大小及隐蔽、安静、开放等特点进行隔断划分的。在区域环境创设中，应尽可能地根据活动内容、活动形式进行分层思考，利用有限的空间环境，兼顾不同年龄段幼儿的不同兴趣爱好的需要，进行科学、合理、全面的划分，为幼儿专注而安静的工作提供环境支持。

1. 明确设置依据，创设班级区域

教师依据主题内容、教育目标，结合幼儿活动及发展需要，充分利用环境中的每一处有效空间，科学合理地设置活动区域，区域空间由封闭向开放转变。原来的区域布置是活动室的一角，现在充分利用玩具柜、纸箱、塑料桶、桌子等班级设施，考虑活动需要，把活动室划分为大小不一的围合、半围合区域活动空间，做到了动静相宜，可利用的有效空间得以扩展。

2. 树立共享理念，创设公共空间

近年来，区域活动领域也导入了一个新的概念，即“共享”。地域是公共的，它凸显的是空间的策略，强调的是空间的有效利用，而“享”则是享受，不仅仅是地域的共同拥有，更多的是时间、材料、计划及区域与区域之间的共享。因此，共享区域往往是在班与班之间相邻的空间或某一特定宽敞地点，为全园幼儿或某些班级幼儿设置的活动区域。我们幼儿园利用方便的地理位置，比如公共走廊、楼梯拐角间开辟了供小、中班幼儿活动的共享区域。区域依照幼儿的年龄特点设置，小、中班幼儿可以随时进入。同时，也有专门的小、中班全体幼儿按不同时段集体进入的时间。教师根据幼儿需要，灵活调整投放材料。区域不仅满足了幼儿活动的需要，而且也使小班与中班的幼儿扩大了交往范围，获得了相互分享经验的机会。共享区域突破了单一的空间共享，进入到空间、时间、规划与经验的共同分享。如在“我爱妈妈”主题活动中，表演区打破班级界限，共用化妆间，大家一起准备材料、道具，幼儿自由分配角色进行表演。在活动中，不同班级的幼儿通过互动达到了相互作用与经验共享。

共享区域突破了原有区域细分的空间局限，不仅扩大了幼儿的活动范围，丰富了他们的活动材料，而且由于大家要共同规划区域、设计活动内容、收集并投放区域材料而促进了幼儿之间的交往互动，幼儿与材料之间更好的相互作用，获得更好的发展。在开展“变废为宝”主题活动时，幼儿首先讨论怎样收集生活中的废旧物品，收集来的材料怎么整理，谁来管理，有了材料可以做什么等问题，然后设置了快乐收集站、管理员，结合主题内容需要设置了创意坊、建构区、表演区、益智区。幼儿在活动时共享材料，交流互动，最后举办“化装舞会”作为主题活动展示。

（三）让幼儿成为环境的主人

幼儿是活动的主体，在一个充满支持的生活和学习环境中，他们的兴趣需要被关注。他们用多种感官参与活动，用自己的方式获取经验。然而获取经验有赖于其主体性的发挥，教师要让幼儿成为环境的主人，体现环境育人的教育价值。

1. 认识幼儿特点，确定幼儿主体地位

在区域环境创设中，教师要转变传统的教育观念，从认为幼儿是被教育者的误区中走出来，尊重幼儿的主体地位，发挥幼儿的主体作用，调动幼儿的主动性和创造性。教师要有儿童本位的思想，在尊重儿童的基础上，站在儿童的立场，创设符合幼儿发展的区域环境，将环境创设的过程转化为幼儿主动学习探索的过程，让幼儿真正成为区域环境创设的主人。

2. 确立儿童立场，激发幼儿积极性

班级环境创设需要教师带领幼儿围绕主题进行思考，结合幼儿生活经验设计并生成有价值的问题，诱发幼儿对主题下的问题产生深度参与和探究的兴趣，让区域环境充分展示幼儿的所思、所想、所做，将区域环境创设的过程转化为幼儿主动学习、探究的过程，让幼儿真正成为主题活动区域环境创设的主人。老师的支持、引领通过区域环境来实现，发挥环境作为隐性课程的教育价值，让幼儿与环境交流互动，真正成为区域环境的设计者、拥有者，在环境创设过程中真正获得幸福成长。

（1）自主创设区域游戏环境。

我们在选择主题和创设区域环境时，充分考虑幼儿的兴趣点，通过观察、谈话、倾听、调查等方式与幼儿共同讨论，确定主题，让幼儿全程参与环境的创设。例如“庆元旦”主题活动，教师提出“元旦是怎么来的”“你们想怎么过元旦”等问题后，与幼儿展开了有价值的讨论。教师通过图片、PPT、手工成品和半成品、家长课堂的形式引导幼儿了解元旦知识，美工区通过剪窗花、做灯笼、制作贺卡等礼物，创设浓厚的节日氛围；建构区做了“节日（元旦）中的幼儿园”搭建计划；生活区开展包饺子活动，展现民间传统习俗；表演区的歌曲、舞蹈等节目为节日添上了浓浓喜庆。在整个过程中，幼儿把自己想说想做的充分展示出来，锻炼了想象力、创造力，获得了全面、自主、和谐发展。

（2）协同确定区域游戏规则。

俗话说："没有规矩，不成方圆。"合理的区域规则既是区域活动顺利开展的前提和保障，也能培养幼儿自律行为和社会责任感，促进幼儿的社会性发展。教师和幼儿共同探讨活动区的共性与不同，一起根据每个区的特点制定出各区常规。选用易于被幼儿理解、直观认识和操作的事物、符号用于规则的制定中。如用小脚丫做人数限制，用箭头做材料怎样取放、游戏从哪儿开始等操作提示，用照片或图片做剪刀正确使用、传递等温馨提示。各区域用生动形象、直观且富有教育意义的规则提示标志，帮助幼儿自主活动，养成良好的游戏习惯和规则意识。

（四）投放适宜的区域材料

区域材料是教师根据活动目标和幼儿需要，构思、设计、制作的各级操作材料。适宜的区域材料是富有教育内涵的，是需要幼儿动手操作、动脑思考才能完成相关操作的。不同发展水平的幼儿能在多层次、多种类、适宜的区域材料中满足自己的需求，在区域活动中富有成效地探索学习。

1. 投放适合幼儿发展水平的区域材料

活动区最重要的就是创设能鼓励幼儿自由选择、专注操作、深入探索的环境，根据幼儿的年龄特点，提供趣味性、层次性、有选择性、可操作性、多功能性的材料，更好地促进幼儿身心全面和谐发展。著名心理学家维果茨基提出，"儿童有两种发展水平：一是儿童的现有水平，即由一定的已经完成的发展系统所形成的儿童机能的发展水平；二是即将达到的发展水平。这两种水平之间的差异就是最近发展区。"

因此，教育不应只适应幼儿发展的现有水平，而应适应最近发展区，走在幼儿发展的前面。同样，活动区材料的投放也应如此。教师要考虑到材料投放怎么让儿童在最近发展区内跳一跳够得着，让不同发展水平的幼儿能在多层次、多种类的材料中找到满足其发展需要的活动材料。例如中班“家乡美食——包饺子”主题活动准备馅的环节，在切萝卜活动中，教师可以根据幼儿能力提供不同软硬度的萝卜或做不用切的要求，能力最弱的可以切蒸熟的萝卜，强点儿的切更硬点儿的萝卜；或者将硬萝卜切成薄厚不同的片或条。考虑儿童的水平差异，在儿童最近发展区内活动才能产生教育效果，儿童才能获得提高。

材料投放应尽量提供生活中真实的材料，不对儿童构成危险。生活即教育，材料是物化了的活动目标。教师要根据幼儿年龄特点和发展水平设计区域环境，对照《幼儿园教育指导纲要（试行）》《3—6 岁儿童学习与发展指南》五大领域目标和要求，制定区域层次目标。如在“好玩的纸”主题活动中，美工区剪纸工作的 3 种层次水平具体体现在：较低水平的目标是投放真实的剪刀，并让幼儿练习使用剪刀；中等水平的目标是让幼儿按照折痕使用剪刀，如剪房子；高水平的目标是让幼儿自己设计图案并练习自由剪。

2. 投放可逆性强的区域材料

可逆性材料一般指低结构材料，具有可重复使用性与可塑性。选择安全卫生的可逆性材料，能够帮助幼儿在反复操作、尝试探索过程中积累各种经验，开发智力，发展能力，同时使静态的材料随着幼儿的探索过程具有动态作用。教师要积极投放可逆性材料，为幼儿提供更多的探索空间、动手动脑机会。材料投放可以适当选配一些成品、半成品、废旧物品，使投放的操作材料具有可逆性，可以让幼儿在多个游戏中创造性地使用，适应幼儿不断提出的新要求与挑战。在环保主题活动中，师幼共同收集大小纸箱子、瓶瓶罐罐、手提袋等废旧物品，针对主题活动内容的需要选用材料。纸箱子可以满足不同的活动需要，在美工区进行涂鸦，制作美术创意作品，宣传主题教育内容；再投放到表演区做道具；建构区利用纸箱子进行搭建；平时可以用纸箱子做区角隔板，也可以做体育游戏材料；还可以根据活动需要进行以物代物，用箱子做烤箱、桌子，发挥幼儿想象力，让材料为主题活动开展服务。

区域活动环境为幼儿提供了一个“有准备的环境”，幼儿在这个相互联系的空间内，可以有更多与其他小伙伴交流的机会。幼儿之间通过交流沟通，不仅能在一定程度上了解彼此的想法，而且有利于培养他们的人际交往能力，发挥同伴之间互教互学的作用。教师在此过程中也可以通过适时引导，鼓励孩子勇于表达自己的想法，并有目的地培养幼儿的合作意识。

结语

主题活动与区域活动紧密联系，相互支持，犹如一个硬币的两个面，各有各的风景，却构成一个整体。我们探索主题活动背景下区域环境的创设，既有效提升了教师的专业能力，又为幼儿全面发展、健康成长提供了环境支持。

附录　教师访谈提纲

访谈日期：　年　月　日

访谈教师：

一、访谈活动介绍

您好！感谢您今天花费宝贵的时间接受我的访谈！今天访谈的主要目的是了解幼儿教师在进行主题活动背景下区域环境创设过程中遇到的困惑、难点或者探索出的方法等情况，以便为教师进行环境创设提供有效指导，为提高教师专业成长提供研究资料。为了便于整理访谈的资料，我会进行记录或录音，您谈到的所有内容我们会严格保密，感谢您的理解与支持！

二、正式访谈

1. 谈谈您对幼儿园主题活动的理解。

2. 您在开展主题活动时是以什么形式开展的，还可以采用什么形式？为什么？

3. 您认为主题活动与区域环境创设有联系吗？为什么？

4. 您是怎样进行区域空间划分的？

5. 您所在班级区域环境是如何创设的？依据是什么？

6. 您在区域材料投放时有哪些策略？您是怎样做的？

7. 您在班级区域环境创设过程中有何困难？

【导师点评】

该文章选取“幼儿园主题活动背景下区域环境创设策略”进行研究，在研究中发现教师组织开展主题活动时忽视了区域环境创设在教育活动中的作用，不能与主题活动有机结合。但是笔者通过研究发现，幼儿在主题活动区域环境中经验得到积累，能力得到提高，使主题活动依托创设的区域环境而顺利开展。笔者围绕主题活动背景下区域环境创设做了探索和实践，力争充分发挥区域环境在主题活动中的教育价值。选题具有现实意义。

文章框架较明晰，按照提出问题、分析问题和解决问题的思路组织文章，提出主题活动背景下区域环境创设存在的问题，即主题活动与区域环境脱节、区域活动空间相对孤立、幼儿不能成为环境的主人、区域材料投放不合理；接着提出造成这些问题的原因，即教师观念落后，读书学习少、教师专业知识匮乏、“儿童观”“儿童立场”没有落地以及教师缺乏对活动目标、幼儿发展水平和需要的了解；最后提出策略，即建立主题活动与区域环境之间的联系、创设互动共享的活动空间、让幼儿成为环境的主人以及投放适宜的区域材料。问题呈现以及原因分析、策略分析，逻辑性较强。

（点评导师：河北大学教育学院副教授赵娟）

幼儿园区域活动中
教师观察能力提升的探索

保定市涞源县第四幼儿园　马建玲

教育部2012年颁布的《幼儿园教师专业标准（试行）》中教师专业知识部分第三十条提出，教师应该掌握观察、谈话、记录等了解幼儿的基本方法；教师专业能力部分第四十九条提出，在教育活动中，观察幼儿，根据幼儿的表现和需要调整活动，给予适宜的指导。因此，教师在开展区域活动过程中，应掌握不同年龄幼儿的身心发展特点、规律，应了解幼儿的发展水平、速度与优势等，这些都依赖于教师的观察。

近年来，笔者所在幼儿园一直在进行区域活动有效开展的尝试，在学习和探索的过程中发现，教师的观察存在诸多问题，观察能力不足导致教师在区域活动中对幼儿活动缺乏有效支持。鉴于此，我们在如何提升教师在区域活动的观察能力方面做了一些探索和尝试。

一、教师观察能力存在的问题及原因分析

幼儿教师在区域活动开展中所表现出的观察能力是幼儿教师专业素养的体现，对幼儿的全面发展及学前教育质量的提高有着重要影响。

笔者所在幼儿园是一所山城幼儿园，位于县城中心，教师编制不足，在编教师多为中小学转岗教师且年龄偏大，专业知识和专业能力

非常欠缺；2/3 的教师为自聘教师，稳定性差，学习动力不足。

园内教师观察能力参差不齐，区域活动中的观察能力存在以下问题。

（一）观察理论与实践缺乏

观察的重要性已被教师所认识，但还是会觉得无从下手，不清楚观察什么，对资料的记录不知道如何分析，这源于教师对观察的相关理论缺乏了解。

什么是观察？观察谁？怎样观察？这三个问题是教师观察能力提升的基本点。笔者所在园教师主观上学习内驱力不足，意识不到学习的重要性，客观上工作量大、任务多，教师没有精力和时间阅览幼教专业书籍，长时间理论水平停滞不前，对新知识接触甚少，没有理论支撑，不能达到学习应用于实践、形成经验总结的目的。

（二）观察目标和方法缺失

教师在区域活动中的观察是盲目的，对于幼儿的活动属于放任自流式管理，幼儿进区后教师只关注幼儿安全问题，不清楚每个幼儿做了什么工作，使用了哪些活动材料，幼儿间是如何相互交流的，每天活动后的观察记录或者是流水账式记录，或者是空洞无物的句子累积，缺乏观察目标和具体方法。

（三）分析和判断能力缺失

在活动开展过程中，教师只了解幼儿在做什么，不了解为什么会有这样的行为，即对幼儿年龄特点、发展水平没有准确地把握，不能更好地支持儿童的自主性区域活动。

（四）材料分层投放能力缺失

区域材料是区域活动的重要组成部分，是“有准备的环境”中的重要因素。班级区域材料投放存在诸多不合理：班级材料投放目的不明确，一些教师仅关注材料数量的达标而不关心材料的质量，材料的可操作性差。

在区域环境评比中，某中班的益智区材料全部是插塑性玩具，颜色全部为鲜艳的红、黄、蓝、绿，只是在形状上有一些分类，没有功能的明显区分，没有难度层次的分层投放。

一些区域投放的材料过于随意，存在很大的盲目性，缺乏层次性。区域活动材料是否满足幼儿游戏兴趣，能否满足不同发展层次幼儿需求，教师不能准确观察分析。

某小班幼儿的美工区材料单一，幼儿没有自主选择材料的空间。在晨间区域活动时，美工区的 4 个小朋友都在用几何图形嵌板拓印，然后在图形内涂色。小班幼儿喜欢涂涂画画，但是没有趣味的几何图形是孩子们感兴趣的吗？教师没有及时关注幼儿的兴趣点，主观投放活动材料是我们需要解决的重要问题。

美工活动内容形式多样，教师在区域观察时没有关注到不同发展水平幼儿的能力需求，不能及时引导幼儿选择不同材料自主表现，从而不能有效发挥区域活动材料的教育价值。

（五）支持策略不当或缺失

在区域活动中孩子的探索学习需要得到老师的支持、帮助，很多教师在区域活动观察不足：对某一幼儿观察时长不够，观察角度不全面；对小组活动中全组幼儿的活动计划不了解，活动过程不参与，活动中遇到的困难不清楚等，导致对幼儿行为分析不当，从而不能掌握介入时机与介入方法，最终表现为对幼儿活动支持策略不当或缺失。

二、区域活动中教师观察能力提升的策略实施

（一）明确观察意义，达成理念共识

1. 促进教师专业成长

幼儿园教师专业成长是一个动态的发展过程，教师要不断掌握幼儿教育专业知识和技能，提高教师专业能力，而观察能力是教师支持引导幼儿游戏的前提，也是教师扎实教育工作的基本功。《幼儿园教育

指导纲要（试行）》第三部分明确提出："关注幼儿在活动中的表现和反应，敏感地察觉他们的需要，及时以适当的方式应答，形成合作探究式的师幼互动。"① 可见，观察能力是教师岗位核心能力之一，是教师专业发展中必须具有并不断提升的重要专业能力。

2. 引导幼儿进行深度学习

教师通过在区域活动中的充分观察，对幼儿活动进行正确的判断，进而有的放矢地进行引导，帮助幼儿获得各种能力的发展。提升教师观察能力将有助于教师更加关注幼儿、追随幼儿，在游戏过程中给予幼儿以最有效的帮助，支持其进行深度学习。

（二）学研训三结合，提高观察能力

1. 学习观察理论，了解观察方法

我们首先选择理论学习，通过收集资料、查找信息、交流探讨，以先进的理论来引领教师的发展。知道什么是观察力、如何进行教育观察、教育观察的方法有哪些等相关知识，第一步就需要教师进行自主学习，通过查阅文献、网络搜索初步了解关于教师观察的知识。随后，我们认真组织教师学习有关教师观察能力提升的目的、意义、任务、要求、方法以及相关理论，多次采取"分层次、分渠道、由点到面、由面到点"的方式进行培训。

2. 研讨观察技能，进行实践实操

教研活动中，集中讨论教师在运用过程中出现的情况，大家共同研究适用于大多数幼儿的观察方法，进行推广普及。通过相互观摩研讨，取长补短，学习别人亮点的同时又能积极反思和改进自己的工作，指导教师撰写观察案例、经验及体会，并开展园内的评比。教师从起初的"聆听"研讨到现在的深度"参与"，直接转换了身份，教师主动

---

① 中华人民共和国教育部. 幼儿园教育指导纲要（试行）[M]. 北京：北京师范大学出版社，2001：10.

学习、互相学习、共享集体智慧。

图 27 涞源县第四幼儿园教研活动

3. 组织多元培训，提高观察水平

进行园本培训，进一步帮助教师明确如何进行教育观察，先后多次派课题组成员外出学习。中国大学 MOOC（慕课）培训课程学前教育科学研究方法第四章教育观察法对教师观察做了明确指导，我园组织教师进行了网络学习，明确了教育观察法的实施步骤、要求，并积极应用在教学活动中。加入保定市贫困县张春炬园长工作室，外出参观学习，了解先进的教育理念，树立正确的儿童观和学前教育观。从儿童学习与发展的角度去重视区域活动的质量，持续、有效地提升教师的观察能力。

（三）基于园本状况，提出观察要求

作为一所公办园，我园在园幼儿相对较多，班容量偏大，活动室相对较小。幼儿区域活动随意性强，没有目标指向性，教师观察水平欠缺。基于这些基本情况，管理者积极总结并梳理教师在区域活动中观察的方法，形成行之有效的操作原则，作为对教师开展区域活动观察的支架性基本要求。

1. 全面观察与重点观察相结合

全面观察是区域活动时教师观察各区域活动进展情况，幼儿有没有“偏区”现象，提供的材料是否得到幼儿的喜欢，了解当前幼儿已有的经验是什么，观察幼儿对什么感兴趣，并考虑在哪方面给予帮助。重点观察需要教师对某一区域进行仔细观察，了解幼儿的操作程度如何，材料是否要更换调整。①

如中班区域活动时间，老师发现“宝贝理发店”人员爆满，孩子们玩儿得热火朝天，而“理发店”隔壁的“服装店”里只有欣欣在无聊地观望，她在扮演服务员，却没有顾客。于是，老师走进理发店，对正在做头发的小雨说：“你的发型可真不错，如果再配上一件漂亮的裙子就更好了！”小雨的眼睛立马亮了，对身边的菲菲说：“咱们去服装店看看吧！”菲菲欣然接受。于是两人手拉手来到服装店，欣欣马上热情地为他们介绍服装、价钱，几个人在你一言、我一语聊衣服的款式，并且讨价还价，“服装店”马上热闹起来……在这个过程中，教师及时观察到区域活动中的整体情况，又关注到个别幼儿，同时，通过有效介入使区域之间产生了互动。

2. 预设观察和生成观察相结合

在区角活动中，老师的预设活动是建立在幼儿的生活经验和学习兴趣基础上的，丰富的环境、多变的组织形式会焕发幼儿的学习热情，

---

① 郭碧云，张玲歌. 浅谈区域活动的有效介入［J］. 读与写，2016，13（1）：362.

满足他们的情感需要。教师预设观察是教师基于对幼儿生活、学习经验的了解基础上进行的观察，教师根据教育目标、幼儿的兴趣、学习需要以及已有经验展开观察活动。但是，区域活动对幼儿来说是一种自由活动，自己决定玩什么就怎样玩，他们还会发现问题、出现新的活动内容，这时教师应及时捕捉到来自孩子的信息，在观察过程中进行有效的动态性调整，以引导幼儿生动、活泼、主动地活动，并及时调整观察内容及方法，使他们在活动中的自主性显著提高。预设观察和生成观察同等重要，只有二者结合、随机调整才是有效的观察。

在主题活动“伞花朵朵开”中，美工区老师投放了绘制上花纹的材料，孩子们在活动中是那么专注，美丽的花伞诞生了。渐渐地，孩子们便出现了这样的行为：把装饰好的图案折成小花篮，当观察到这个现象后，老师及时充实了很多材料，如可以做花的皱纹纸、吸管等，孩子们欢呼雀跃，积极地与材料有效互动，美丽的花篮中又盛满了漂亮的鲜花，生成的活动使孩子们的游戏兴趣得到了进一步的满足。老师及时发现幼儿的问题和需要，帮助幼儿增添活动内容，激发了幼儿的兴趣，丰富了幼儿的经验。教师要善于发现幼儿感兴趣的事物、游戏和偶发事件中所隐含的教育价值，把握时机，随机指导。

（四）研讨达成共识，确定观察步骤

在一次次学习、实践及研讨活动中，我们不断讨论方法，最终确立了观察的步骤：第一，观察什么？第二，什么时候观察？第三，采用何种观察方法？第四，如何分析观察资料？观察为教师反思提供了生动而真实的资料，是有效反思的基础。

第一步，观察什么？首先确定观察目标——活动中某一个小朋友的活动表现。如进行区域活动时幼儿甲选择了生活区舀的工作，一个小朋友坐下来开始操作。工作材料有：一个放着豆子（大蚕豆、黄豆、红豆）的小碗，一把木制的小勺子，一个空碗。幼儿在游戏时用小勺子把碗里的豆类舀到另一个空碗里，最后剩下几颗小的豆子用手抓过去，然后再反过来往回舀。木质小勺特别平，舀豆子的时候很容易洒出来。过了一会儿，幼儿甲就开始东张西望。

图 28　区域观察：豆子游戏

第二步，什么时候观察？对幼儿甲的观察每 5 分钟内观察 30 秒，当该幼儿对其选择的舀豆子的工作失去兴趣后，教师适时介入，把舀豆子的游戏换成捏豆子并进行分类，幼儿对这一游戏充满兴趣，专注力得到充分锻炼。

第三步，采用何种观察方法？对幼儿甲的观察采用定时跟踪观察的方法。在一次活动后，教师对其活动表现做出充分肯定，鼓励在今后也要认真做好每一件事，之后每天区域活动定时对其进行观察，该幼儿每次都能选择一项工作且安静地自主操作，幼儿的自我控制能力得到发展。

第四步，如何分析观察资料？在对每个幼儿现阶段的发展水平、个性发展需要、兴趣点进行充分了解的基础上，按照观察步骤进行观察，对每个幼儿的区域活动计划表进行汇总分析，对每位幼儿建立区域活动档案，观察的内容包括幼儿是否对区域内的活动材料感兴趣，是否能长时间专注于某一项活动，在活动区内与同伴如何交往，应用近期接触到的知识关注全体幼儿发展，对有特殊需求的幼儿适时地给予帮助，为孩子们的学习提供支持。①

表8　幼儿区域活动计划表

年　月　日

<table>
<tr><td rowspan="2">区域计划</td><td>选区：构建区</td></tr>
<tr><td>做什么
两个小朋友选择插塑玩具，拼插男孩子喜欢的枪支，三个小朋友选择了积木，搭建城堡</td></tr>
<tr><td rowspan="2">区域工作</td><td>做了什么
来园后，小朋友们各自进区，第一位小朋友用手指型插塑玩具拼插了一把很大的枪支，紧接着后面的三位小朋友用积木不断往高里搭建城堡，最后一位小朋友选了另一种插塑玩具拼插枪支</td></tr>
<tr><td>心情怎样
孩子们在进区后都能愉快地和同伴打招呼，在用同一种材料时能相互商量，心情愉悦</td></tr>
</table>

表9　幼儿区域活动分析

<table>
<tr><td>班级</td><td>中三班</td><td>幼儿姓名</td><td>果果</td></tr>
<tr><td>选择区域活动情况（一月内选择区域活动内容情况）</td><td colspan="3">语言区：2 次　美工区：3 次
角色区：1 次　建构区：5 次
益智区：7 次</td></tr>
</table>

① 刘焱．幼儿园游戏与指导［M］．北京：高等教育出版社，2012：296-297．

续表

能力发展水平分析	幼儿的动手操作能力很强，对老师投放的益智材料很感兴趣，愿意不断地尝试，能在操作中体验到成功的乐趣。不喜欢与小伙伴玩角色扮演的游戏，与他人交往沟通的能力需要引导

三、区域活动中教师观察能力实践探索效果

通过一系列的实践探索，教师们正在用科学的观察态度去深层了解、研读幼儿，教师们看到了自信、有能力的幼儿，幼儿的求知欲和创造性得到了极大地发挥。具体成效如下。

（一）教师观察有的放矢

经过幼儿园反复教研，总结经验，应用于教学活动实践，教师在实际工作中逐步了解应该从哪些方面观察幼儿，采用哪些方法观察幼儿活动，在区域活动中根据观察到的幼儿的需要，合理投放活动材料，满足幼儿学习游戏的需要。

1. 观察计划反映出观察的针对性

经过实践，教师不再盲目地观察指导，明确观察目标、观察对象，选择恰当观察方法、手段，根据观察到的实际情况，对幼儿行为做出分析，在下一步的活动中有针对性地做观察计划，促进幼儿的发展。以教师观察记录表的制定为例，可以看出教师观察能力的提升。

从前后两个区域观察记录表可以看出：第一，关注各年龄段发展水平及幼儿现有知识经验和技能的不同，观察的目标更加清晰；第二，观察对象更具体明确，由关注某一个区角转变为某一个幼儿；第三，“教师介入及策略”体现教师在活动观察中预设观察和生成观察结合的意识及观察方法的运用。

表 10　区域活动观察记录表（2018 年）

活动时间	星期二	活动地点	大一班活动室
观察区域	科学区	观察教师	任晓旭
活动实录	思源和多多两位小朋友在科学区选择了钟表的游戏，活动材料是纸质钟表，孩子们只是在随意操作		
调整策略	把纸质钟表换成生活中用的钟表，更贴近生活，幼儿动手操作可以清楚地看到表针的工作		

表 11　区域活动观察记录表（2020 年）

班级	中四班	观察时间	8:00—8:30
观察对象	沂霖、朵朵	所在区域	美工区
记录人	贾飞鹃		
观察情况描述	在美工区，两位小朋友选择了彩色曲别针的游戏，两个孩子把曲别针连在一起，朵朵在连起来的时候注意到了颜色搭配，最后孩子们把连成一圈的曲别针戴在了头上，自己做的头饰让孩子们很开心		
评价与分析	幼儿具有很强的动手操作能力和丰富的想象力，教师观察到幼儿的排序行为并适时加以引导		
教师介入与策略	语言引导：你们做的这是什么？哪个更好看？		
改进措施及目标	投放一定数量的两种颜色的曲别针、颜色控制序列卡，感受不同的规律排序		

2. 适宜的支持体现教师分析幼儿水平

教师观察记录主观性的内容变少了，大家能够从第三人称的角度去观察、记录幼儿活动，结合具体实例，详细分析幼儿活动中展现的状态，反思自己的教学行为，改进自己的教学方法，更好地为幼儿提供帮助与支持。例如，表 8 是中班教师在科学区游戏“摇摇乐”的观察中分阶段对幼儿的活动进行的分析描述。

表 12　科学区分阶段观察分析与描述

师幼行动分析 游戏阶段	第一阶段	第二阶段	第三阶段	第四阶段
教师材料投放及调整	选择白、黄两种颜色，大小相同的球，在容器底部画上了幼儿感兴趣的小动物形象，创设喂食小动物的情境，充分激发幼儿的选择欲望	在材料中加入了一颗不能掉进嘴巴的大球	容器底部增加了大小不同的洞；增加了大小不同、颜色不同的球	材料的更换——在容器底部增加了障碍
幼儿活动分析	幼儿通过直接感知、实际操作亲身体验球容易滚动的特征，兴趣浓厚	观察能力：自主发现了一颗大球。 解决问题的能力：发现大球堵住了小动物的嘴巴，先尝试球能不能从嘴巴按下去，失败后直接把球拿下去。 平衡能力：幼儿通过反复操作，平衡能力和手眼协调能力得到了发展	幼儿能力发展与学习品质养成，动手操作能力得到提升。 解决问题能力进一步增强，主要体现在拿到材料后先用比较大的球挡住小洞，再用两只手挡住较大的洞，不让球落下。 基于幼儿对材料的兴趣和成功的体验，当幼儿在遇到更大的困难时，不怕困难，敢于探究和尝试的学习品质逐步养成	能力发展：幼儿在反复操作中，手部小肌肉得到充分锻炼，平衡力得到进一步发展，手眼协调能力得到增强。 学习品质：在活动中，幼儿克服困难、认真专注、勇于坚持等良好学习品质逐步养成

（二）有效观察促动教师反思

当反思成为教师的一种工作习惯，教师就能够发现活动中观察到的问题，并分析出一些问题的原因。教师的记录中包含了教师对幼儿发展的分析，对一个失败的教育活动的认真探讨。

以下是一位老师的案例描述与分析。今天在建构区活动的有屹硕、晨晨等 6 位小朋友，他们进区后晨晨说："今天我们搭建一个城墙，来玩野战游戏吧。"洋洋说："好呀，我给大家插枪支，我能做好几种枪。"屹硕说："我和浩浩搬积木搭建城墙。"乐乐问："野战游戏还需要有车，有运输车，还有坦克，谁来和我一起搭建?"小明说："咱们俩一起吧。"小天说："我也要搭建汽车。"商议结束后，大家各自选择积木与插塑玩具开始建构，搭城墙的 3 个小朋友都来回搬运木制积木，结果掉了一地，其他小朋友走动时总是相互碰撞，没有人理会地上的积木。洋洋在一次取插塑的时候差点儿被积木绊倒。小天说："哎呀，地上的积木太乱了，不小心踩到会摔跤的，你们能不能把积木往边上收收?"屹硕他们赶紧把积木往一边推了推，给大家留出了一条路。大家热火朝天地忙了半天，终于都有了各自的成果，洋洋说："我给大家每人做了一把枪，你们看都是什么枪?"大家看到各式各样的枪，都齐声夸赞："哇！好漂亮啊！洋洋你真厉害!"这时乐乐看着城墙说："你们的城墙缺那个小洞，就是可以往外看的。"大家看了看说："是哦!"于是大家一起动手，小心翼翼地取出几块砖，留下几个瞭望孔。"哇！这辆坦克好威风啊!""乐乐真牛!"大家欣赏了一番，然后分组，开始游戏。大家在自己建造的乐园里嬉戏玩耍起来。

在游戏中，大班幼儿有了分工合作能力，能力比较强的晨晨在游戏中起了主导作用，在搭建过程中幼儿自主发现了同伴的不当行为，并能主动提醒，有问题的小朋友虚心接受建议并及时改正。在取得成果后，大班幼儿能够相互欣赏、赞美，具有自我认同感和社会认同感，是幼儿社会性日益成熟的表现。

这些内容表明，教师已经能从一个简单的活动中将自己认为有价值的内容提炼出来，作为研究讨论和反思的议题，反思能力有了很大

图 29 建构区域自由搭建

的提高。

（三）观察能力提高促进评价水平提升

在教师创设的宽松、丰富的区域活动中，幼儿学会了自主选择、自我服务，与他人友好相处，知道了遇到问题该如何自我解决，如何寻求他人帮助。

大班科学探究区，兰兰和芳芳正在比赛旋转陀螺，突然，兰兰发现自己的陀螺转起来中间有一个黑色的圆圈，于是激动地告诉芳芳："快看，我的陀螺中间有一个圈！"芳芳也很感兴趣，于是两人的兴趣由比赛转移到了那个圈上，两个人把陀螺拿在手上进行比较，原来兰兰的陀螺表面有一个黑色的小点。她俩异常兴奋，不停地转。这时，老师走过来给她们递过几只彩笔，告诉她们："你们一定还会有更有趣的发现！试一试，把你们的发现记下来，告诉其他小朋友吧！"随后，她们在陀螺的不同位置又点上了不同颜色的点，继续旋转，玩得十分开心。但是随后的记录环节出现了困难，芳芳向李亮求助，帮助她们做记录，3 个人分工合作：一个画点、一个旋转、一个记录，玩儿得不亦乐乎。一会儿，又有两个小朋友加入，兰兰和芳芳兴奋地拿着记录向小伙伴们讲述他们的发现……

教师对幼儿表现进行分析后给予幼儿有效的指导，幼儿专注于自己的活动，自主学习能力快速提高，良好的学习品质逐渐形成。

幼儿教师的区域活动观察能力需要培养，更需要实践锻炼。教师观察需要有耐心、细心和恒心。因此，是否坚持观察是衡量教师专业水平的重要尺度。专业成长是永无止境的，教师要做一个善于观察、善于学习的人，只要自己用心学习，用爱陪伴，及时反思，就一定会成长为一名专业化的优秀幼儿教师。

【导师点评】

文章总结了作者所在园进行的区域活动中教师观察能力提升的探索与实践。他们的探索始于幼儿园实际存在的问题，通过梳理与分析区域活动现状找到问题的根源在于教师观察能力不给力，于是聚焦教师观察能力提升作为实践的着眼点。在这一过程中，园所运用了促动性的引领，辅以支架式策略，通过常态区域活动及持续不断的教研带动，引发了教师理论学习与探索实践的积极性，最终达成了教师制订观察计划有目的，观察记录能发现幼儿有意义的学习，活动时能适时介入和指导，活动后能做出有意义的评价，支持了幼儿在区域活动中游戏的深度与经验的获得。同时我们还看到，随着观察能力的提升，教师的职业幸福感不断增强，专业化水平有了长足的进步。

（点评导师：保定幼儿师范高等专科学校教授王惠然）

课程游戏化背景下幼儿园环境创设的探索

——以顺平县幼儿园为例

保定市顺平县幼儿园　翟建贤

在课程游戏化的学习和实施过程中，我们越来越深刻地领悟到环境在教育中的作用，幼儿园的教育就是创造并设计基于教育内容的环境教育，让幼儿通过与环境的作用充分发挥自主性，展开生活，从而促进幼儿向期望的方向发展。①

一、幼儿园课程游戏化的实施与环境创设现状

"环境是重要的教育资源，应通过环境的创设和利用，有效地促进幼儿的发展。"② 为此，我们对相关情况进行了摸底调查。

（一）教师对幼儿园环境重要性有较深刻认知

为了更好地了解教师对环境在教育中发挥的作用的认识及观点，我们制定了关于幼儿园环境的调查问卷，同时也制定了访谈提纲，和教师进行谈话。

---

① 沈美芳. 小议幼儿园课程游戏化建设下的环境创设 [J]. 作文成功之路（小学版），2017（6）：45.

② 中华人民共和国教育部. 幼儿园教育指导纲要（试行）[M]. 北京：北京师范大学出版社，2001：9.

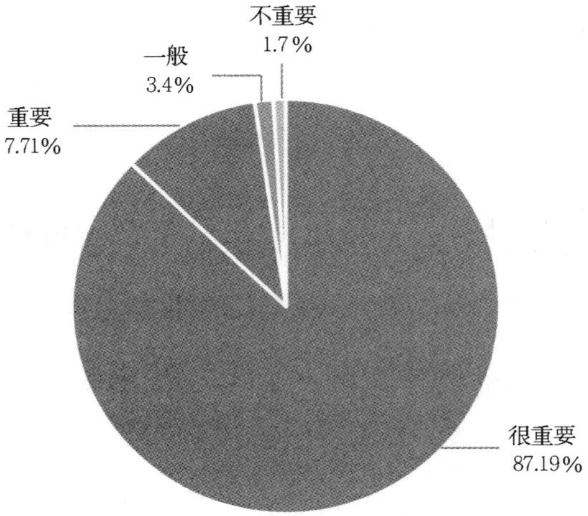

图 30　环境创设对幼儿发展的重要性

教师调查问卷有 58 名教师参与，87.19%的教师认为环境创设对幼儿发展很重要，在所选项中占比最高，说明教师对于环境的重要性有较深刻的认识。

在对“都说环境是孩子的第三任老师，您对幼儿园环境教育是如何认识的”这一问题进行访谈时发现，大多数教师认为环境对于幼儿的发展非常重要，同时由于幼儿园目前环境长时间没有大的变化，希望环境有所改进。

A 老师：“我认为环境非常重要，孩子到幼儿园来是学习的，也是和小伙伴一起玩儿的，我们必须准备充足的材料和设施，让孩子去学习，但是我们幼儿园目前的活动材料有些单一，幼儿园只有为孩子准备好更多的材料和有意义的环境，才有利于孩子的发展。”

B 老师：“环境教育太重要了，比如我们的主题墙孩子们很关注，通过和主题墙的互动，孩子们学习了很多东西，我希望可以有更多的环境可以让孩子去参与互动。”

C老师："我觉得幼儿园环境就和家里一样，让孩子感到温馨、安全，这样孩子才能自由放松地学习。"

从问卷和访谈中我们可以发现，大多数教师认为环境在幼儿园教育和幼儿的发展中发挥着重要的作用，是幼儿园教育过程中的重要资源，通过对幼儿园环境的有效利用，可以最大限度地促进幼儿的身心发展。幼儿园的空间环境、活动设施等对幼儿的探索活动有着明显的推动作用。

（二）教师对课程游戏化的认知不足

在与教师就"你对幼儿园课程游戏化有多少了解，阻碍课程游戏化进展的因素有哪些"这一问题进行访谈时发现，教师对于课程游戏化的了解还是比较浅显。

D老师："让孩子多做游戏，课程中有游戏，游戏中开展课程，但是开展中我们还是比较困惑，一方面是空间小，孩子多；另一方面是如何让孩子持续有兴趣是我们欠缺的地方。"

E老师："听说过课程游戏化这个概念，但是没有很深刻地去理解，我觉得应该是以游戏为主要活动方式去组织活动，在教学中用游戏的方式去教孩子，另外就是让孩子多做游戏。我觉得幼儿园很多年没有大的变化了，是不是应该在布局上有所更改，再就是多投放一些游戏材料?"

F老师："我觉得在幼儿的一日活动中应该是以游戏为主线，但是我们的集体教育活动时间很多，区域互动开展得很少，我觉得还是理念的问题，我们老师参加培训、学习的机会比较少，老师也较少进行自主学习，需要一些具体的指导办法。"

从以上谈话中我们发现，教师对于课程游戏化的认知大多停留在以游戏的方式去教学，多让幼儿做游戏，没有认识到游戏活动是幼儿的学习方式也是重要的心理特征之一，它是儿童的工作，也是儿童的生命，应该让游戏和游戏精神贯穿幼儿一日活动。并且，大部分教师能意识到环境创设是课程游戏化有效实施的重要途径之一，但是由于目前幼儿园的环境制约，不能有效的开展游戏活动。

二、课程游戏化开展中幼儿园环境存在的问题

通过与幼儿园中层领导、教师的访谈与实地查看我们了解到，2011 年迁园后幼儿园没有大的布局改善，建设布局的不合理导致活动面积有效使用率低，幼儿游戏活动的场地匮乏，幼儿园活动开展以集体教学为主，游戏活动较少。

（一）幼儿园整体环境建设缺乏游戏活动开展的条件

1. 室内整体布局不合理，限制游戏场地的开辟

（1）活动室内格局老旧。

每个班有 5 个门，一个班级因为 5 扇门被分割成了相对独立的 4 个空间，由于空间视线的阻碍，没有一个开放的游戏空间。为了幼儿的安全与教师的有效指导，幼儿平时基本都在活动室内进行活动，寝室和室内走廊没有利用起来。活动室和寝室的窗户前是距离窗台 20 厘米的落地护栏，不能利用窗前空间有效设置活动区域。

（2）室内公共区域未发挥教育功能。

进教学楼是一小一大两个门厅，两个厅之间有一扇门，这扇门将两个厅分割成两个独立空间，由于面积有限，都不能独立开展游戏活动，两个门厅就是一个大走廊。

2. 室内外空间利用不合理，幼儿游戏活动的场地少

（1）户外缺乏支撑幼儿探索游戏的区域。

除了幼儿早操和一般体育活动外，支持幼儿探索性游戏的空间和

场地几乎没有，各个区域功能单一，配套设施不完备；缺乏一些自然生态化和具有挑战性的区域设置；后院种植区形同虚设，较少有幼儿参与管理。

（2）室内游戏区域少，不能真正开展区域活动。

每个班级活动室和寝室面积均为约50平方米，幼儿平时在50平方米活动室里开展集体教育活动、游戏活动，而50平方米的寝室仅仅具有午睡的功能，幼儿床全部平放占满整个活动室，空间不能有效利用，导致班级开设活动区的空间不足，室内环境区域划分不合理，游戏活动未有效开展。

室内公共区域缺少教育功能，功能室数量严重不足。100平方米的入户大厅除了有一个走廊的作用外，未被有效开发利用为幼儿的游戏区域；公共功能室太少且不能有效利用，只有一间舞蹈教室、一间积木活动室；东边几间平房由于面积较小已经被当作库房；中层及后勤人员办公室每间两人，办公区域面积太大。

（二）游戏材料单一，不足以支持开展探究游戏活动

1. 高结构室外游戏活动材料

户外有一组大型滑梯玩具、一个攀爬网、一个沙坑、一个戏水池和一些运动材料包，大部分为高结构的商品游戏材料，缺少支持幼儿进行多类型的游戏和探究活动的低结构游戏材料。比如，沙水区给幼儿提供的各类辅助工具不足，幼儿玩法单一，缺乏探索性；建构区只有一些购置的室外积木，品种少；购买的运动器械都是一些锻炼钻爬跳类的，缺乏跳绳、皮筋等有利于幼儿自主游戏的材料，且都存放在离活动场地较远的室内。后院种植区没有提供幼儿进行科学探究活动用的放大镜、尺子等观察类工具，也没有方便幼儿使用的种植工具等，幼儿在游戏或者户外活动时在材料的选择和取放上不能充分发挥主动性和创造性。

2. 室内游戏材料不足，幼儿没有选择使用自主性

由于室内区域划分单一且区域材料常年没有更新，一些购买的成品的区域活动材料没有自然元素和生活元素的构成，幼儿只能在指定的区域玩指定的玩具，幼儿选择游戏材料的机会仅限于可以玩哪个，而不是“我想玩什么，我需要玩什么玩具”。

（三）环境创设教师包办，忽略幼儿过程性的参与

创设环境时注重成人的提供，忽略幼儿的介入参与，没有考虑幼儿的建议及感受，没有从幼儿的兴趣出发，因此造成教师设想计划多，幼儿设想计划少，纯粹追求环境布置的结果，没有真正让幼儿参与到幼儿园的环境创设中来。老师们过度“保护”幼儿，担心幼儿做一些活动遇见危险，也总认为幼儿做不到，所以总是把本应当幼儿做的事情全部代劳了。

三、产生环境不能支持课程游戏化实施的原因

通过多方调研与实地查看，我们认真总结了幼儿园存在的上述问题，并进行了深刻的反思，发现产生以上现象的原因主要有以下几点。

（一）领导层思想观念落后，创新意识差

领导班子基于本园实际的学习主动性、自觉性不高，外出参观相对较少等问题，没能很好地开展园本教研活动，创新意识和能力不足，在对教师的引领上还是侧重于以前的教学模式，只求稳，不求变。在幼教发展日新月异的今天，落后的思想观念已经跟不上幼教发展的脚步。

（二）教师外出培训少，工作缺乏专业性和方向性

教师除了参加国培和园内组织的培训外，几乎没有外出参观活动。没有深入理解《幼儿园教育指导纲要（试行）》（以下简称《纲要》）、《3—6 岁儿童学习与发展指南》（以下简称《指南》）的理论精神，不能熟知 3—6 幼儿的身心发展特点和行为表现等。教师的工作缺乏专业

性和方向性，班级之间、教师之间互相模仿，思想守旧，缺乏创新。

（三）幼儿园课程游戏化建设不足

《指南》明确指出，在幼儿园教育过程中，需要将游戏作为幼儿园活动的基本思想，同时，明确了游戏在幼儿园教育中的重要地位。但是由于历史和客观环境的制约，教师习惯了传统填鸭式的教学方式，没有真正认识到幼儿的学习方式是感知、体验和操作，幼儿园课程基本是按幼儿园活动材料去组织，但是这些活动材料都是预设的、统一的，教师没有意识到基于幼儿兴趣出发点去选择活动内容，没有意识到游戏化教学方式才是幼儿园教育的主流。另外，幼儿园游戏环境布置没有意识到充足的游戏时间、丰富的游戏设施和开阔的游戏空间对幼儿教育的重要意义，严重制约了游戏教学活动的开展。

四、课程游戏化背景下环境创设改进策略

“站在质量的高度去考虑，站在儿童获得完整经验的角度去考虑，站在儿童身心发展规律和学习特点的角度去考虑”[①]，课程游戏化就是让幼儿园课程更贴近生活，更生动一些，更有趣一点，活动形式更多样化一点。创设良好的环境，可以为儿童提供深度参与游戏的机会，环境是“游戏的背景，也为游戏提供了内容、背景和意义”[②]。

（一）改变教师观念，提升教师专业能力

1. 加强学习，转变观念

幼儿园要实现课程游戏化，教师思想观念的转变尤为重要。教师首先要领会游戏的内涵和精神，应以《纲要》和《指南》作为总体背景，清晰认识到幼儿园课程与游戏两者之间的关系。游戏是课程的内

---

① 虞永平. 课程游戏化只为更贴近儿童心灵 [J]. 幼儿教育，2015 (9)：46.

② 布拉德. 0—8 岁儿童学习环境创设：第 3 版 [M]. 陈妃燕，彭楚芸，译. 南京：南京师范大学出版社，2020：3.

容，更是实施课程的途径。要做到这一点，首先要加强学习和培训，定期开展教研活动引领全体教师思想观念的转变。组织教师外出参观学习，同时组织教师到优秀园所跟岗学习，更直观地看到游戏化教学的实施和优秀园所的环境创设等，吸取好的经验和方法并应用到实践。

3. 生活教育，支撑游戏

“教育的美妙境界——有心而无痕”[①]，教育源于生活，课程也应源于生活。而儿童的生活是具有游戏意味的，是充满了游戏的，儿童具有将生活渗入游戏的强大能力。因而，幼儿园课程的生活化和游戏化是相互统一的。[②]

4. 日常主题活动衍生新游戏

教师善于抓住契机，实现主题活动和角色游戏的有机融合。在实施主题活动时，要着力围绕幼儿感兴趣的内容，以角色游戏为载体，引导幼儿将主题活动中获得的经验运用到游戏中，发挥自己的想象力，丰富游戏内容。

（二）调整区域环境，突出游戏化主题

通过发放调查问卷、和儿童谈话、与教师座谈以及查阅资料和反复研讨，我们生成了一套有利于开展游戏教学的改进方案，并利用假期对幼儿园室内整体布局、环境创设、户外游戏区域等做了很大的调整。

1. 调整布局，扩大游戏区域

（1）打破区域界限，开放活动空间。

活动室的门拆除加宽，活动室和寝室、衣帽间为一个开放互通的整体，幼儿可以在3个场地自由选择游戏；进楼的两个厅之间的门拆除，现在两个厅相对独立但是又相互贯穿，可以供一个班的幼儿同时

---

① 孟瑾．“生活化、游戏化”幼儿园课程［M］．南京：南京师范大学出版社，2019：79.

② 虞永平．再谈幼儿园课程的生活化和游戏化［J］．幼儿教育，2022（7/8）：4-9.

图 31　改造后的幼儿园大厅

在大厅里的 3 个区域进行游戏活动。

（2）充分利用地面、墙面、柜面增设开拓游戏活动的空间。

大厅和楼道铺设地胶，活动室全部铺设木地板方便幼儿在地面上开展游戏活动；活动室和盥洗室墙壁打上吊柜，盥洗室吊柜下面摆放上幼儿存放材料的开放性柜子，这些橱柜用于存放幼儿进行游戏的材料；窗户前的落地围栏全部拆除安装到窗台上，有效增加室内的活动面积。

2. 重构室内外活动空间，提供幼儿实习场

（1）增设户外自主探究游戏区域，支持幼儿户外自主游戏。

园所的室外场地是最能感受一个幼儿园活动的地方。良好的户外环境可以促进幼儿探索和创造的欲望。[①] 我园的户外面积足够支撑幼儿的体育锻炼，为着力增加幼儿的探索学习空间，我们做了如下改进：

① 秦霞. 让童真在自然中绽放：浅谈课程游戏化背景下的农村幼儿园户外环境创设[J]. 华夏教师，2018（24）：93.

图 32　幼儿园饲养区

首先是增加户外自主游戏大区域。根据户外场地不同的地势、地形、地面材质，增加了室外建构游戏区、玩沙游戏区、水上游戏区、农家乐、鲁班坊等户外游戏区。在室外建构游戏区，教师会有意识引导幼儿利用梯子、轮胎、木板等进行自主搭建，幼儿可以架起梯子攀爬，也可以放一些轮胎，把梯子放到轮胎上当跷跷板，让幼儿自己在游戏中去探索不同的支撑点对于跷跷板的影响；农家乐有饲养角、种植区、农具展览馆、农家灶台；种植园由教师带领幼儿们种植各种各样的农作物和植物，幼儿通过种植可以体验劳作的艰辛和快乐，观察农作物的成长过程，体验收获喜悦。幼儿在照顾了种植园之后围在灶台边上玩过家家的游戏，通过观察幼儿认识了植物与环境与人类的关系，感受并了解了自然；幼儿在与动物交流的过程中学会善待小动物、关心小动物。感受到自己的行为与动物生长之间的关系，从而真正认识生命、尊重生命；幼儿能够在与动植物进行交流的整个过程中体会到更多的乐趣，在这里幼儿得到了我们想象中真正的游戏。

图33　农具展览馆

其次，我们在每个户外区域都增设了玩具屋，将库房里的玩具搬到幼儿游戏场，幼儿可以自己选择、取放玩具，保证幼儿真正地、自由地开展游戏活动。

（2）营造家一样的室内氛围，为生活教育开展创设条件。

幼儿到幼儿园来首先是来生活的，其次才是来学习的。一日生活皆教育，而活动室是幼儿生活的场所，所以营造一个“家”一样的室内环境尤为重要。我们对活动室进行了一系列改造，增设了小厨房，寝室的床改造为榻榻米，各活动区不再设置区域标识，打破区域界限，合理安排各区域的位置，实现了各区域之间的融会贯通。比如，娃娃家的一侧是小厨房，另一侧是小医院，幼儿通过角色扮演、模拟生活中的场景，运用想象再现幼儿对生活的印象。我们将角色游戏与课程活动相联系，让课程活动在角色游戏中得到延伸、拓展、补充。如与

“我爱我家”主题活动相结合，在榻榻米上开展娃娃家等角色游戏，让主题活动更深入，主题课程更具有生命力，与班级的小厨房进行结合，真实还原生活场景，幼儿进入小厨房就像进入自己家的厨房一样，可以进行择菜、洗菜、切菜等生活化活动，还可以进行简单的面食制作，这些角色游戏其实就是幼儿“真游戏”开展的过程。

其次，以游戏故事为内容的主题墙布置。主题墙作为环境的重要组成部分，是幼儿之间、师幼之间近距离接触和交流的平台，是游戏活动得以顺利开展的媒介，因此，创设一面真正能让幼儿喜欢、可以积极互动并促进幼儿主动发展的主题墙至关重要。这次环境改造我们把主题墙设置在 1.2 米以下的位置，游戏的由来、游戏中遇到的问题、游戏的结果都呈现在主题墙上，幼儿将自己的每一次探索活动记录下来，共同参与主体墙的布置。

（3）增设功能室，拓宽幼儿课程实践途径。新建美工教室、食育坊、图书室、科学探究室。在食育坊里，幼儿们体验各种操作活动，在游戏中充分发挥想象力和创造力；食育坊和种植园有效结合起来，幼儿在观察认识了农作物的生长之后在食育坊里对食材进行加工，对食物的产生有了整体认知，从而更加珍惜食物，感恩自然，热爱劳动。

（三）增强游戏材料多元性，支撑幼儿探索游戏开展

《纲要》明确指出：“幼儿园的空间、设施、活动材料和常规要求等应有利于引发、支持幼儿的游戏和各种探索活动，有利于引发、支持幼儿与周围环境之间积极的相互作用。”从根本上说，幼儿的发展是在同包括物质材料在内的客观事物的相互作用中实现的，物质材料是幼儿学习的基本条件。[①] 结合我园实际提出了以下原则投放材料。

1. 低结构材料占据幼儿游戏主活动

高结构材料意味着游戏的单一，挑战性低。能带给幼儿无限创造

---

① 虞永平. 学前课程与幸福童年［M］. 上海：华东师范大学出版社，2012：102.

图 34 科学探究室

和想象的并不是那些精美的玩具商品，而恰恰是低结构的、低成本的、可自由移动的一些游戏材料。比如我们的室外游戏材料，把原先固定的跷跷板全部去掉，投放了一些木板和支撑点，让幼儿自由探索不同的支撑点会带来怎样的游戏体验；融入自然和生活材料，保证材料种类多样和数量充足，以半成品居多，比如大自然中的树叶、树枝、石头、果实，以及奶粉罐、易拉罐、扣子、纸杯、鞋盒等生活中一些废旧物品，支持生活化、游戏化游戏活动的开展。

2. 投放与游戏课程内容需要相符合的材料

在活动区内投放与开展游戏相关的材料，让幼儿自由探索，并引导幼儿就生成的主体不断深入研究。例如在“桃花开了”系列生成活动中，教师可在活动区投放有关气候、桃花、桃子、桃木工艺品的图片和图书，再投放一些桃树枝和桃核等自然物品，鼓励幼儿把自己对有关桃花的了解用各种形式表现出来，在活动区的游戏中深化幼儿对季节、气候和桃花开的关系，并进一步引导幼儿对桃花开了之后长桃子，谁爱吃桃子，桃子什么味道，桃木可以做成什么进行进一步探索。

3. 分层次投放材料

根据幼儿发展存在的差异性以及各年龄段水平的不同，在班级区域内投放不同层次的材料，比如在幼儿园中班组织开展用筷子的操作活动，教师投放的材料有纸团、花生、大豆、玻璃球等，很明显，教师在投放材料的时候考虑到了幼儿之间的发展差异，在活动中教师鼓励幼儿从易到难逐步尝试。根据各年龄段幼儿的特点，充分利用户外场地，为幼儿提供了多种器材，如梯子、轮胎、平衡木、小车、球类等，幼儿可以用这些器械进行自由组合，探索发现。

（四）鼓励幼儿参与环境创设，发挥环境教育价值

幼儿园是幼儿的家，幼儿园的每一个角落都是幼儿游戏玩耍的乐园，那幼儿需要什么样的乐园呢？

1. 让幼儿参与环境创设

通过与幼儿的对话我们知道了他们想要什么样的幼儿园——“喜欢彩虹色的教室”“喜欢弯弯曲曲的小路”“喜欢小池塘”“我喜欢山洞，可以捉迷藏”……把种植园承包给每个班，幼儿自己设计规划图，种什么东西、用什么隔断、设计什么标志、如何管理等，都由幼儿做主。

2. 让幼儿参与材料的选择与收集

幼儿是游戏的主人，玩什么游戏由幼儿自己决定，同样，使用什么样的游戏材料是不是也可以让幼儿自己选择呢？我们在班里投放“材料超市”，并将所有的游戏材料进行重新“分家”，让幼儿自己选择喜欢玩什么，放在什么位置，哪个区域里应该投放什么材料。幼儿们对我们赋予他们的这个权利忙得不亦乐乎，自己做玩具存放盒的标记，

自己商讨存放在哪里，收集与整理游戏材料的过程就是一个重新认知分类的过程。每个班门前都放有一个或多个“百宝箱”用来收集生活废旧材料和自然物品，每个箱子贴上标签，幼儿从家里带来后分类放到箱子里，然后在教师启发下对材料进行分类使用。

2. 让幼儿参与环境的创设

从“观赏者”转变为“建设者”，班级环境大家齐动手，将自己的游戏故事呈现在主题墙上，游戏区域里的整体布置、材料存放在哪里、标识怎样做，全部由幼儿自己完成。室外大区域，幼儿自己选材自己布置，几个小凳子，一个走廊转角，绑上不用的条幅，就成了小舞台……

结语

环境是幼儿的“第三位老师”，环境作为一种“隐性”实施手段承担着不可取代的地位。课程游戏化环境创设的终极目标是与幼儿的发展相对应，让幼儿在与环境相互融合中，促进幼儿身心的健康发展。因此，幼儿园要为幼儿创设一个精心设计的游戏和生活环境。

附件 1　幼儿园环境创设现状调查问卷

尊敬的老师：

您好！本问卷是为了了解幼儿园环境创设的现状，您的真实回答对于我们的研究非常重要，答案没有对错之分，为保证问卷的完整性，请千万不要漏答。本问卷采用不记名方式，结果只用于研究，我们将严格保密，请认真作答。

1. 您的第一学历是什么？单选（　　）

A. 中专　　B. 大专　　C. 本科　　D. 研究生

2. 您在全日制学校所修的专业是什么？单选（　　）

A. 学前教育　B. 小学教育　C. 心理学

D. 音乐、美术艺术类专业　E. 其他

3. 您的教龄有几年？单选（　）

A. 5 年以下　B. 5—10 年　C. 10—20 年

D. 20 年以上

4. 您认为环境创设对幼儿的发展是否重要？单选（　）

A. 很不重要　B. 不重要　C. 一般　D. 重要

E. 很重要

5. 您认为在环境创设中是否有必要以幼儿的兴趣为主？单选（　）

A. 很有必要　B. 有必要　C. 有一定必要

D. 没有必要

6. 您认为幼儿是否有必要参与环境创设？单选（　）

A. 很有必要　B. 有必要　C. 有一定的必要

D. 没有必要

7. 您是否会从自然环境中获取幼儿园环境创设所需要的材料？单选（　）

A. 经常　B. 很少　C. 偶尔　D. 从不

8. 您在进行环境创设时是否会利用家庭、社区等社会资源？单选（　）

A. 经常　B. 很少　C. 偶尔　D. 从不

9. 您所在的环境中，为了适应教学活动要求，班级室内环境创设的更换周期是多久？单选（　）

A. 一个星期　B. 一个月　C. 一个学期　D. 一学年

10. 您进行环境创设的方式是什么？单选（　）

A. 与其他老师共同完成　B. 个人独立完成

C. 师幼共同完成　D. 家园合作完成

11. 在您创设的环境中，幼儿的作品大约占多少？单选（　　）

A. 10%以下　　B. 10%—30%　　C. 30%—50%

D. 50%以上

12. 您认为您所在幼儿园的环境创设怎么样？单选（　　）

A. 非常好　　B. 比较好　　C. 一般　　D. 比较差

F. 非常差

13. 您平时进行班级室内环境创设的材料如何？单选（　　）

A. 丰富　　B. 一般　　C. 单一　　D. 几乎没有

14. 您认为家长在幼儿园环境创设中的角色是什么？单选（　　）

A. 材料提供者　　B. 环境创设参与者　　C. 旁观者

15. 您以前接受过与幼儿园环境创设主题有关的培训吗？单选（　　）

A. 3 次以上　　B. 1—2 次　　C. 从来没有

16. 您主要通过哪种方式提高自己的环境创设能力？单选（　　）

A. 面对面集中培训　　B. 网上研修学习

C. 园本教研　　D. 同伴互助　　E. 自学

17. 您所在的幼儿园在环境创设中使用的材料来源占比例最高的是哪种？单选（　　）

A. 购买成品　　B. 利用购买的美工材料等制作

C. 就地取材或利用废旧材料制作

18. 您认为幼儿园环境创设的主要目的是什么？多选（　　　　）

A. 美化环境

B. 培养幼儿的审美能力

C. 培养幼儿社会认知的发展

D. 培养幼儿的行为习惯

E. 激发幼儿参与教学活动的兴趣

F. 丰富幼儿的经验

G. 其他

19. 您所在的幼儿园已有的环境创设有哪些？多选（　　　　）

A. 户外环境　　B. 班级室内环境

C. 室内公用环境　　D. 几乎没有环境创设

20. 您所在的幼儿园环境创设的主要参与者有谁？

多选（　　　　）

A. 教师　　B. 幼儿　　C. 幼儿家长　　D 幼儿园领导

21. 在环境创设中，您让幼儿参与的有哪些？多选（　　　　）

A. 主题的确定　　B. 内容的选择　　C. 资料的收集

D. 材料的制作　　E. 无幼儿的参与

22. 您认为幼儿没有或较少参与到环境创设中的主要原因是什么？

多选（　　　　）

A. 没有时间　　B. 幼儿不喜欢参与此类活动

C. 缺乏响应的教学资料　　D. 幼儿能力不够

F. 幼儿园领导或教学计划中没有明确的要求

23. 您在进行环境创设时较为关注什么？多选（　　　　）

A. 墙面环境创设　　B. 生活环境创设

C. 活动室环境创设　　D. 公共环境创设

24. 您认为环境创设中最重要的是什么？多选（　　　　）

A. 颜色　　B. 布局　　C. 内容　　D. 形式

E. 目的性

25. 在您的环境布置中，幼儿的作品主要有哪些？

多选（　　　　）

A. 幼儿绘画作品　　B. 幼儿剪纸作品

C. 幼儿手工作品　　D. 幼儿照片　　E. 其他

26. 您在进行环境创设时选取的主题主要有哪些？

多选（　　　　）

A. 节日主题　　B. 四季主题

C. 童话故事　　D. 有关学习　　E. 其他

27. 对环境进行创设时您参考的资料有哪些？多选（　　　　）

A. 幼儿教材　　B. 查阅环境创设的书籍

C. 网上搜索　　D. 自行设计

28. 您所在的环境中环境创设所涉及的领域有哪些？

多选（　　　　）

A. 社会　　B. 科学　　C. 艺术　　D. 语言　　E. 健康

29. 您认为对幼儿园环境创设进行评价最重要的项目是什么？多选（　　　　）

A. 主题　　B. 内容　　C. 材料　　D. 创新性

E. 教师的技能水平　　F. 幼儿的参与程度

G. 教育价值高低　　H. 与幼儿有效互动情况

30. 您认为幼儿在进行环境创设时存在的主要问题是什么？多选（　　　　）

A. 活动室空间不足　　B. 教师专业知识不足

C. 教师工作量大　　D. 家长不理解配合

E. 园领导和老师没有认识到其价值

F. 园领导不重视或不支持

G. 利用率不高　　H. 幼儿不喜欢

I. 经费紧张　　J. 没有实现相应的教育功能

K. 不利于儿童互动操作

问卷到此结束，请您再从头到尾检查一次是否有遗漏与错答的问题，最后衷心地感谢您对我们调查的热情支持！

附件2　有关幼儿园环境创设的访谈提纲

访谈时间：2020年10月15日

访谈地点：顺平县幼儿园会议室

访谈对象：顺平县幼儿园教师

访谈主要内容：

1. 您对幼儿园目前的环境有什么看法？

2. 幼儿园课程游戏化和幼儿园环境有什么关系？

3. 都说环境是孩子的第三任老师，您对幼儿园环境教育是如何认识的？

4. 您对幼儿园课程游戏化有多少了解？阻碍课程游戏化进展的因素有哪些？

【导师点评】

该文章选取“课程游戏化背景下幼儿园环境创设的探索”作为研究对象，结合本园实际探索案例，对提高教师游戏化教学的能力、创造游戏环境激发幼儿学习热情、丰富活动材料支撑幼儿游戏活动开展、充分发挥幼儿在环境创设中的主体性等方面进行幼儿园环境创设的探讨，选题贴近现实需要，具有一定的实践性。

文章整体的逻辑架构比较清晰，按照提出问题—分析问题—解决问题的思路进行。从“幼儿园课程游戏化的实施与环境创设现状”入手，提出“课程游戏化开展中幼儿园环境存在的问题”，如“幼儿园整体环境建设缺乏游戏活动开展的条件”“游戏材料单一，不足以支持开展探究游戏活动”和“环境创设教师包办，忽略幼儿过程性的参与”。通过调查，笔者分析了“产生环境不能支持课程游戏化实施的原因”。最后提出“课程游戏化背景下环境创设改进策略”：改变教师观念，提升教师专业能力；调整区域环境，突出游戏化主题；增强游戏材料多元性，支撑幼儿探索游戏开展；鼓励幼儿参与环境创设，发挥环境教育价值等。总之，笔者认为环境是幼儿的“第三位老师”，环境作为一种“隐性”实施手段承担着不可取代的地位。课程游戏化环境创设的终极目标是与幼儿的发展相对应，让幼儿在与环境相互融合中，促进幼儿身心的健康发展。结论正确。

（点评导师：河北大学教育学院副教授赵娟）

幼儿发展研究篇

幼儿发展研究篇

《3—6岁儿童学习与发展指南》指出，幼儿阶段是儿童身体发育和机能发展极为迅速的时期，也是形成安全感和乐观态度的重要阶段。通过特色体育活动的不断实践，探索出系列特色体育活动课程内容及设计策略，培养幼儿参与运动的兴趣，培养幼儿初步运动技能和团结协作的精神十分重要。促进幼儿社会性发展可以促进幼儿全面发展，是教育的重要目标。表演游戏是幼儿游戏的重要形式之一，对幼儿社会性发展有巨大的促进作用，通过表演内容、故事教学、布置场景、角色分配、表演形式等方面有效促进幼儿社会性发展，培养幼儿的自我意识、社会行为、社会认知、情感情绪、社会适应能力等是本篇讨论的主要内容。

基于幼儿自我效能感提升的室内体育游戏设计策略研究

保定市唐县县直机关幼儿园 张 莉

学前儿童身心健康水平的提高体现了人类社会的进步。1989年联合国通过的《儿童权利公约》中规定："儿童有权享有可达到的最高标准的健康。"2011年国务院颁布了《中国儿童发展纲要（2011—2020年）》，其中"儿童健康"领域包含了14个目标。《幼儿园教育指导纲要（试行）》中健康领域是幼儿教育的重要内容，幼儿体育成为幼儿教育的重要教学组织形式。《3—6岁儿童学习与发展指南》也指出：幼儿阶段是儿童身体发育和机能发展极为迅速的时期，也是形成安全感和乐观态度的重要阶段，从身体素质和身体适应的角度提出了幼儿在大肌肉动作方面的发展目标。[①] 2016年，国务院办公厅颁布《国务院办公厅关于强化学校体育促进学生身心健康全面发展的意见》，从建设健康中国和人力资源强国的国家战略高度，定位学校体育的价值。2016年，中共中央 国务院印发《"健康中国2030"规划纲要》，提出实施"健康儿童计划"，各类儿童运动兴起，幼儿体育受到广泛关注。

由于受阴雨、雾霾、沙尘等恶劣天气影响，室内体育游戏成为户外体育活动的一种有效延伸与补充。室内体育游戏是利用走廊、楼梯、

---

① 中华人民共和国教育部. 3—6岁儿童学习与发展指南［M］. 北京：首都师范大学出版社，2012：1.

门厅、活动室、功能室、寝室等室内空间，投放相应的材料，练习基本动作技能、生活劳作技能，以体能游戏、智能游戏、自主游戏为表现形式，合理利用有限空间，开展有效教育活动的一种途径。[①]

目前，国内关于室内体育游戏设计的研究认为，设计应包括室内环境的利用，利用好公共环境和班级能利用的独立区域，使有限的空间发挥最大的价值；投放丰富的低结构游戏材料，材料性能有层次性，尽可能实现一物多玩，满足幼儿的不同需要。[②] 但现有的体育活动中，强调幼儿技能的掌握和体能的提升较多，教师出于安全的考虑对活动的管控性比较多，忽视孩子在体育游戏中的主体作用；更为严重的是，体育游戏中经常忽略或忽视了效能期望，没有把自我效能纳入孩子的动机激发中，所以很多体育游戏依旧停留在为了游戏而游戏的层面。

几十年来，许多研究学者和专家表明，自我效能感不是天生具有的，而是通过后天培养形成的具有目的性的行为。他们提出目前影响幼儿自我效能感的因素包括教师、同伴及家庭等方面因素。[③] 部分专家学者从儿童游戏、体育游戏、沙盘游戏等方面谈幼儿自我效能感的发展，认为游戏作为儿童最基本的生活和学习方式，在儿童的发展过程中具有重要的价值，它通过提高儿童的认知能力、语言能力、社会化程度等促进儿童自我效能感的发展；教师通过个性化的设计，观察儿童的行为，创设适应性儿童游戏环境，发挥儿童游戏价值。[④]

成功的幼儿游戏能有效促进幼儿形成自我效能，提高自我效能意

---

① 范丹丹. 幼儿园室内体育游戏的有效开展探讨 [J]. 幼教与成才研究，2017（11）：71-72.

② 矫佳凝，但菲. 幼儿园有效开展室内体育游戏的策略 [J]. 辽宁教育，2019（7）：72-73.

③ 王德华. 班杜拉的自我效能理论述评 [J]. 湖北师范学院学报（哲学社会科学版），1992（5）：98-101.

④ 赵兴民. 儿童游戏与儿童自我效能感的发展 [J]. 学前教育研究，2007（3）：49-51.

识。儿童的游戏是运动世界的游戏，是心智世界的游戏，是情感世界的游戏。体育游戏给幼儿提供多渠道认知，增强幼儿积极情绪，帮助幼儿改善人际关系，教师要在儿童游戏和体育游戏中给儿童设计恰当的目标，通过提高儿童的认知能力、语言能力、社会化程度等促进儿童自我效能感的发展。① 鉴于此，我们运用班杜拉关于动机的自我效能理论，在室内体育游戏设计和实施中，重视游戏过程中幼儿的身体、认知、情感及社会性发展，从而促进幼儿在室内体育游戏的过程中获得自我效能感的提高。

一、对象与方法

（一）对象

以河北省保定市某重点幼儿园幼儿为研究对象，采用随机方便取样的方法，对 209 名幼儿家长和 6 位代表老师进行问卷调查，其中男性 12 人，女性 203 人。

（二）方法

采用自编的《幼儿自我效能感问卷》（教师版）和（家长版），进行问卷调查。幼儿自我效能感包括 6 个维度，分别是："如果他/她尽力去做的话，他/她总是能够解决难题的"；"即使其他人反对他/她，他/她仍有办法得到他/她所要的"；"对他/她来说，达到他/她的目的是轻而易举的"；"面对新问题和突发情况，总是有类似'我能行''没问题'的语言"；"面对一个难题时，孩子通常能够找到几个解决方法"；"无论什么事情发生在孩子身上，他/她都能应付自如"。

采用非等控制组前后测的准实验设计对实验组开展室内体育游戏

---

① 叶平枝．幼儿自我效能感的作用和提升策略：以幼儿园保育活动为例［J］．幼儿教育，2009（5）：23-24.

的幼儿园和对照组未开展室内体育游戏的幼儿园进行实验验证，看室内体育游戏是否能够提高幼儿的自我效能感水平，在大、中、小3个年龄段分别选两个班级开展实验。具体实验设计模型见表13。

表13 非等控制组前后测设计模式

<table>
<tr><td colspan="3">处理组：O1 × O2
非等控制组：O3 × O4</td></tr>
<tr><td>分组</td><td>采取的措施</td><td>前后测</td></tr>
<tr><td>开展室内体育游戏组</td><td>在教师指导下开展室内体育游戏项目</td><td rowspan="2">儿童行为观察表</td></tr>
<tr><td>未开展室内体室游戏组</td><td>不开展室内体育游戏项目</td></tr>
</table>

（三）统计方法

采用SPSS 17.0软件进行描述统计、t检验、单因素方差分析、Pearson相关分析等。

二、结果

（一）幼儿自我效能感的描述统计

数据统计结果显示，无论是家长还是教师，幼儿自我效能感得分在开展室内体育游戏后都有所增长。教师组前测总分为12.81，后测总分为16.07，增幅较大。家长组前测总分为14.91，后测总分为15.88，也存在增加趋势，具体情况见表14。是否存在前后侧的显著性差异，可以通过后续的统计得出结论。另外，从极端值可以看出前测的最小极端值均为6，而后测的极端值，无论是家长还是教师都有所增加。这也从侧面说明了开展室内体育运动对于幼儿自我效能感的提升有积极的促进作用。

表 14 幼儿自我效能感的描述统计表

前后测分数	N（总人数）	极小值	极大值	均值	标准差
前测教师总分	129	6	24	12.81	4.031
前测家长总分	129	6	24	14.91	3.299
后测教师总分	129	8	24	16.07	3.788
后测家长总分	129	7	24	15.88	3.128

（二）幼儿自我效能感的前后测比较

使用配对样本检验的方法对实验班的学生进行教师和家长的幼儿自我效能感问卷的前后测。数据结果显示，教师对幼儿自我效能感评价在 0.01 的显著性水平上存在差异（$t=-9.822$，$P<0.01$），家长对幼儿自我效能感评价在 0.05 的显著性水平上存在差异（$t=-2.904$，$P<0.05$），具体情况见表 15。结合描述统计的数据可以发现，无论是教师还是家长都对进行室内体育运动幼儿的自我效能感进行了积极的肯定。

表 15 幼儿自我效能感的前后测的配对样本 t 检验

组别	前后测分数	t	df（自由度）	Sig.（双侧检验）
对照组 1	前测教师总分—后测教师总分	−9.822	128	.000
对照组 2	前测家长总分—后测家长总分	−2.904	128	.004

（三）幼儿自我效能感的性别差异检验

数据结果显示，在未开始幼儿室内体育运动之前，无论是教师还是家长对于幼儿自我效能感的评价均不存在性别差异，也就是说男孩和女孩的自我效能感得分差不多。但是在后测的性别差异检验过程中教师组和家长组的评价出现了分化，教师认为男孩和女孩之间出现了显著的自我效能感差异，女孩的得分明显高于男孩的得分，并且在

0.01 的显著性水平上存在差异。而家长组后测的结果显示不存在自我效能感评价的性别差异。具体情况见表 16。

表 16 幼儿自我效能感前后测的性别差异检验

前后测分数	性别	N（人数）	均值	标准差	t	Sig.（双侧检验）
前测教师总分	男	62	12.60	4.419	−.566	.572
	女	67	13.00	3.660	−.562	.575
前测家长总分	男	62	15.27	2.949	1.219	.225
	女	67	14.57	3.581	1.228	.222
后测教师总分	男	62	14.85	3.238	−3.671	.000
	女	67	17.19	3.932	−3.699	.000
后测家长总分	男	62	15.40	3.267	−1.663	.099
	女	67	16.31	2.950	−1.656	.100

（四）幼儿自我效能感的年龄差异检验

无论是前测还是后测，教师都认为幼儿的自我效能感存在年龄差异。前测时教师的 F 值为 21.641，事后检验发现大班高于中班，大班高于小班。后测时教师 F 值为 6.429，事后检验发现大班显著高于小班，其余班级不存在显著性差异。通过平均数比较发现，开展室内体育游戏活动之前，中班幼儿的均值最低，均值为 10.90。开展室内体育游戏活动之后，幼儿自我效能感随着年龄增长而增长。具体情况见表 17。

表 17 幼儿自我效能感的前后测的年龄差异检验

前后测分数	班级	N（人数）	均值	标准差	F	Sig.（双侧检验）	事后检验
前测教师总分	小班	38	11.53	4.317	21.641	.000	3>2，3>1
	中班	41	10.90	2.853			
	大班	50	15.34	3.299			

续表

前后测分数	班级	N（人数）	均值	标准差	F	Sig.（双侧检验）	事后检验
前测家长总分	小班	38	14.58	3.477	.500	.607	
	中班	41	14.78	3.166			
	大班	50	15.26	3.300			
后测教师总分	小班	38	14.47	4.814	6.429	.002	3>1
	中班	41	16.07	2.443			
	大班	50	17.28	3.411			
后测家长总分	小班	38	15.79	3.256	.377	.686	
	中班	41	16.22	3.229			
	大班	50	15.66	2.980			

家长认为开展室内体育游戏之前，幼儿自我效能感不存在年龄差异，但是会随着年龄增长而增长。然而在开展室内体育游戏活动之后，中班幼儿自我效能感均值最高，但是并不存在显著性差异，这可能和中班游戏设计训练强度大，趣味性强有关系。

三、讨论

本研究表明，开展室内体育游戏对幼儿自我效能感提升有非常大的作用。在体育游戏中幼儿的体能得到提升，情绪、情感在活动中获得愉悦体验，从而促进自我效能感的提升。① 本研究结果显示，在开展室内体育游戏的幼儿园，无论是教师还是家长，都认可室内体育游戏开展对幼儿自我效能感提升的作用，教师和家长的自我效能感前后测均呈现显著性差异。没有开展室内体育游戏的幼儿园，教师认为幼儿

---

① 丁海东．论儿童游戏的生活本质［J］．山东师范大学学报（人文社会科学版），2003（3）：108.

自我效能感前后存在显著性差异，这更多的可能是因为教师对自己所教授幼儿的期待效应所造成的；但家长对幼儿的自我效能感评价不存在显著差异，这也能从侧面证明室内体育游戏开展的有效性。本研究结果表明，室内体育游戏开展前，性别对幼儿自我效能感作用不显著，在室内体育游戏活动开展后，教师认为幼儿自我效能感差异极其显著，女孩自我效能感高于男孩，而家长并没有看到性别差异。本研究结果表明，老师认为幼儿存在年龄差异，家长认为开展室内体育游戏前幼儿年龄差异不显著，但随着年龄增长，自我效能感变化，这是因为家长仅关注孩子本身现阶段情况，没有关注到幼儿园阶段的年龄特点和情绪情感发展变化；老师了解幼儿身心发展规律，对幼儿的评价充分考虑了幼儿的年龄特点、发展阶段。

四、结论

（一）适宜性的空间材料对幼儿情绪的影响

要充分利用现有的空间和条件设计室内体育游戏。利用多功能厅、门厅等面积大、障碍物相对较少的公共区域，可以组织幼儿进行身体控制练习，包括钻、爬、跑、跳、投掷、器械等大幅度动作游戏与打地鼠、跳房子、穿越火线等便于搬运的小型器械游戏。活动室有大量幼儿生活和活动用品，可以充分利用桌椅及可利用的一切生活材料组织游戏，材料选用尽量精减，或选择那些拿来能用的生活材料，如可以利用桌子、椅子、平衡板、垫子来练习走、跑、跳、钻爬、跨越、绕障碍跑等；根据音乐变化变换身体移动的方式，如模仿动物走、脚尖走等。通过游戏，幼儿的肢体得到适当活动，从而唤醒幼儿的兴奋情绪，身心愉悦，幼儿之间的合作也让情绪互相传递，共同达到了游戏的效果。楼道、楼梯狭长，宽度不足，但是孩子的天性就是运动中收获快乐，所以利用废旧纸箱、饮料瓶、大型积木、跨栏等安全性高的物品在楼道里设置成障碍、摆放迷宫等形式以“寻宝”为线索激发幼儿运动兴趣。结合不同场地特点，根据幼儿年龄段应掌握的运动能力，设置不同任务目标，由易到难，运动材料从显性到隐性，在发展运动能力的同时，逐步提高幼儿的发现能力。

《儿童游戏通论》中指出：游戏场的设计应重视对场地自然环境的利用，“因地制宜”注意与自然环境的和谐。同时注重自然的、多功能性的材料的运用，可以增加游戏场地与材料的可变化性。同理，在室内游戏环境中，面对有限的空间，我们需重视空间的合理利用，因地制宜，利用室内现有的桌椅、废旧纸箱、饮料瓶等材料鼓励幼儿探索学习。正是空间的相对合理布局，已有游戏材料的丰富合理，才让幼儿在独立探索中获得愉悦的情绪体验，从而提升幼儿的自我效能感。①

（二）科学性的方式方法保证幼儿的活动安全

室内体育游戏设计要根据《幼儿园教育指导纲要（试行）》要求，在安全的前提下，结合孩子的年龄特点，以提高幼儿身体发展水平为目标。

幼儿喜欢有趣味性、挑战性的游戏活动，如中班自主游戏“小鸭过桥”，锻炼上臂力量和身体的控制能力，双手吊在桌子上，双脚不能着地。大部分孩子过“小桥”时都能够达到要求，双臂竖直，身体重心向上，向前，双手移动通过“小桥”。个别幼儿上臂肘关节都弯曲了，整个身体趴在桌子上，双手不能移动，上肢力量发展不足。教师应该针对幼儿身高、体重、臂力的不同区别对待。活动前充分热身，尤其是手指、手腕、手臂、肩部和腰部，避免因热身不足造成脱臼和扭伤；过程中帮助幼儿掌握正确的动作要领，两手虎口相对紧握桌边，身体自然放松，左右移动，在悬垂坚持不住时小脚轻轻站在垫子上，

---

① 王德华. 班杜拉的自我效能理论述评［J］. 湖北师范学院学报（哲学社会科学版），1992（5）：98-101.

学习屈膝安全落地姿势。

室内体育游戏设计应遵循幼儿生理发展规律，从活动前热身，活动中运动量、运动难度、动作发展，活动后放松，游戏规则，老师的观察、参与、指导等各环节进行精心设计，参考幼儿运动中的生理和心理负荷，运动前后对幼儿的面色、出汗度、呼吸、精神、食欲、睡眠等指标进行科学监测，如出汗度应为后背微汗，运动平均心率为130—160次/分钟。① 以安全性作为游戏的设计策略，会让孩子在游戏体验中学会保护自己，提高自我认知水平，更加了解自己在体育游戏中“什么可以，什么不可以”，比如“是不是跳得越高越勇敢越好”，答案是否定的。原因在于儿童髋骨尚未完全骨化，在受到外力冲击下易发生变形，影响骨盆的发育，尤其会对女童长大后的生育分娩产生不利影响。幼儿在自主游戏中喜欢追求从高处纵跳落下的成就感，设计游戏时可将纵跳和钻爬相结合，减少幼儿跳跃、落地的次数，防止单一纵跳动作密度过大对幼儿身体可能造成的损害。再比如，幼儿单脚向前跳的距离要适中，不能过长或过短。参照《3—6岁儿童学习与发展指南》要求，小班单脚连续向前跳2米左右，中班单脚连续向前跳5米左右，大班单脚连续向前跳8米左右，在运动中既能达到锻炼的效果，也要让幼儿保持情绪积极，不能过度疲劳。②

（三）趣味性的游戏内容增强幼儿的运动能力

科学、适宜的体育活动可以促进幼儿身体各器官、系统机能的正常发育，有助于幼儿认知水平的提高，室内体育游戏设计应根据幼儿年龄特点、运动能力、发育水平科学设计游戏内容，合理安排运动量，通过完成基本动作和游戏任务的满足感使幼儿获得自信和兴趣，提高

---

① 柳倩，周念丽，张晔．学前儿童健康学习与发展核心经验［M］．南京：南京师范大学出版社，2016：79-81.

② 中华人民共和国教育部．3—6岁儿童学习与发展指南［M］．北京：首都师范大学出版社，2012：9.

运动能力。①

如以中班呼啦圈游戏为例。20 多个呼啦圈，幼儿可以随意摆放，有的滚呼啦圈，有的将呼啦圈排成队逐个进行跳跃，有的钻呼啦圈，有的利用呼啦圈和其他材料组合成城堡、汽车等来玩。对于不同年龄、不同水平的幼儿科学安排不同的内容，尊重幼儿的自主设计，既要内容丰富多彩、简单易学，又要生动有趣、创设游戏化情境，还要尊重个体差异安排适宜的活动，在活动中增强幼儿的运动能力。

又如中班结合主题活动“走进纸王国”，利用报纸、纸杯一物多玩，科学设计游戏内容，锻炼孩子的身体协调性、灵活性和各项动作技能。活动前报纸热身操使身体各个部分舒展开。活动一——蛇形跑：全班幼儿分两组，一组幼儿举起报纸，另一组幼儿进行蛇形跑，依次交替进行，锻炼幼儿跑的控制能力，发展幼儿的协调性和灵活性。活动二——穿越隧道：两组幼儿举起报纸相对，剩下的幼儿弯腰单手拿纸杯穿过隧道，纸杯壁不能碰到隧道，依次交替进行，锻炼幼儿的手、眼、身体的协调能力。活动三——匍匐过小桥：两组幼儿跪立，用报纸搭成小桥，剩下的幼儿双脚跳过报纸，然后匍匐爬过小桥。此环节锻炼了幼儿双脚跳、匍匐爬的能力。双脚跳锻炼孩子们的下肢爆发力和弹跳能力，锻炼大腿肌肉和韧带强度，坚持锻炼有助于孩子长得更高。匍匐爬能锻炼幼儿全身大肌肉的力量和四肢活动的协调性、灵活性，并且促进肌肉、骨骼的生长发育。活动四——双膝传递报纸：幼儿分为 3 组，每组幼儿用膝盖传递报纸，最后报纸回到第一个小朋友的手里，结束游戏。幼儿以膝盖悬空的方式爬行，锻炼了孩子们的支撑和爬行能力，发展幼儿四肢和躯干肌肉力量。小小的报纸、纸杯全方位地锻炼了幼儿的跑、跳、钻、爬、平衡、合作等能力，摆放道具、

---

① 葛剑萍．自我效能理论在体育教学中的运用 [J]．沈阳体育学院学报，2004 (6)：837.

游戏材料的使用过程，是幼儿不断摸索、自主探究的过程，更改设定不同玩法，发挥幼儿的主动性、想象力、创造力和合作能力，科学提高幼儿的运动能力。

（四）示范性的榜样支持幼儿的自主体验

开展室内体育游戏活动可以满足幼儿的好奇心、运动的渴望、探索的需求、获得认可的需求，在运动中感受快乐和成功。在游戏中，每位儿童根据已有的运动经验，可以自主选择玩伴儿和运动材料，自主设计运动环境，自主探索运动方式。他人的帮助和支持为幼儿自主体验搭建了有效的支架。让幼儿自主探索、尝试，通过室内体育游戏提高儿童的认知能力、语言能力、社会化程度，多渠道增强幼儿积极情绪，帮助幼儿改善人际关系，促进儿童自我效能感的发展。以中班幼儿“单脚跳”活动为例，教师在组织活动时，发现一个幼儿站着不动，一脸愁容。教师鼓励她大胆地跳，她单脚摇摇晃晃地起跳后马上双脚落地。教师边示范边讲解动作要领，幼儿经过多次尝试依然不能单脚连续跳完 1.5 米。为帮助幼儿加强腿部力量，教师设计了“小猴摘桃”“小青蛙跳荷叶”等体育游戏，并与家长联系回家后也开展此类室内体育游戏。两周后，当我们再次组织单脚跳活动时，她终于单脚跳完 1.5 米的距离。教师马上给她一个赞赏的眼神和微笑，幼儿体会到成功的喜悦后开心地笑了。

游戏中可以尝试一物多玩，教师可以让幼儿多玩几次，引导幼儿自己发现问题，如平衡练习“过小桥”，尝试用不同的方法过桥，要求安全和速度。启发幼儿自己想办法，在失败中尝试解决问题。在促进幼儿动作的灵活性和协调性的发展的同时，培养了幼儿克服困难的精神及同伴合作的意识和能力。在游戏中同伴与教师的游戏态度和游戏方法，为幼儿提供了榜样示范，在不断解决问题的过程中也激发了自己的效能感，并逐渐在游戏中学习成为游戏榜样，更好地促进自我效能感的提升。

我园有一个比较特殊的小朋友 A，入园后不能正常与他人交流。在平常的交往当中，分不清“你我他”这些人称代词，不明白老师和小朋友在说什么，不能参与游戏和教育活动，总是自言自语，老师跟他谈话，不能回应，也从来不跟其他小朋友玩耍和交流。生活自理方面很差，不知道上厕所，都是老师拉着他去上厕所，帮他脱裤子，提裤子。不吃早午点，不会用水杯喝水，更不会自己吃饭，让他吃饭他直摇头，每次都是老师喂。跟家长沟通后了解到，家人特别溺爱孩子，什么事情都替孩子干，从来也不带孩子出门玩耍，与孩子交流很少，孩子每天都在家里看电视或者自己玩。

针对 A 的这种情况，教师制定了一系列的教育方案来提高他的交往能力和生活自理能力。小班时，其他幼儿根据自己的兴趣探讨各种游戏玩法，积极参加游戏，A 从来不关注、不参与，只在一旁坐着不动。到了中班，老师发现他开始有了自己的兴趣点，喜欢玩体育游戏，于是就抓住这一契机，对他进行多方面引导和帮助，拉着他的手一起玩，后来让小朋友帮助他一起玩。一次又一次的示范与练习，让他感受到运动带给他的愉悦和成就感。经过两个月的坚持，现在他不仅可以和其他小朋友一起玩，还能和其他小朋友一起整理运动器械，变得越来越开朗，越来越有自己的主见了。A 生活中其他方面的能力也提高了，比如不仅会自己吃饭，还能自己盛饭；会和小朋友进行交流了……

活动中，教师是游戏的参考者、支持者、引导者，围绕活动目标，教师应适时指导，注意观察，及时记录、反思，引导幼儿不断思考和尝试，让狭小的空间最大化，让运动材料多样化，让动作发展全面化，创设游戏情境时设置不同难度以适合不同水平的幼儿发展，调动幼儿学习的愿望和兴趣，不断提高幼儿的自我效能感。

【导师点评】

《幼儿园教育指导纲要（试行）》中，健康领域教育是幼儿教育的重要内容之一，幼儿体育教育是幼儿健康教育领域的重要组织形式。《3—6 岁儿童学习与发展指南》指出这个阶段是儿童身体发育和机能发展极为迅速的时期，是形成安全感和乐观态度的重要阶段，从身体素质和身体适应的角度提出了幼儿在大肌肉动作方面的发展目标。幼儿每天户外活动时间不少于两小时，其中体育活动不少于 1 小时。2016 年，中共中央 国务院印发《“健康中国 2030”规划纲要》，提出实施“健康儿童计划”，各类儿童运动兴起，幼儿体育受到广泛关注。室内体育游戏可以弥补城区幼儿园户外体育游戏场地有限、不能满足多个班级同时活动，加之受阴雨、雾霾、沙尘、日晒等恶劣天气客观因素影响而无法开展的不足，是户外体育游戏的有效延伸与补充。

本文选取了城区内两所同质幼儿园，将一所开展室内体育游戏幼儿园的大、中、小 3 个班作为实验班，与另一所未开展室内体育游戏幼儿园的大、中、小 3 个班作为对照班进行研究。经过实验前后测查，以及提请儿童重要成人评估，发现教师、家长均认为幼儿自我效能感前后存在显著差异。在室内体育游戏设计中重视适宜性的空间材料对幼儿情绪的影响，科学的方式方法保证幼儿活动安全，有趣的游戏内容增强幼儿的运动能力，示范性的榜样支持幼儿的自主体验。在室内体育游戏实施中重视游戏过程中幼儿的身体、认知、情感及社会性发展，重视幼儿自我效能感的提升。

本文选题具有一定理论意义和实践价值，文献收集较为翔实，能够在借鉴学术界研究成果的基础上，提出自己的研究设计和思路观点，言之有理。论述概念清楚，条理清晰，有较强的逻辑性；结构合理，所得数据比较客观；案例比较详尽，书写规范，是一篇具有借鉴价值的文章。

（点评导师：河北大学教育学院教授范明丽）

幼儿园户外野战区的活动组织与实施

——以涞源县某幼儿园为例

保定市涞源县实验幼儿园　李云霞

《幼儿园教育指导纲要（试行）》（以下简称《纲要》）中明确规定：幼儿园要开展多种有趣的体育活动，特别是户外的、大自然的活动，培养幼儿参加体育锻炼的积极性，并提高其对环境的适应能力。在组织幼儿的户外游戏活动过程中，教师要考虑幼儿的年龄特点，选择适当的游戏活动类型。

幼儿园户外野战区活动，以户外体能大区角活动为依托，以游戏为载体，模拟战场上紧张刺激的气氛，引发幼儿认知活动、情感活动、意志活动和交往活动，活动中有明确的目标，幼儿在游戏中全情投入，从而获得最大化的发展价值。

一、认真研判，达成共识

（一）幼儿园户外野战区活动研究缘起

1. 幼儿的兴趣与发展需要

媒体数据分析，小初高学生身体素质逐年滑坡，意志薄弱，0—6岁是幼儿身体发育的关键期，是幼儿大脑及身体发育、体能发展的最佳时期，作为幼教工作者我们能做些什么？受孩子们一次偶然表现启发，刚入园的托班的几个小朋友哭闹不止，将他们带到户外缓解情绪，没想到几个小朋友对滑梯、钻洞、摇马均不感兴趣，都朝着沙地区跑去，开始翻滚轮胎、滚动油桶、拉拽沙袋，而且嘴里还不停地喊着“加油加油”，瞬间注意力转移，不仅自己不哭了，还和伙伴一起玩耍起来。玩了好一阵子，想带他们回去，大家似乎余兴未了，多多小朋友完整地向老师表达了自己的想法：“有时间我们还一起玩吧。”孩子在自由放松的环境中自主游戏，身体协调性、手臂力量、语言表达能力、同伴交往能力均得到很大发展……同时，也引发一些的思考，可不可以在这里投放一些油桶、沙袋、轮胎等低结构材料，打造户外野战区，创新户外活动模式？该园教研组成员讨论，决定开展户外野战区活动实践研究。

2. 安吉游戏的启示与借鉴

早在1989年《儿童权利公约》就指出游戏是儿童的一项基本权利。但由于户外游戏的不可控因素较多，幼儿的安全问题难以得到保障，于是形成了户外游戏活动的挑战性问题与幼儿安全性问题犄角对峙的局面。安吉游戏完美地解决了这个“两难困境”问题。“安吉游戏”秉持“尊重孩子，相信孩子”的教育理念，主张让儿童自主做事，回归最原始的状态，开展真游戏，促进真成长。提倡为他们创造更多的冒险机会，让幼儿有能力判断危险并掌握保护自己的方法。幼儿园户外野战区游戏把儿童作为游戏的主人，活动中幼儿不仅是参与者、交流者，更是享受其自然天性的教育主体。孩子们在充满挑战的自然环境中，散发着自由的思想，运用着自然的材料，释放他们自然的天性，这都归功于安吉游戏“回归自然，儿童自主学习”的理念的引领。

（二）幼儿园户外野战区活动内涵

1. 户外野战活动的概念界定

户外野战活动被称为“野战游戏”（War Game），最早出现在20世纪50年代，起源于美国中西部，后来逐渐演变成流行甚广的匹特博（PAINTBALL）运动，这种游戏不单是业余爱好者的野外活动，同时又是一个体现个人意志和素质的机会。自 2019 年开始，野战活动作为户外区角的创设、活动的开展已经引起关注。幼儿园户外野战区活动同样充满刺激而又令人兴奋，是一项幼儿喜欢的趣味时尚的绿色野战运动游戏。

2. 幼儿园户外野战区活动的特点

（1）自然性。

幼儿园户外野战区有大片的活动场地，如草坪、沙地、战壕以及树木等，这些原生态场地可以让孩子们在自然中尽情嬉戏。活动场地上放置了许多任由孩子们搬动的废旧材料和自然物，如旧轮胎、木板、梯子等。所有这些都能引发幼儿的好奇心和探索欲，这不仅仅是大自然赐予幼儿的恩物，也是所有孩子喜欢和享受的童年乐趣。

（2）自主性。

幼儿真正成为游戏的主人，教师只是一个观察者、帮助者。幼儿可以决定玩什么、怎么玩、和谁玩等，教师除了随时解答幼儿游戏中的各种“为什么”之外，更多的精力则放在安全工作上，使幼儿的天性得到释放。

（3）挑战性。

相对更多强调游戏规则、秩序与安静的室内环境，户外野战区游戏活动充满了刺激性和挑战性。有爬高并从高处顺势而下的刺激，有过壕沟、爬山坡、钻山洞挑战自己胆量和能力的刺激……幼儿在种种充满挑战性的活动中，发展肢体动作，感受自信，享受户外活动的“野趣”。

（4）变化性。

因为户外野战游戏环境的自然性，所以也充满了变化。春的萌动，夏的繁华，秋日硕果，冬日冰霜；四季有交替，早晚有变化。即使同一片活动场地，也会不断有山丘、沟壑、小桥流水的变化，或者蚯蚓钻出来、蝴蝶飞来……幼儿的嬉戏活动、探索活动便也由此丰富起来，永无停歇。

3. 幼儿园户外野战区活动的意义

陈鹤琴先生说过，“给儿童充分的娱乐和游戏。娱乐和游戏对于儿童身心的发展是有重大意义的。它可以给儿童丰富的经验，它也可以给儿童学习怎样控制情绪和怎样与人相处，还可以发展身体的技能，启发儿童的智力”。

英国著名唯物主义哲学家、教育家洛克在《教育漫话》一书中阐述了他的教育思想，他十分重视体育，认为健康的身体是精神快乐和生活幸福的保证，因为“健康之精神寓于健康之身体，这是对于人世幸福的一种简短而充分的描绘”。拥有健康的身体是将来贡献社会的保证。

户外野战区活动富有挑战性，充分调动幼儿活动的积极性、主动性。活动内容选择“既适合幼儿现有水平，又有一定挑战性；既符合幼儿现实需要，又有利于长远发展；既贴近幼儿的生活来选择幼儿感兴趣的事物和问题，又有助于拓展幼儿的经验和视野”，对幼儿身心健康发展意义深远。首先，促进幼儿身体健康发展。幼儿走、跑、跳、平衡、攀爬等各种基本动作得到充分练习，身体素质得以增强，动作灵敏度、反应能力得以提升。其次，促进幼儿心理健康发展。在活动中，幼儿毅力、耐力、适应力得到有效提升，克服胆小行为，增强自信心。另外，促进幼儿认知能力及社会性发展。提高自我解决问题的能力，认识自我潜能，启发想象力与创造力，从小培养幼儿团队精神、规则意识、合作意识。这些也正是《3—6 岁儿童学习与发展指南》（以下简称《指南》）中健康领域和社会领域所涵盖的目标内容。具体体现如下。

（1）渗透共情。

幼儿在户外野战区活动中全情投入，体会不同角色带来的困难和乐趣，让幼儿更懂得站在不同立场去思考问题。“游戏促进了儿童的情绪发展，他们发展自尊和自我概念，他们在一个没有约束的环境下学习如何应对恐惧和压力，推想游戏中的情绪，学习辨明自己的情绪，通过与他人一起游戏，并扮演各种角色，儿童学会移情和自我转移，学会接纳他人的观点。”①

（2）挑战自我。

国际上的发展趋势和研究成果均证实，越是具有挑战性的游戏越能提高幼儿的心智和体能水平。幼儿园户外野战区活动对每个孩子都具有一定的难度，表现为心理素质的考验上，需要幼儿向自己的能力极限挑战，跨越“心理极限”。

（3）熔炼团队。

幼儿体验团队的伟大力量，增强团队成员的责任心与参与意识，树立相互配合、相互支持的团队精神和群体合作意识。福禄培尔强调幼儿教育就是在幼儿游戏中展开的。游戏是幼儿获得欢乐、自由、满足，取得内心与外界统一的生活源泉。在游戏中体会奉献、帮助别人、协力合作，也能增进自己的幸福感，培养稳定的耐性。

（4）自我认同。

在克服困难、顺利完成训练项目要求以后，幼儿能够体会到发自内心的胜利感和自豪感，获得人生难得的自我认同，增强自信心。在游戏中打破年龄和班级界限，发挥幼儿天性，让幼儿自己参与活动，享受游戏快乐，了解应该遵守的规范，促进自我的健康快乐成长。

（5）自我教育。

在野战活动中，幼儿认识生命、尊重生命，积极健康地发展生命，提升生命质量的自我教育。教师只会在活动前把本次游戏活动的内容、目的、要求及必要的安全注意事项向幼儿讲清楚，活动过程中充分尊重幼儿的主体地位和主观能动性。

---

① 约翰逊等．游戏与儿童早期发展［M］．华爱华，郭力平，译．上海：华东师范大学出版社，2006：53-54.

二、顺应规律，培树理念

“寻健康之本”是该园的核心办园理念之一，教师参与幼儿在园生活的每一个环节，绞尽脑汁地为幼儿创设各种活动，想尽一切办法调动幼儿积极性，却又恰恰忽视了儿童作为活动主体的感受。儿童对于幼儿园生活、环境有自己的感受和想法，所以户外野战区活动的组织与实施“以幼儿为本，实现全面发展”。

陈鹤琴先生指出，“儿童生来好玩。外界的刺激与内部的冲动，都能引起他的动作。除了睡眠和疾病之外，无时不动作的。照柯蒂斯（Curtis）的研究，就是在睡眠的时候，儿童也有许多的动作，所以我们应当给儿童充分的机会，使他得到完美游戏的生活”①。

（一）遵循“用进废退”原则，培养幼儿运动兴趣

脑科学的研究表明，人的大脑在出生后前几年生长发育速度最快，可塑性最强。足月新生儿脑的体积约 350 克，2 岁时约为成人脑体积的 3/4，4 岁时已接近成人。发育过程中大脑线路逐渐联结，遵循相互激发的细胞共同连线，用进废退的原则。台湾认知神经科学家洪兰教授提出，刺激发展孩子大脑的 3 个方法，分别是阅读、运动和游戏。幼儿户外野战活动通过充满挑战性的环境、丰富多样的材料调动幼儿参与游戏活动的积极性、主动性，幼儿在与环境材料充分互动的过程中，更好刺激大脑的发育。

（二）以幼儿为本，促进全面发展

“以幼儿为本”是指尊重幼儿的主体地位，尊重幼儿的身心发展规律，把幼儿发展作为一切活动的根本目的。幼儿园户外野战区以幼儿

---

① 陈秀云，陈一飞．陈鹤琴全集：第 1 卷［M］．南京：江苏凤凰教育出版社，2018：172.

的快乐和满足为目的，根据幼儿的兴趣和需要创设环境，幼儿在游戏中自由选择材料、自主探究游戏、商讨制定规则，积极主动地进行活动。教师在活动中的作用在于激发幼儿的积极性和主动性，为幼儿创设良好的游戏环境，为幼儿自发、自愿的活动提供条件，并在游戏中引导幼儿，支持其深度学习，健康成长。

幼儿全面发展指对幼儿实施德、智、体、美、劳全面发展的教育。该园探索“幼儿园野战区活动＋”的模式，以幼儿身心发展的现实与可能为前提，以幼儿园户外野战区活动为载体，促进幼儿身心和谐健康发展。教师根据野战区活动需要和幼儿的身心发展特点选择恰当的教学方法，尊重幼儿兴趣，让幼儿成为学习的主人。在活动中不仅获得健康方面的发展，语言、社会、科学、艺术等方面均能够得到发展。

三、环创材料，遵循原则

原则是说话或行事所依据的法则或标准，它能够确保事务顺利得以开展。因此在户外野战区活动中，为了促进幼儿和谐健康发展，保证实践探索的有效推进，在《纲要》总则里提出“幼儿园应为幼儿提供健康、丰富的生活和活动环境，满足他们多方面发展的需要”。野战活动组织与实施应遵循以下原则。

（一）环境创设的原则

1. 环境创设的安全性

保护幼儿的安全健康，是幼儿园的首要任务，也是贯彻保教并重原则的必要措施。幼儿园环境的安全主要包括两个方面：一是物质环境的安全，二是精神环境的安全。物质环境的安全是保障幼儿人身安全的基础。我们在户外野战区整体环境创设中以软材料为主，利用沙土、迷彩网布、纸箱、轮胎、攀爬架等打造环境，材料投放一定要牢固而稳定，既能保证幼儿安全又能供幼儿长时间使用。例如我们自制的隐蔽箱，钻进去的门框边都用透明胶布粘裹住，安全又结实；提供的攀爬架，都请专业的铁匠师傅进行焊接，暴露部分用麻绳缠绕，既坚固耐用又避免幼儿磕碰；战壕墙体用软地毯包裹等。每一个细小的环节都是为了能够让孩子在游戏中得到更好的发展，在户外野战区活动中，用心呵护幼儿的生命安全，是我们义不容辞的责任。精神环境的安全是保证幼儿获得心理健康的必要条件。《纲要》总则中提出："幼儿园教育应尊重幼儿的人格和权力，尊重幼儿身心发展的规律和学习特点，以游戏为基本活动，保教并重，关注个别差异，促进每个幼儿富有个性的发展。"因此，在宽松愉悦的氛围中、在教师的支持鼓励下，幼儿自主探究、自由游戏，让幼儿成为游戏活动的主体，让幼儿感受成功的自信，体验成长的幸福，为幼儿的一生发展打下基础。

2. 环境创设的浸润性

《纲要》教育活动的组织与实施部分中指出环境是重要的教育资源，应通过环境的创设和利用，有效促进幼儿的发展。

通过与幼儿共同探讨，我们对户外野战区墙面进行迷彩图案喷绘，墙面介绍了当地有关红色革命的故事，渲染红色基因底色，使幼儿了解涞源当地革命历史故事。还布置了国旗、国徽的图片及含义介绍，展示了我国的各种先进武器，激发了幼儿对国防知识的浓厚兴趣。让幼儿在来园、离园活动、餐后散步、户外活动每一个环节都能受到潜移默化的影响，让幼儿园每一面墙壁、每一个角落都能与幼儿对话，让红色教育浸润幼儿成长，让红色文化深入人心。

3. 环境创设的挑战性

刘焱教授在《幼儿园游戏与指导》中指出："户外游戏活动环境的创设应当适合幼儿的年龄特点，满足幼儿的游戏和探索需要，在安全的前提下，通过创设富于变化、具有可探索性和挑战性的环境来为幼儿提供丰富多样的游戏经验，增加户外游戏的趣味性。”①

随着野战区活动的深入开展，我们观察到野战场地的局限性，扩增了野战第二现场，增加了壕沟、地道、碉堡、营地等真实场景，让幼儿在真实富有挑战性的野战环境中去探索，去发现，去感知体验，实现真游戏。比如在大班“决战高地”游戏情境中，幼儿穿过壕沟，钻过地道，炸掉敌人碉堡，观察敌情，非常隐蔽地爬过草地，把鲜艳的五星红旗插到敌人阵地，充满挑战性的现场情境极大地调动了幼儿参与活动的兴趣。

（二）材料投放的原则

1. 材料投放的适宜性

《纲要》中指出，幼儿园的空间、设施、活动材料和常规要求等应有利于引发、支持幼儿的游戏和各种探索活动，有利于支持幼儿与周围环境之间积极的相互作用。适宜性原则的目的是关注每个孩子的最近发展区，具体有两层含义：一是年龄适宜性；二是个体适宜性。材料投放适宜性原则就是幼儿园活动中材料的多少和层次要符合孩子年龄发展需要，适应幼儿的个体差异。小、中、大班根据幼儿不同年龄段的发展水平有针对性地投放不同材料。

2. 游戏材料的丰富性

游戏材料作为游戏的重要物质基础，具有支撑游戏开展和促进幼儿认知、社会性、身体和语言等多方面身心发展的重要作用。游戏材料投放多少取决于幼儿进行游戏的发展程度，随着幼儿年龄的增长，游戏的发展程度也会有所提高。当游戏材料的质和量不能满足幼儿游戏需求、游戏兴趣时，幼儿的游戏参与度降低，游戏水平会停滞不前，能力得不到充分发展。只有材料的质和量充分满足幼儿的发展需求，其游戏能力才会不断提高。在刚接触野战游戏时，每个孩子都兴趣十

---

① 刘焱. 幼儿园游戏与指导［M］. 北京：高等教育出版社，2012：172.

足，就连单纯的滚轮胎、滚油桶也玩得忘乎所以。可是几次游戏下来，孩子们对材料已经熟悉，这时教师需要根据小、中、大班幼儿健康领域动作发展指标丰富不同材料，适时投放新的材料重新激发幼儿的游戏兴趣。小班补充了运货车、平衡木、迷彩钻洞、帐篷、小沙包、手榴弹等；中班添置了手枪体操垫、小跨栏、炸药包、隐蔽作战箱等；大班补充投放手榴弹、炸药包、担架、竹梯、编织电网等材料，把长廊打造成野战营地，促进幼儿新的游戏情节的产生。

3. 游戏材料的互联性

把户外大型玩具设备通过不同途径和方法连接起来，实现了器械设备的互联性的新突破，增加了游戏的复杂性和趣味性。比如把戏水池的小桥、户外树屋、滑索等户外玩具联合起来创设情境，增强游戏场景的立体感和挑战性。另外，注意不同材料之间的重新组合，可以创造新的情境，产生新的游戏，比如幼儿把隐蔽箱当作敌人关押自己战友的据点，想尽一切办法救出队友，队友藏在私密空间感觉很有趣，和小时候捉迷藏差不多。例如，等待队友来救援，用担架把伤员抬走，打开药箱抢救伤员，幼儿开始了角色扮演游戏。

图 35 户外玩具互联性

同时，在野战区环境创设和材料投放上还要注重生态性和开放性，比如自然的沙地、土丘、树木、壕沟等；墙面的迷彩色调、终极英雄墙的迷彩网围挡、“战地集装箱”、迷彩图案的隐蔽箱、各种形状的战地帐篷等充满了童趣性；平衡木、沙袋、战地油桶、攀爬架等可以随时玩多样玩，体现了活动的开放性。

四、深入实践，积极探索

（一）活动前

户外野战活动蕴藏着丰富的学习机会，有益于幼儿身心全面发展。而在活动中幼儿认知和社会性发展价值，只有在幼儿积极探索和教师的正确引导下才能显现出来。

1. 精心准备，保障实施

在带领幼儿到户外开展游戏活动之前，要做好户外野战区活动准备。首先，确保幼儿着装安全是户外野战区活动的重要准备。教师要引导和帮助幼儿穿上精神的迷彩服，注意观察幼儿的衣服是否扣好、鞋带是否系好。其次，在大部分幼儿已经穿好衣服后，教师可以简明扼要地告知幼儿户外野战区活动的内容以及要注意的安全问题。另外，教师应当事先考虑户外野战区活动的内容，并准备好场地和相应的游戏活动材料，注意材料的安全性和多样性，避免在材料的使用过程中产生安全隐患。

2. 充分热身，确保安全

活动前，教师根据幼儿年龄特点选择多种形式展开热身运动，在动感十足的音乐声中跑步或者跳童趣盎然的健身操，都能很好地起到活动全身、科学热身的作用。

（二）活动中

教师应成为幼儿学习的支持者、合作者、引导者，实现活动中教

图 36 跑步热身

师的指导性和幼儿主体性的和谐统一。《纲要》中指出教师要以关怀、接纳、尊重的态度与幼儿交往。耐心倾听、努力理解幼儿想法与感受，支持、鼓励他们大胆探索与表达，要善于发现幼儿感兴趣的事物、游戏和偶发事件中所隐藏的教育价值，把握时机，积极引导。

1. 师幼探索，遵守规则

户外野战活动中的规则性游戏的指导应当加强幼儿对游戏规则的理解，通过幼儿探索、教师示范，帮助幼儿理解规则，掌握游戏的玩法，学习解决活动中的简单问题。在大班野战活动“谍战精英”中，小特工们要穿越敌军基地里的红外线去寻找敌人的秘密情报。活动开始时，教师为每个小战士粘贴了象征能量的 5 个圆点，幼儿探索游戏玩法，教师讲解游戏规则：基地有两个关卡，每个关卡都布满了红外线，过红外线的时候千万要小心，不能碰到红外线，碰到一次自己身上的能量就要消除一个，如果 5 个能量都用完了，就要退出这次任务。活动过程中，幼儿尝试不同通过方法，教师观察不同水平的幼儿，及时提醒他们注意游戏规则。幼儿结合自己已有的经验，通过同伴间的互相学习，不断地尝试探索，找到最佳的方法，以最标准的动作躲避红外线，使自己的能量不被带走，进而顺利完成任务。当幼儿触碰红外线时，教师也会提醒幼儿遵守游戏规则自觉消除能量，帮助幼儿树立自我管理、自觉遵守规则的意识。

图 37　教师提醒幼儿游戏规则

2. 适时指导，扩展经验

教师创设野战环境，改造适宜材料，积极诊断缺失，追随幼儿兴趣，采取适当方法，丰富扩展野战活动经验，为活动顺利开展做好铺垫工作。中班野战活动“决战高地”以送达一封情报为主线，攻占敌军营要穿过战壕、钻过山洞、炸掉碉堡、爬过草地、翻越城墙，将中国国旗插入秘密阵地夺取胜利。由于我们用的是铁质攀爬架，孙涤小朋友刚刚触摸到攀爬架时说好凉啊。其他孩子也顺势去触摸，都感觉太凉了。针对“凉”的问题，老师捕捉教育契机，及时引导，探讨如何解决。幼儿积极思考，想出好多办法：用火烤、用布、用麻绳……我们先尝试用麻绳缠，实践过程发现麻绳太细、耗时耗力。嘉怡小朋友说细麻绳可以编成小辫、拧成麻花这样就变粗了；小雨小朋友说可以用软软的暖暖的布包裹。我们给予幼儿充分尝试的时间与空间，通过多次探究，一致认为海绵纸既方便又实用，教师和幼儿一起将攀爬架用海绵纸进行包裹，解决了铁质攀爬架冰手的问题，游戏得以顺利进行。

上述案例中教师捕捉教育契机—积极引导—幼儿探索尝试—达成共识，同时也是提高幼儿自主解决问题能力的过程。教师关注幼儿在活动中的表现和反应，敏锐地觉察他们的需要，及时以适当的方式应答，形成合作探究式的师幼互动。

角色游戏是社会经验的反映。在角色游戏中，当发现幼儿缺乏角色扮演意识、分工合作意识而影响游戏进行时，教师通过扮演角色来指导游戏。一方面，可以调动幼儿的主动性和创造性，同时可以使游戏内容和情节得到自然丰富地展开，而不让幼儿感到被干涉的生硬感，在不知不觉中提高幼儿游戏的能力和水平；另一方面，教师适时介入指导或与幼儿共同承担角色，幼儿自然地接受、模仿，积累了野战活动经验，推动游戏顺利进行，幼儿在游戏中语言表达能力、自我价值、社会性均得到很好发展。角色中还出现了军师、指挥官，流程也越来越清晰：军师介绍流程，指挥官亲自上战场指挥，士兵演习，在营救队员后，战友抬来担架，医生进行抢救。

3. 及时鼓励，给以支持

《纲要》中指出，要尊重幼儿在发展水平、能力、经验、学习方式等方面的个体差异，因材施教，努力使每一个幼儿都能获得满足和成功。在“决战高地”的翻越城墙环节（翻越攀爬架），我们根据孩子的个体差异投放了一高一矮不同材质的攀爬架，鼓励幼儿自愿选择攀爬的材料。参与活动的幼儿一共 16 人，其中 12 人选择了铁制的高攀爬

图 38　“指挥官”亲自指挥战斗

架，4 人选择了木制的矮攀爬架。实践证明，幼儿确实喜欢有挑战性的游戏材料，乐意尝试、体验新鲜事物。在翻越攀爬架的时候，子琪小朋友有点儿胆小，配班老师扶住她的小脚并鼓励她说：“你可以的，要相信自己。”“脚踩实，慢慢翻转。”她点点头，小脚不停地挪动，寻找着最稳固的、容易翻越的落脚点。同时，小朋友们也不约而同地为子琪加油！在大家的帮助下，她成功翻越过攀登架，脸上露出了骄傲自信的笑容，伙伴们当中也出现了“哇”的叫好声。第二次翻越时，子琪小朋友的自信心、动作灵敏度明显提升……

上述案例中，正是老师和同伴的及时鼓励，给予子琪以心理支持，帮助她树立克服困难的信心与勇气，从而完成了对于自己来说充满挑战性的任务，体会到成功的喜悦。在幼儿游戏活动中，老师只是观察者、引导者、支持者，老师及时、适时地给予孩子一个微笑、一句肯定的话语、一个满意的点头，对幼儿来说非常重要，可以帮助孩子克服胆怯、树立自信，使不同水平、不同经验的幼儿在原有水平上都得到发展。

4. 放松整理，总结评价

游戏结束，随着优美的爱国歌曲做放松运动，让爱国的种子根植于幼儿幼小的心灵。整理场地是必不可少的环节，收拾材料既是下次开展活动的必要条件，又是培养幼儿良好生活习惯的时机，教师千万不可包办代替，要引导幼儿有条理地收整材料、分类打包，还要学会分工合作、做事有始有终的良好行为习惯。

儿童生来好玩，为他们提供充分的活动时间和空间，使他们得到完美游戏活动的生活，并及时评价、反馈信息，有助于促进幼儿身心和谐健康发展。在小班，对野战区活动的评价以教师与幼儿回顾互动式评价为主，教师与幼儿回顾活动过程中的表现，有针对性地进行评价，激励表扬为主；在中、大班，教师要引导幼儿学习对游戏活动进行自我评价，表达感受，让不同水平的幼儿都能找到成功的自信。从以教师评价为主逐渐过渡到幼儿自我评价为主，增强幼儿作为活动主体的主体意识、主体能力。

（三）活动后

1. 激活教研，持续可行路径

课题开展过程中，课题组成员积极展开研讨，组织一线教师进行实践，在交流—预设—实践—反思—再实践的过程中不断尝试、整改。教研活动不局限于坐下来研讨，更倡导走进野战场的教研，研环境、研材料、研幼儿、研活动、研效果，针对目前发生的情况给予合理的建议，进而使发现的问题及时得以解决，提高研究的实效性。在优质课活动中，师幼共同探索，创设环境、整合材料、预设活动，在实践中寻找依据，在反思中坚守专业定力。将以前“要我教研”模式变成“我要教研”的积极模式，扎实认真的教科研精神推动了全园教科研水平整体提升，同时推进了课题的深入开展。

2. 整理凝练，形成园本课案

根据《指南》中健康领域对各年龄段的要求，组织教师开展教研活动，进行交流研磨。针对幼儿的年龄特点，明晰了小、中、大年龄阶段在跑、跳、钻、爬方面的能力目标，确定了各年龄段的具体活动内容。小、中班侧重于在幼儿喜欢的游戏和场域中基本动作的练习，发展幼儿平衡能力，身体灵活性、协调性，锻炼幼儿坚强勇敢、不怕困难的意志品质，躲避危险保护自己的能力；大班侧重于通过体能循环的技能练习，开始尝试竞争性的综合类游戏，活动中发展了幼儿的平衡能力、协调能力、攀爬能力，并注意活动过程不对别人造成伤害。在充满挑战性的游戏活动中提高幼儿发现问题、解决问题的能力，培养积极乐观、坚毅果敢的精神品质，增强团队合作精神及爱国主义情感！

教师课程观、儿童观、教育观逐步得以转变，充分发挥幼儿在活动中的主体地位，相信儿童、放手儿童，观察记录幼儿的活动表现，及时调整活动方案。经过调整后的游戏方案更具有趣味性、挑战性、发展性，为园本教材的编写提供参考素材。

五、梳理总结，引发思考

（一）提升教师专业素养

教师进一步转变观念，相信儿童、放手游戏；深入贯彻《纲要》精神，熟知《指南》各领域目标；提升体能教师的体育核心素养，比如队列队形变化，口令、动作的规范性。

（二）幼儿健康体能教育与小国防教育有机融合

加强体能教师军事核心知识的建构，积淀幼儿小国防教育军事核心经验；做到军事国防教育与幼儿健康体能教育的有机融合。

总之，我园在户外野战区活动的实践探索方面做了大量工作，但还有许多需要探讨的问题，我们将继续努力，为国防教育在幼儿园的深入开展尽心尽力，为幼儿园开展户外野战区活动提供科学可借鉴的经验。

（本文系河北省教育科学研究“十四五”规划一般课题“优化幼儿园户外体育活动的研究——以L县幼儿园户外野战区活动实施为例”的相关成果，课题编号：2103078。）

附录1 “决战高地”游戏方案

游戏名称：决战高地

游戏地点：野战区营地

游戏时间：2020年11月15日

游戏材料：“炸药包”若干、爬行垫4个、攀爬架1个、红旗若干、轮胎若干

游戏玩法与规则：

（1）游戏玩法。

创设情境：全班幼儿身穿小战士军装，进入紧急状态，需要大家去战场支援。此活动分为两部分：第一部分炸掉“碉堡”，第二部分把中国的国旗插入敌人后方。第一部分炸掉“碉堡”环节，幼儿需闯过三关：①穿过“战壕”，小战士们弯腰下蹲穿过“战壕”；②钻过“山洞”，幼儿弯腰钻过“山洞”；③炸掉“碉堡”，在这一环节为幼儿准备不同的“炸药包”，让幼儿自主选择，并想办法炸掉“碉堡”！第二部分，进入敌人军营，插上中国国旗：①幼儿匍匐爬过“草地”；②手脚并用翻过“城墙”，此环节，相对个别幼儿有些困难，他们需要克服胆怯的心理障碍，勇敢挑战自我，战胜自我，翻越“城墙”，然后在敌人后方插入中国国旗！

（2）游戏规则。

①在穿过“战壕”“山洞”时，要注意弯腰低头通过。

②在投掷“炸药包”时，自主选择自己所需要的“炸药包”，双脚打开与肩同宽，双手举起炸药包，举过头顶，用力将“炸药包”投掷到“碉堡”中。

③匍匐爬过“草地”，匍匐前进时，要用手臂和腿的力量作为支撑，左臂右腿，右臂左腿相互交替，使身体继续前移。

④攀爬“城墙”，手脚并用爬过攀爬架，在攀爬架制高点时注意安全。

附录 2　“谍战精英”游戏方案

游戏名称：谍战精英

游戏地点：野战基地

游戏时间：2021 年 1 月 19 日

游戏材料：红色圆点若干、椅子若干、带铃铛红外线若干、徽章若干、音乐、盒子两个。

游戏玩法与规则：

(1) 游戏玩法。

全班幼儿来当小特工（每个人身上有 5 个能量点），要执行一项非常重要的任务，去寻找敌人的秘密情报，但是，他们的基地里安装了很多红外线，想要拿到情报，就要想办法躲过这些红外线。请幼儿讨论、尝试用什么办法才能顺利通过。幼儿选择不同难度的障碍进行探索。

请部分幼儿分别示范过障碍物动作，进行动作梳理。

一组：用跨的动作比较合适（后腿要抬高）。

二组：用爬的动作较为合适（身体要紧贴地面，动作要慢）。

三组：用钻的动作比较合适（一只脚先过再过头部，头部过去了要回头看身体部分是否安全通过）。

四组：用跨、爬、钻动作较为合适。

幼儿探索练习运用不同技能穿过 4 组不同的红外线。

(2) 游戏规则。

基地有两个关卡，每个关卡都布满了红外线，过红外线的时候要小心，不能碰到红外线，碰到一次幼儿身上的能量就要消除一个，如果身上的5个能量都用完了，那么就要退出这次任务了。

听到口令，全体幼儿尝试运用不同技能穿过3个红外线即可找到情报钥匙盒子。全体幼儿最终以不同形式穿过网状红外线即可得到情报钥匙盒子。

幼儿在游戏过程中，碰响铃铛的需要扣掉1个能量点，集体顺利通过即可用钥匙打开情报盒子，完成任务。

【导师点评】

本文借鉴安吉游戏精神，将幼儿园户外体能活动与国防教育相结合，聚焦幼儿园户外野战区的活动组织与实施，具有一定创新性。该幼儿园关注幼儿兴趣，创设形象逼真的野战环境，投放丰富适宜的活动材料，依托户外野战大区角环境，模拟战场上紧张刺激的气氛，引发幼儿的认知活动、情感活动、意志活动和社会交往活动。幼儿在游戏中全情投入，发展走、跑、跳、钻爬等运动能力，培养积极乐观、勇敢坚强的意志品质，热爱祖国、保卫祖国的情感得到升华。

实践探索以活动前、中、后三环节组织：活动前精心准备、保障实施，充分热身、确保安全；活动中提出教师应成为幼儿学习的支持者、合作者、引导者，实现活动中教师的指导性同幼儿主体性和谐统一；活动后激活教研，持续可行路径，整理凝练，形成园本课案，具有借鉴和推广的价值。

本文案例翔实，书写规范，作者在户外野战区活动的实践探索方面做了大量工作。活动前的材料投放充分考虑幼儿的自主性和发展适宜性，建立小、中、大3个年龄段的野战活动材料资源库；活动中教师的观察指导尝试从幼儿视角出发，把握介入时机和介入程度；活动后能够充分调动幼儿积极性，进行过程回顾和自我评价，逐渐建立户外体能＋的课程模式，为幼儿园开展国防教育提供参考依据。

（点评导师：河北大学教育学院教授范明丽）

幼儿园篮球游戏化教学的策略研究

保定市曲阳县孟良河幼儿园　赵　磊

国务院颁布的《全民健身计划（2016—2020年）》，提出了全民健身的理念。从2009年起，经国务院批准，每年8月8日为“全民健身日”。《3—6岁儿童学习与发展指南》指出参与体育活动对儿童的身心发展、个性形成、自信心的培养都起着不可替代的作用。《幼儿园教育指导纲要（试行）》也强调幼儿园应为幼儿提供健康、丰富的生活和活动，满足幼儿多方面的需要，使他们在快乐的童年生活中获得有益于身心发展的体验。

篮球在我国是普及率相对较高的运动，深受群众的喜爱，球类游戏本身又是幼儿非常喜爱的活动。为了丰富幼儿的户外体育活动内容，激发幼儿对体育运动的兴趣，结合我园的实际情况和幼儿的发展现状，我园开设了幼儿篮球游戏化教学活动。

一、幼儿园篮球游戏化教学的概念与特点

（一）幼儿园篮球游戏化教学的概念

幼儿园篮球游戏化教学是指教师有计划、有目的、有组织地通过游戏形式教授幼儿篮球活动的基本动作，在帮助幼儿掌握各种基本动作的同时，增强幼儿体质与社会性发展的教学活动。它有利于提高幼儿的触觉、感知觉、手眼协调能力，促进幼儿体能的发展；有利于提

高幼儿的心理素质，建立自信心，满足其参加运动的愿望。

（二）幼儿园篮球游戏化教学的特点

幼儿自身发展的特点决定了在幼儿园开展篮球游戏化教学活动不同于成人的篮球运动，在场地、器械、教法等方面都有其自身的特点。

1. 场地及器械的要求

幼儿篮球最早在2017年提出，属于一项使用小型篮球的儿童体育活动。由于幼儿个头小、手小、力弱，所以幼儿篮球只有450—500克的重量，68—70厘米大小，同时，篮圈、球场等规格都是遵照幼儿身体特点进行设计的。

2. 幼儿篮球游戏教学教法的要求

篮球是一项对技术技巧要求很高的运动，结合幼儿的身心发育特点，教师在设计活动时要注意以下几点：第一，要符合幼儿的身心发育特点，考虑到运动量的问题。由于幼儿中枢神经系统发育不完全，活动量过大会产生疲劳，活动量过小又达不到锻炼的效果。因此，在设计活动时必须依据幼儿的生长发育特点进行教学。第二，幼儿注意力不稳定，易受外界影响，所以在教学时不要长时间进行某一固定动作练习，要以灵活多变的形式和内容刺激幼儿进行活动。第三，体育游戏最大的乐趣在于竞争，竞争越激烈，幼儿越喜欢参加，在设计游戏时要适当地增加竞争性。第四，在实施篮球教学过程中要充分考虑到各种可能出现的意外情况，如场地是否干净整洁，器材是否安全可靠，并时刻提醒幼儿注意安全。

二、确立合理性的幼儿园篮球游戏化教学目标

（一）幼儿园篮球游戏化教学研究的总体目标

通过开展篮球游戏，使幼儿掌握篮球的基本知识和运动技能，并且通过活动培养幼儿的良好品质，提高幼儿团结、合作能力（身体、

认知、个性、社会适应能力等）全面发展。

通过对篮球游戏活动开展情况的研究，探索总结出幼儿园适合开展的篮球游戏内容，编辑形成园本篮球游戏课程。

提高我园关于篮球游戏教育活动的理论知识，与时俱进，将幼儿园园本课程与社会现状相结合，进而使教师能以研究的态度、发展的眼光去完善活动课程，提升教师的教育科研能力。

（二）幼儿园篮球游戏化教学研究的阶段性目标

1. 3—4 岁幼儿的具体目标制定

幼儿能够用手和手臂抱住落地的反弹球，能与同伴在相距 1 米的位置击地传接球，能原地连续拍球 20 次，能双手合作将球运向指定位置；学习多种滚球（单人滚球、双人滚球、利用多种辅助物滚球、双手排球、单手拍球）的动作；培养幼儿对篮球活动的兴趣，简单了解篮球运动，增强自信心；学习篮球运动的简单知识和基本动作。

2. 4—5 岁幼儿的具体目标设定

幼儿能大胆、主动伸开手臂接住弧线来球，能轻松、熟练地接住反弹球，能侧线滑步、在相距两米的位置与同伴进行击地传球，能双手协调地将球推向指定位置，五指张开能原地有节奏地拍球 50 次/分钟以上，能单手快速运球到指定位置、掌握胸前接球动作、掌握基本的双手胸前投球，在高 1.5 米远的位置进行投球。对幼儿进行一定量的身体素质训练：移动技术训练，如跑、跳等，练习力量、速度、敏捷等身体素质；能够丰富篮球运动的动作技能，学习左右手交替拍球，单手拍球动作连贯、有节奏地连续拍球 30 次以上。学习站在辅助物上单、双手拍球；提高运用手臂、手腕控制球的能力及手眼协调能力，有合作意识；拍球向前走、行进间直线行走运球；学习相互抛接球、传球；学习投篮（篮筐高度 165 厘米），丰富篮球运动的探究兴趣。

3. 5—6 岁幼儿的具体目标设定

幼儿能五指张开，两大拇指相对，主动伸开手臂迎接球，并能主动缓冲来球力量、在接球的基础上能流畅地进行运球、投球或传球；能和教师进行行进间传接球活动；能快速有力地将球推至指定位置；两名幼儿间能熟练地进行障碍传球，躲避防守队员抢断；两名幼儿能分别用弧线和击地传球方法同时传两个球；能原地熟练地双手交替体前运球；能在运球的状态下破坏对方运球；能用简单的技术躲避防守队员的防守；能熟练地运球绕过障碍物；能掌握正确的双手胸前投球方法；能在 30 秒内连续投入高 1.5 米、远 2 米的篮筐 2 球以上；进一步丰富有关篮球动作的技能，提高玩球的多样性，比如移动技术训练（跑，包括放松跑、变向跑、变速跑、侧身跑、后退跑；跳，包括双脚跳、单脚跳；急停；转身；步法，包括跨步、滑步），帮助大班幼儿树立竞争意识。

三、设计多样性的幼儿园篮球游戏化教学内容

在幼儿园开展篮球游戏教学，需要从环境创设、材料准备、教师介入及设计适合幼儿发展水平的篮球游戏几方面入手。

（一）幼儿园篮球游戏化环境的创设

幼儿园、教师应积极创设丰富的篮球游戏活动的物质条件和环境。因为环境是幼儿的启蒙老师，它能满足幼儿好奇、好动的欲望，而开放、自由的空间更能激发幼儿学习的主动性、自信心。陈鹤琴先生说过："我们要帮助孩子张开眼睛，打开耳朵，挥动双手，使他们能认识环境、接触环境，才能创造环境，才能使他们成为环境的主人，从而引导他们积极的关注环境并发现问题，那么他们长大后就会用敏锐的眼睛、一颗敏感的心、一双灵巧的手去改造周围的生活。"在实践中，我们积极挖掘资源，做到切实有效地激发幼儿对篮球游戏活动的兴趣。

1. 生动性

走进幼儿园，首先映入眼帘的是正面幼儿园的主体墙，醒目的大字豁然呈现在眼前："让每个孩子健康快乐地成长。"画面上是孩子们

手举篮球、欢呼、向前奔跑的情景。其次，在爬满绿色藤蔓的长廊下，用塑料网兜装着一个个小篮球，孩子散步时，随时可进行游戏，如跳起来用手拍打篮球，还可用头顶球。此外，大大的篮球场上铺满了柔软的塑胶，上面画有漂亮的图案，既安全又美观。场地边缘镶嵌着彩色的轮胎，以利于幼儿双脚踩在上面，用头顶着篮球走一走，让幼儿练习平衡的技能。园内走廊张贴着幼儿的篮球绘画作品，玩篮球游戏时的照片，小朋友们常常在这里驻足观望，生动的画面深深地吸引了他们的眼球。小朋友还不停地手舞足蹈，有的还模仿篮球运动的动作，有效激发了幼儿玩篮球的欲望和兴趣。

2. 开放性

首先，全园幼儿人手一个小篮球，满足幼儿进行篮球游戏的自我需要；其次，有适合幼儿高度的专用篮球架。大大的操场给幼儿玩球提供了足够的空间，让人无处不感到运动元素的存在。每天，幼儿可以在特定时间里开心地玩篮球，开放的环境为幼儿开展篮球游戏活动提供了有效的物质保证。

3. 参与性

让每个幼儿都参与到环境的创设中，每班设有“篮球特色”墙饰。那里有幼儿收集的篮球明星照、篮球比赛图片、幼儿活动剪影、幼儿篮球小明星、篮球绘画展等，形式多样，精彩纷呈。幼儿在支持性的环境中体会篮球，在自我参与的过程中获得了篮球技能，体验了篮球游戏带来的无穷乐趣。

4. 动态性

在环境创设过程中，我们还注意落实“评比制”和“定期更换制”，即期初和期末，都会对每班创设的特色活动墙饰进行评比和督查，彰显不断创新的面貌。每个班级所设计的特色墙饰都别具匠心，风格迥异。内容丰富、各版块分布清晰，有幼儿篮球活动照片、篮球技能、新闻等，充分体现了我园篮球特色教育。教师定期更新内容，让篮球文化通过这个活动窗口展现在幼儿面前，增强了幼儿对篮球运动的感性认识。

（二）幼儿园篮球游戏化材料的准备

材料是支撑幼儿篮球游戏的基础，材料的投放直接影响幼儿的篮球游戏。丰富而适宜的材料，为每一个孩子提供了活动的条件和表现自己的机会，是决定幼儿主动活动的重要因素之一，它直接影响幼儿的兴趣，使幼儿的各种能力在玩耍中得到提高。

1. 投放丰富的材料，满足幼儿的不同需求

在我们的篮球游戏中，有许多辅助性的篮球游戏材料，如颜色鲜艳、大小各异、高低不同的投篮器具，长长的、柔软的彩棍，圆形的呼啦圈，圆形的门洞，中型的塑料筐，形态各异的平衡木等。教师要根据幼儿的年龄特征和游戏需要进行相应的材料准备。在提供丰富的材料时，还应让幼儿对我们提供的材料有相关了解。

2. 材料的投放要与幼儿的年龄特点、兴趣相结合

兴趣是最好的老师，幼儿对篮球游戏材料的兴趣和需要往往反映在篮球游戏中。教师只有深入观察了解本班幼儿的年龄特点和兴趣需要，才能使材料的投放更具有针对性，用材料丰富幼儿的生活经验，提高能力。

3. 材料投放要有层次性，与幼儿的发展水平相结合

投放材料的层次性，是指教师在选择、投放操作材料前能够预先思考，将所要投放的材料逐一与幼儿通过操作该材料可能达到的目标之间按由浅入深、从易到难的要求，分解成若干个能够与幼儿的认知发展相吻合的、可能的操作层次，使材料“细化”。因此，教师在投放材料时不能一下子将新的材料全拿出来，应该慢慢地、逐步增加材料。皮亚杰曾经提出，教师应了解儿童，教育教学工作不能成人化，要重视儿童的特点，要适合儿童发展的水平。在为幼儿投放材料时，我们应结合幼儿的发展水平，突出材料投放的层次性。

（三）幼儿园篮球游戏分阶段内容设计

《3—6 岁儿童学习与发展指南》建议，对于拍球、跳绳等技能性活动，不要过于要求数量，更不能机械训练。这是考虑到幼儿的年龄特点和身心发展特点提出的合理建议，在开展篮球教学活动时，教师结合幼儿不同年龄段的发展特点，丰富教学形式，构建趣味教学。在实际教学中通过设计适当的活动内容开展幼儿篮球游戏化教学。

1. 小班篮球游戏设计

小班幼儿基本动作能力整体水平比较低，主要原因有以下两点：第一，生理基础。幼儿身体发育不完善，幼儿的骨骼、肌肉还处于初步的发育期，所以其运动能力相对比较差，而且很不稳定。第二，心理因素。小班幼儿年龄小，经验少，基本认知能力、意志、毅力的发展水平会影响到幼儿运动的水平。所以，小班应主要从培养幼儿的兴趣入手，开展一些简单的熟悉球性的活动，配合一些富有情节的游戏活动。

表 18　幼儿园小班篮球活动要求

项目	内容
接球	能够用手合手臂抱住落地的反弹球
传球	能与同伴在相距 1 米的位置击地传接球
运球	能原地连续拍球 20 次； 能双手合作将球运向指定位置
活动设计	“双手向后传球”“抱球跑”“我能拍得多”“绕球跑”“双人抱球前进”“绕圈追球”“对面追球”“比谁滚得远”“比谁扔得远”“我能拍得快”“我能拍得高”“我能拍得低”

《3—6 岁儿童学习与发展指南》指出，3—4 岁的幼儿不仅有一定力气把球抛出，而且还能用双手向上抛球，有时能接住别人抛来的球，但还不能熟练的抛接球。游戏“有趣的抛接球”就是在活动中学习抛接球动作，并通过游戏增强动作训练。

单手原地拍球是幼儿用单手连续按拍由地面反弹起来的球，这项动作是由身体姿势、手臂动作、球的落点、手脚协调配合4个环节组成的。游戏“打地鼠”就是为了幼儿练习原地单手拍球，锻炼幼儿手眼协调能力，反应能力的项目。

2. 中班篮球游戏设计

中班幼儿的运动特点是：动作发展更加完善，体力明显增强。继续培养幼儿玩球兴趣的同时培养幼儿的竞赛兴趣和合作精神。拍球练习是最基本的幼儿篮球教学内容，是一切幼儿篮球运动的基础，在中班幼儿的拍球练习中，为了避免枯燥，可以设计出如高低拍球、左右手拍球、数数拍球、转圈拍球等不同的拍球游戏，配合适当的其他运动器械，激发幼儿对拍球的兴趣。

表 19 幼儿园中班篮球活动要求

项目	内容
接球	能大胆、主动伸开手臂接住弧线来球； 能轻松、熟练地接住反弹球； 能侧线滑步
传球	在相距两米的位置与同伴进行击地传球； 能双手协调地将球推向指定位置
运球	五指张开能原地有节奏地拍球50次/分钟以上； 能单手快速运球到指定位置
投球	掌握基本的双手胸前投球，在高1.5米远的位置进行投球
活动设计	“头顶传球”“抛接球”“小鸡吃食”“原地节奏拍球”“皮球听我话”“夹球侧行”“跳球”“偷球”“原地投篮”“拍球打球”“原地闭目拍球”“比谁滚的准”“我能接住球”“我能接着拍”

由于幼儿年龄小，身体力量薄弱，所能掌握的都是最基础的篮球技能，不涉及篮球的深层战术，所涉及的简单技巧应以幼儿喜闻乐见的易于掌握的方式开展练习。游戏“我们都是小螃蟹”就是让小朋友

扮作小螃蟹，练习篮球运动中的左右滑步的技巧，结合小螃蟹的行走特点，将篮球技巧与游戏完美地结合在一起。

3. 大班篮球游戏设计

大班幼儿的动作开始出现协调性和稳定性，基本掌握了主要的全身运动，会把几个运动要素统一为一个运动，并能做一些复杂运动。同时，大班的幼儿有了规则意识和竞争意识，因此，大班的小篮球活动除去趣味性之外，还应该具有合作性、挑战性和竞赛性。

表 20　幼儿园大班篮球活动要求

项目	内容
接球	能五指张开，两个大拇指相对，主动伸开手臂迎接球，并能主动缓冲来球力量； 在接球的基础上能流畅地进行运球、投球或传球； 能和教师进行行进间传接球活动
传球	能快速有力地将球推至指定位置； 两名幼儿间能熟练地进行障碍传球，躲避防守队员抢断； 两名幼儿能分别用弧线和击地传球方法同时传两个球
运球	能原地熟练地双手交替体前运球； 能在运球的状态下破坏对方运球； 能用简单的技术躲避防守队员的防守； 能熟练地运球绕过障碍物
投球	能掌握正确的双手胸前投球方法； 能在 30 秒内连续投入高 1.5 米、远 2 米的篮筐 2 球以上
活动设计	“胯下滚球”“我能抛得高”“击地弹球”“传接球”“行进传接球”“运球比快”“障碍拍球”“捡球拍球”“拍球走楼梯”“斗牛”“夹球跳”“我能抱得多”“花样拍球”“深池拍球”“比谁投得远”“我的力气大”

行进间传球是一项基本的、常见的传球技能，建立在双手原地胸前传球的基础上。双手胸前传球一般用于中、近距离的运动。幼儿持球时，两手五指自然分开，拇指形成八字形，用指根以上部位握住球

的侧后方，手心空出，两肘自然弯曲，将球置于胸前。两眼注视传球目标，身体保持基本站立姿势。行进时球传给对面幼儿之后马上向前方跑去，即手中有球时不能跑，传给对面的小朋友后，手中无球时迅速向前跑，如游戏“气死大灰狼”。

四、倡导适宜性的幼儿园篮球游戏化教学实施

（一）创新幼儿篮球游戏的玩法

将不同类型的篮球游戏贯穿篮球教学过程中，对培养幼儿篮球运动兴趣，尤其对幼儿篮球能力的长远发展有着积极的促进作用。为此，教师可通过创编篮球技巧儿歌、创编篮球舞蹈、创设趣味情境、巧用篮球游戏比赛等方式开展篮球游戏教学，使幼儿愿意参与篮球运动，并逐步产生兴趣，养成经常进行篮球运动的习惯。

1. 创编篮球技巧儿歌

生涩枯燥的篮球教学很难引发幼儿的兴趣，很难使幼儿掌握篮球技巧，而幼儿教师通过朗朗上口的儿歌却可以让幼儿记住篮球技巧。例如，关于篮球方向的儿歌：拍拍它的背，篮球会后退；拍拍它的胸，篮球往前冲；拍拍它的头，上下更自由；拍拍它的肩，左右跳得欢。关于拍球的儿歌：眼平肩正腿要弯，拍球高度在腰间，球的落点在脚前，上下齐动美翻天。关于拍球动作的儿歌：两腿蹬地力上传，大臂小臂不能闲，五指撑开似小伞，拍球能力不简单。

2. 创编篮球舞蹈

活泼的幼儿大都喜欢唱歌跳舞，幼儿教师可以结合篮球的基本动作创编舞蹈，鼓励幼儿练习篮球的基本技巧。篮球舞蹈可以和教师创编的儿歌相结合，将每一个动作结合儿歌与舞蹈演示出来，让幼儿通过儿歌和舞蹈掌握篮球技巧，为他们学习篮球奠定基础。

3．创设趣味情境

幼儿教学应该注重趣味性，要能够激发幼儿的兴趣。所以，教师在日常教学中要灵活设计教学活动，促进幼儿参与到教学活动中，让他们通过亲身体验获得知识。幼儿教师可以通过故事创设篮球游戏情节，如以“蚂蚁搬家”为教学情境，让幼儿扮作蚂蚁，并进行分组比赛，让不同组的幼儿以接力的方式将球运到终点。运球期间，幼儿必须通过拍球的方式运送篮球，然后用投篮的方式将篮球放进篮筐中。幼儿在游戏中不仅可以练习运球及拍球，还能培养团结合作精神。教师还可以“帮助篮球宝宝过河”为教学情境，让幼儿站在隔板的一边，把篮筐放在隔板的另一边，让幼儿把篮球抛到篮筐里。幼儿教师可以教幼儿投篮的动作技巧，让他们利用投篮的方式把球抛进篮筐。

4．家园共育创编亲子篮球小游戏

俞敏洪说：“让幼儿觉得活在世界上很美好，培养幼儿对于生命的热爱，是家长最重要的任务之一。”亲子游戏正是增近亲子感情的有效途径。我园教师经过一年多的研讨，共同创编了亲子篮球小游戏，便于家长更好地陪伴幼儿，促进幼儿的健康成长。亲子篮球游戏在创编时需注意以下几点：第一，家长和幼儿要平等地参与游戏，家长是游戏的参与者，而不是控制者，家长和幼儿应当处于平等的位置；第二，游戏的形式要注重配合，设计的游戏能让幼儿主动寻求家长的配合，而不是家长硬生生地参与到游戏当中的；第三，游戏过程应当让家长和幼儿都感受到乐趣，感受到亲子交流的温馨幸福。亲子游戏“投篮球”玩法：爸爸和孩子两人一组，组队，每队 5 组亲子参加。游戏时，孩子坐在爸爸的肩上，爸爸的眼睛被蒙住，听孩子指挥方向，幼儿手中持球，爸爸走到相应的位置后，幼儿将球投入篮筐记 1 分，在规定时间内投篮多的队获胜。游戏规则：比赛中爸爸不得偷看，完全听孩子指挥，辨别方向；投篮时，投错篮筐对方记 1 分。注意事项：场地一定空旷，平整无异物；家长行走速度不宜过快。

（二）组织幼儿篮球游戏的形式

幼儿之间也有明显的个体差异，所以教师要充分观察幼儿的行为表现，把握幼儿的内心想法，有针对性地进行个体化指导，让不同水平、不同需要的幼儿各有选择，从而达到活动的最佳效果。

1. 利用晨间户外锻炼的时间

我园晨间户外锻炼有很多家园自制体育器械，这些器械可以和篮球有效结合，开展趣味篮球游戏，培养幼儿的篮球兴趣。如利用竹棒进行“赶小猪”，利用轮胎进行“拍球过山洞”“拍球揪尾巴”等。户外放松时可以带领幼儿头顶篮球走轮胎，下雨天则可在走廊里“走直线”，提高平衡、控制能力。把篮球教育自然地融入一日常规生活中，使篮球教育的实施更具生活化。

2. 利用课间操活动时间

篮球间操是以篮球运动的基本动作为主要内容，富有艺术性的体操活动。我们的课间操“篮球宝贝”，根据大、中、小班不同发展目标进行创编。在音乐的选择上节奏鲜明、热烈活泼，幼儿跟随节奏的快慢来表现篮球的快慢。在动作编排上，将音乐风格、舞蹈动作、篮球动作和游戏活动有机结合，再根据音乐的段落，把动作放在相应的队形中表现出来，中间穿插趣味游戏。比如各种队形变换，砸、抛、滚球动作，竞赛游戏带球走，合作游戏螃蟹夹球等；整套课间操动作活泼流畅，还能预防和纠正一些幼儿的不良体态，使幼儿身体各部位的灵活性和合作能力都得到不同发展。

3. 开展“以大带小”的游戏活动

让大班的孩子去教小班和中班的孩子，这样增强了大班孩子的自信心与成就感，也为中、小班孩子做了榜样，从而激发中、小班孩子对篮球游戏的热爱，从游戏中结交朋友，促进孩子们的团结互助。

4. 大班开展篮球赛

可以在大班下学期举行篮球比赛，由于孩子们已经学习了3年的篮球技能，可以进行简单的篮球比赛，让中、小班幼儿进行观看，让他们对篮球有更深的认识，也能让大班的幼儿懂得团队合作的意识。

我园篮球游戏化实施需要我们进一步去探讨和实践，不断尝试、反思，寻找到一条适合孩子们自愿主动、积极快乐的篮球课程，让我们的每个孩子都成为篮球运动的爱好者，让孩子们的家长成为积极的支持者，更好地促进每位老师的专业成长。

五、强调科学性的幼儿园篮球游戏化教学评价

（一）篮球游戏化教学对幼儿身心发展的促进

篮球运动涵盖了走、跑、跳、投等多种身体运动形式，能全面、有效、综合地促进身体素质全面发展，保持和提高孩子的生命活力，为孩子的一切活动打下坚实的身体基础。

1. 促进幼儿身体的生长发育

篮球运动是一种全面的运动，可以促进孩子血液循环，增强身体抵抗力，促进身体健康。篮球属于跳跃性运动，孩子在适当的阶段打篮球对身高的增长是非常有帮助的。打篮球的过程需要接球、投篮、盖帽、争球等，这些动作都可以充分锻炼孩子的各个身体部位，全面有效地提高身体素质，促进骨骼生长发育，让孩子长得更高。

2. 培养幼儿的合作精神

团队合作对孩子未来的综合发展是非常重要的。篮球运动是一个集体项目，是需要靠团队合作来完成的。在一个球队中，每一个人都有自己的优势，有自己的位置，相互合作才能进球。幼儿园开展篮球运动，可以让孩子从打篮球的过程中懂得团队合作的重要性。

3. 提高幼儿心理承受和社会适应能力

打篮球的时候既要与队友进行良好的沟通，还要与对手、教练甚至啦啦队等产生联系，无论输赢都在锻炼着孩子的心理承受能力。良

好的竞争环境能培养健康的心理适应力和承受力，调整及维护参与者的心理健康水平。

篮球运动有赢也有输，孩子们可以从小就懂得输赢之道，赢的时候不要骄傲，输的时候不要气馁，从而提高心理承受能力和社会适应能力。

4. 培养幼儿的规则意识

每个孩子都是家里的宝贝，想要做什么都可以，想要什么都能得到，不懂得自己的行为有哪些不妥，可在社会上却不是这样的，是要遵守规则的。

篮球运动是要遵守规则的，不然就会被罚。没有规矩不成方圆，懂得打篮球的规则是很重要的。从篮球运动中，孩子可以培养出规则意识，懂得什么该做，什么不可以做。

（二）篮球游戏化教学对教师专业能力的提升

1. 促进教师专业技能的发展

当前，在幼儿园教学中开展篮球游戏教学对很多幼儿教师来说存在很大挑战，但也是一种难得的机遇。在幼儿园教学的实施过程中，通过注入新的教学内容给幼儿园教学带来全新的教学风貌，因此，幼儿园教师要不断地学习业务知识，加强幼儿教学教法的钻研，不断调整幼儿园教学服务的策略，逐渐提升幼儿园教学的质量和效率，对教师专业技能的发展起到促进作用。

2. 提高教师生成课程的能力

篮球游戏化教学是一个全新的课程，没有现成的教材、经验可借鉴，随着篮球游戏化教学的深入开展，要求教师生成适合本年龄段幼儿发展特点的篮球游戏课程。这是一个师生互动的过程，也就是教学相长，只有这样才能更有效地调动起“教”与“学”的积极性，学的更生动、更有效、更有利于发挥幼儿的主体性，同时有利于激发教师的创造热情，促进教师专业成长。

（三）幼儿园篮球游戏化教学对园本课程实施的推进

篮球游戏教学的实施和应用不仅有效地促进了幼儿身体素质的提高，也极大地丰富了幼儿园的教学内容和教学体系，提高了幼儿的综合能力。在教学过程中，幼儿表现出了极大的兴趣和创造力，幼儿不断地开发篮球新的玩法。基于此，教师根据不同年龄段幼儿的兴趣点，生成了适合本年龄段幼儿的篮球游戏课程。幼儿园将所有的课程收集起来，形成适合幼儿园发展的特色及园本课程。园本课程不是一成不变的，是根据幼儿的兴趣点及教师相应的教学策略不断更新、不断完善的，是一个动态发展的过程。

结语

幼儿篮球游戏化教学注重幼儿的身体灵活性和对目标专注程度的培养，在日常教学中常以趣味运动或趣味游戏的形式出现，材料容易准备且对体力要求较低。在幼儿成长过程中，这种锻炼是循序渐进式的，符合幼儿的天性和身体素质较弱的生理特性，这一点也最符合幼儿教育中“自然生长”的原则。因此，在幼儿园开展篮球游戏化教学，对幼儿身心发展有着积极的促进作用。

【导师点评】

幼儿园以游戏为基本活动，如何将篮球这项体育运动以游戏的形式在幼儿园开展，是一个值得研究的问题。本文以幼儿园篮球游戏化教学为主题，从篮球游戏化教学的概念与特点、教学目标的制定、教学内容的设计、教学活动的实施，以及教学评价几个方面分析论述篮球游戏化教学在幼儿园的开展情况，重点阐述了篮球游戏化教学内容的设计及教学活动的组织实施。文章根据《3—6 岁儿童学习与发展指南》要求，结合不同年龄段幼儿的身心发展特点，制定各年龄段的发展目标，并设计相应的篮球游戏。同时，结合园所实际，利用时间、空间的交换，运用多种形式，开展篮球游戏活动，激发幼儿学习兴趣，促进幼儿在身体、心理上的发展。

该文选题新颖，具有较强的针对性和实用性。结构安排合理，思路清晰，层次分明，各部分之间的联系比较紧密，观点表述基本准确，论证内容有一定说服力。以表格的形式将各年龄段幼儿的篮球游戏化教学目标、教学内容表现出来，采用图文并茂的形式进行呈现，清楚明了、形象直观。

（点评导师：河北大学教育学院教授范明丽）

运用表演游戏促进幼儿社交能力发展的实践研究

保定市阜平县阜平镇白河幼儿园　张晨霞

一、开展表演游戏对促进幼儿社交能力发展的价值

荀子曰："人之生不能无群。"意思是说人离不开交往，交往对我们的成长、个性的成熟和终身发展产生着不可估量的作用。《幼儿园教育指导纲要（试行）》中明确指出，促进幼儿社会性方面的发展是每一所幼儿园必须完成的教育任务之一。可见，幼儿社会性发展是幼儿园教育的重要任务。这种通过在社会生活中与他人沟通思想、联络感情、增进友谊，从而建立起广泛的社会联系的能力就是社交能力。

我国著名的幼儿教育家陈鹤琴先生认为，儿童是以游戏为生命的，游戏可以给小孩子快乐、经验、学识、思想、健康。《3—6岁儿童学习与发展指南》中指出："幼儿的社会性主要是在日常生活和游戏中通过观察和模仿潜移默化地发展起来的。"① 这说明，幼儿的社会性发展是借助游戏这个介质，通过观察和模仿的方式发展起来的，而表演游戏是促进幼儿社交能力发展的一种有效游戏形式。表演游戏是幼儿以故

① 中华人民共和国教育部. 3—6岁儿童学习与发展指南［M］. 北京：首都师范大学出版社，2012：29.

事为线索，围绕共同的主题进行创造性表演的游戏。幼儿通过学习故事，扮演故事中的角色，模仿故事中人物的语言、表情、动作等进行富有创造性的表演。

表演游戏是发展幼儿社交能力的有效手段，幼儿在创意游戏主题、遵守游戏规则、扮演社会角色、运用社交语言和动作开展表演游戏的过程中，不断提升自身社交能力，个体社会性也会不断发展。随着幼儿社交能力的提高，幼儿的表演游戏将会向更高水平、更深层次发展。二者相互影响，相互促进，共同发展。

表演游戏对促进幼儿社交能力发展的重要性不言而喻。首先，表演游戏能够丰富幼儿的社会化情绪、情感。幼儿通过理解故事内容和角色特征，感受、体验、理解不同的情绪情感，并通过游戏的方式表达不同的情绪情感，这不仅丰富了幼儿的社会情感体验，还能够提升幼儿的社会理解能力和表达能力。其次，表演游戏能够促进幼儿人际交往能力的提高。表演游戏为幼儿创设了丰富的交往情境，幼儿需要与同伴就表演主题、表演内容、表演道具、表演语言和动作等许多问题进行交流、讨论、协商、合作，共同解决表演过程中遇到的问题和障碍。在游戏过程中，幼儿的沟通能力、问题解决能力、自我调节能力、合作能力等都会得到提升。最后，表演游戏能够促进幼儿社会认知的发展。幼儿在理解和表演故事的过程中，不断体会故事角色的关系和背后的意义，感受其中蕴藏的真善美情感，理解其中蕴含的社会行为习惯和社会活动准则，逐渐形成正确的社会认知，并学会在生活中规范自己的行为。

二、把握表演游戏的特点为幼儿社交能力发展奠基

表演游戏是幼儿在幼儿园经常开展的一种游戏活动类型，具有区别于其他类型的鲜明的游戏特点。只有深刻理解表演游戏的特点，并

在游戏开展中注重把握表演游戏的特征，才能够最大限度地发挥表演游戏的价值，为幼儿社交能力发展助力。

1. 挖掘表演游戏的本质特点

表演游戏作为发展社交能力的载体，只有了解其特点，才能真正发挥表演游戏对社交能力的促进作用。表演游戏的本质特点即表演性。表演游戏是幼儿以故事为游戏的基本框架，自发地将自己的语言、行为、表情与人物、情节联系起来，创造性地进行表演。表演游戏如果缺乏表演性，那就丧失了其存在的独特价值性。下面介绍两种挖掘表演游戏本质特点的方法。

第一，通过学习挖掘表演游戏的本质特点。大量阅读绘本故事以丰富自己的绘本知识，这是挖掘表演游戏本质特点的前提，否则研究便成了无本之木，无源之水。关于表演游戏，前人留下了很多宝贵经验，教师可以通过多方查阅资料，深刻领会一线工作者的先进经验和教育家的理论研究成果，丰富自己的知识储备；走出去了解中国绘本的发展史、绘本分类及绘本教学方法；请专业人员进行现场指导，在实践中挖掘使用绘本进行教学的方式方法，以便更好地利用表演游戏促进幼儿社交能力的发展。

第二，通过对比挖掘表演游戏的本质特点。在众多游戏中，角色游戏和表演游戏是非常容易混淆的，陈鹤琴先生认为我们要教儿童认识一只猫，最好用一只狗来比较。为了认识“彩虹色的花”这一表演游戏的特点，我们用“做客游戏”这一角色表演游戏来比较。从幼儿表现中发现，“彩虹色的花”幼儿表演兴趣浓厚，热情高涨，对话流利，表情自然；“做客游戏”由于幼儿做客经验不足，在表演过程中显得坐立不安，不知所措，没有语言表达，表情呆板、不自然。从作品来源中看到，“彩虹色的花”源于文学作品，按照故事中的情节扮演角色，是一种创造性的戏剧艺术活动，故事有情节，有对话，有场景，属于表演游戏；而“做客游戏”来自幼儿的现实生活，通过模仿和想象来扮演人物形象，是创造性反映现实生活的游戏，没有固定情节、对话，没有固定模式，主要是根据幼儿自身经验而进行的，属于角色表演游戏。这两种游戏的相似之处在于都有角色分工，都有对话，都需要一种场景支持。

2. 挖掘表演游戏的故事特点

表演游戏是幼儿以故事为框架开展的游戏活动，他们按照自己的理解来表现故事。故事的质量影响着表演游戏的开展进程和最终效果。故事的选择要遵循以下 3 点原则。

（1）故事要有趣味。

通过故事的趣味性引发幼儿的表演兴趣。例如《拔萝卜》这个故事内容单纯、情节简单。场景只有一个——萝卜地；语言只有多次重复的“嗨哟，嗨哟”，“快来帮忙拔萝卜”，“来了，来了”。再加上能说唱结合，小班幼儿特别乐于参与。

（2）故事要适合表演。

适合表演的故事必须有人物对话和场景支持。有的剧本故事内容精彩，但不适合幼儿表演。例如《母鸡萝丝去散步》，母鸡悠闲地散步，尾随在后面的狐狸想找机会吃掉母鸡却屡屡受挫，故事诙谐有趣，幼儿很喜欢。但是故事中的两个人物没有交际，没有对话，就不适合幼儿进行表演游戏。而《馅饼岛》的故事中人物多、对话多、互动多，这样的绘本内容更适合表演游戏，更能吸引和调动幼儿参与的积极性、主动性。

（3）故事要贴近幼儿的生活经验。

故事中人物的对话要简洁易懂，尽量口语化，动作、表情等要易于幼儿模仿。例如《小黑鱼》，故事中的小黑鱼和小红鱼们在一起嬉戏的场景就比较接近幼儿的日常生活，游戏形象鲜明，符合幼儿的身心特点，幼儿在表演时就比较自如。

3. 挖掘表演游戏的情节特点

表演游戏之所以深受幼儿喜爱，主要因为表演故事的情节特点，即有开头、经过和结尾。我们要紧紧抓住这3个关键点，为表演游戏顺利进行保驾护航。

（1）故事的开头能激发幼儿的兴趣。

《逃家小兔》开头写道："从前，有一只小兔子想要逃跑。于是他对妈妈说：'我要逃走啦!'"一个"逃"字，激发了幼儿的兴趣，孩子的眼睛立刻充满光芒，嘴里不由得发出惊讶的叫声："啊?""为什么呢?"此刻，孩子内心有了强烈的探究欲望。

（2）故事的经过能激发幼儿的情感。

故事的经过亦是幼儿表演游戏的过程，只有与幼儿的情感相联系，才能使幼儿对故事产生浓厚兴趣，并在表演游戏的过程中与故事中的人物产生感情共鸣，从而在情节的变化中获得满足感。在《逃家小兔》这个故事中，通过一只小兔子和妈妈玩捉迷藏的对话。不论小兔子变成鱼还是高山上的石头，或者花园里的花等，兔妈妈都能想到对应的角色追随着小兔子，这种幽默诙谐的对话非常容易与幼儿情感产生共鸣，因为自己的生活中也同样受到妈妈的关注和牵挂。

故事经过的曲折性也能激发幼儿情绪情感，比如在《小兔白白》故事中，当小兔子发现自己可爱的大白菜上有很多小洞洞时，就去问小鸭子和小花猫，白白问询的语气很温和："是你啄的白菜吗?"在与小鸭子和小花猫对话中，白白明白了吃白菜的嘴巴一定是尖尖的。于是当它看到小公鸡时就生气地说："准是你干的，你的嘴巴尖尖的，把我的菜给啄伤了。"白白的生气使故事情节达到高潮，在一起一落的情绪感受中，幼儿产生了更加强烈的表演欲望。

（3）故事的结尾能激发幼儿的想象力。

《逃家小兔》结尾一句："'吃根胡萝卜吧。'兔妈妈说。"这让幼儿感受到妈妈把最爱的胡萝卜给了自己，自己的幸福离不开妈妈温暖的怀抱。故事结尾令幼儿回味无穷，从而产生对妈妈更深的爱，这种爱还会延续到生活中。

表演游戏是幼儿非常喜欢的游戏方式，教师要着力把握表演游戏的特点和关键要素，在游戏观察的基础上，注重对游戏的适时介入与指导，支持幼儿运用沟通、协商、共情、合作等有效方法，促进其社交能力的发展，进而提高集体观念。

三、有效促进幼儿社交能力提高的表演游戏策略

表演游戏对幼儿社交能力发展具有重要价值，但在幼儿园实际开展过程中，还是存在很多不适宜的现象和问题，从而影响了表演游戏功能和作用的发挥。为使表演游戏最大限度发挥其价值，有效促进幼儿社交能力提高，本文从幼儿表演内容、故事教学、布置场景、角色分配、表演形式 5 个方面提出有效的改进对策。

（一）确定适宜的表演游戏内容

选择内容是表演游戏中的一个重要环节，表演的内容是否适合幼儿的心理特点，直接影响幼儿参与游戏的积极性。选择适宜的表演内容有助于发展幼儿的社会认知，丰富幼儿的社会情感。

1. 选择幼儿熟悉、喜爱且有助于激发兴趣的内容

《小兔子乖乖》的故事家喻户晓，故事中的小兔子活泼可爱，机智勇敢，深受孩子喜欢。故事中人物对话精炼，动作适合幼儿模仿，能激发幼儿的表演兴趣，给幼儿积极、愉快地情绪体验。

2. 选择内涵丰富、有助于形成良好个性品质的故事

在表演《小兔子乖乖》时，幼儿可模仿作品中每一个角色的语言和动作，表现他们的性格特征，如扮演兔妈妈的幼儿表现出勤劳、勇敢和智慧；扮演大灰狼的幼儿则可尽力表现其狡猾、贪婪的特性。通过这个故事，幼儿体验到角色不同的性格特征，从而初步树立正确的

价值观以及良好的个性品质。

3. 选择故事情节曲折、有助于发展想象力的故事

开展表演游戏的过程，是幼儿想象活动的过程。幼儿所扮演的角色是假的，但情感是真的，他们手中的道具是假的，却可以当作实物对待。这种以假当真，正是依靠想象活动进行的。表演《小兔子乖乖》的过程中，幼儿把空奶箱当作砖搭建小兔子的家，用夸张的表情来表现出小兔子的可爱与大灰狼的凶狠，依靠自己的想象力增减对话、情节及角色，并想尽办法通过寻找替代物，如利用拼搭玩具当钥匙，利用装玩具的盒子当兔妈妈的篮子，来补充表演故事所需的道具或情节，这一切都让幼儿的想象力得以充分的发挥。

（二）故事教学中激发幼儿的表演兴趣

社交能力的外显形式是和旁人自然顺畅地进行语言交流。个体的语言能力又和自身的知识储存、经验积累有密切关系，发乎于心，发乎于情，才能有表达的欲望和情感。性格内敛、胆小、知识经验不够，放不开，怕说错，思维压抑、动作拘谨、语言不畅等都是幼儿不爱社会交往的影响因素，为此，我们要借助多元的故事教学方法、技巧，激发幼儿的表演兴趣，引导幼儿全身心投入到表演游戏中，从而逐渐提高幼儿的社交能力。在故事教学中要做到以下两方面。

1. 教师要有驾驭绘本故事的能力

教师要认真备课，充分理解故事内容，深刻把握故事中人物的性格特点，感受故事内涵。故事中人物的对话、动作和表情，要通过绘声绘色的语气和生动有趣的教学风格表现出来，使幼儿深刻理解人物性格特点，与故事产生共鸣，从而激发幼儿的表演兴趣。只要有了兴趣，幼儿便可发挥其内在动力，产生表演的欲望，只有有了表演的冲动，幼儿就会释放自己内心深处的那份情感，表情自然而然地就能按事件的发展而变化，从而产生与同伴交往的动力，表演的结果亦会生动有趣。如故事《小熊请客》，刻画了一只又懒又馋的狐狸形象，教师

在教学中一定要把握住这个人物特点，狐狸“就知道睡懒觉”，到了小熊家后，把门敲得咚咚响，一边敲，一边叫：“快开门！把好吃的东西都拿来！”狐狸狡诈、好吃懒做的性格及不礼貌的行为，教师要选择不同的教学方法表现出来，和其他小动物的和睦相处形成鲜明的对比，使幼儿对人物形象产生兴趣，在表演时就能惟妙惟肖，生动感人。

图 39　表演游戏“小熊请客”

2. 教师要善于突破重难点

表演游戏能力的高低表现在幼儿语言的表达、动作的熟练及表情的到位。语言、动作是表演的基础，教学时教师要对人物语言重点学习，熟练掌握；对人物表情要夸张细腻，让幼儿能够分辨识别；对人物动作要重点提醒，让幼儿能准确捕捉并生动表达。《小熊请客》故事中，小猫咪、小花狗、小公鸡对狐狸说了同样的话：“今天小熊请客。我们到他家去，又吃又玩又唱歌，真呀真快活！”“你不做工，还想白白吃东西，我才不带你去呢。”这些重复的话，就是本故事的语言重点，孩子在多次重复中掌握了语言，还要让幼儿表达出到小熊家的快乐语气与表情，以及对狐狸好吃懒做行为的讨厌语气，并且要求角色表演时所做动作要与动物形象、性格特征匹配一致。

（三）进行灵活的表演场景布置

表演游戏的场景布置环节是促进幼儿深入开展人际交往、发展社交能力的重要环节，我们不仅要根据幼儿的年龄特点、兴趣需要，创设有意境的、丰富的游戏环境，使幼儿萌发参与表演游戏的愿望。也要积极鼓励幼儿自主设计、自主讨论表演场景的布置和道具的选择制作，促进幼儿沟通协商、合作、解决问题等能力的发展。

1. 依据幼儿年龄特点布置场景

幼儿是场景的使用者，更是场景的创造者，教师一定要把这个激发幼儿兴趣、培养创造力和社交能力的机会交给幼儿。教师还要依据幼儿年龄特点，创造机会，使他们投入到场景的布置中，以开发他们的创造力，并在讨论中提高语言表达能力和沟通能力。小班幼儿年龄小，在布置场景上要以教师为主，幼儿为辅；中班幼儿要在老师的指导下进行讨论；大班以幼儿为主，老师要做的只是适时提醒和准备工作，从而发展幼儿的社会交往能力。

2. 依托周围环境布置场景

幼儿生活的环境随处都有适合幼儿布置场景的物品，可以让幼儿依托周围环境，寻找物品，布置场景。如在表演游戏“小兔子乖乖”场景布置中，老师问：“我们用什么来盖房子呢?”这句话引发了孩子们的讨论，有的说用积木，有的说用砖，各持己见，这时，一名幼儿说在废品回收房见过放奶的纸箱子，这个想法激发了孩子们的兴趣，孩子们争先恐后地去搬纸箱，一边搭建一边商量：“这是门，这是窗户。”“哎呀，门太小了。”“再搬过来一个。”孩子们忙得不亦乐乎。房子盖好了，室内又添置了“沙发”和“电视”。在宽松和谐的环境中，幼儿敞开心扉与同伴表达自己内心的想法，在愉悦中发展了幼儿的社交能力。

3. 依照故事内容制作道具

在幼儿眼中，教师事先准备的精美道具并不比他们自己制作的道具更具吸引力，只有自己制作的才可以给幼儿带来快乐。在幼儿眼里，哪怕是一张纸、一个盒子、一块木板都是道具。表演游戏“小熊请客”中，小熊邀请小猫咪、小花狗、小公鸡到家做客，还要把小鱼、肉骨头和小虫送给大家做礼物，每个小动物也准备了礼物给小熊。这些礼物便成了幼儿表演的“道具”，幼儿制作这些“道具”时，相互间通过交谈、讨论自己制作礼物的特点，就连平时不喜欢说话的幼儿，也为制作礼物而参与到讨论中，以此表达对朋友的感情。幼儿不仅提高了动手能力，还在制作过程中体会到送人礼物的快乐，在表演过程中会倾注更多感情，表演会更加投入。

在幼儿按游戏的需要布置场景、制作道具后，可以组织他们在设置好的场地里走一走、看一看，游戏结束后，可以让幼儿一起协助整理游戏场地、道具，使幼儿成为环境创设的主人。

（四）鼓励幼儿自主协商角色分配

角色分配是幼儿争论的焦点，老师一定要把握机会，给幼儿足够的时间，让幼儿在争论角色扮演的过程中尝试共同商议、抉择协调，满足心理需求，激发表演兴趣，从而在讨论中发展幼儿的社交能力。

1. 自主选择，明确角色

在绘本教学中，幼儿根据自己的生活经验和审美观点，产生对某个角色的喜爱，尤其是作品中代表善良、正直、诚实的人物形象，幼儿也会抢着来演，所以，教师一定要把握这个机会，给予幼儿充分的时间和空间，让幼儿讨论角色的特点，从而更加深刻地领会故事人物的性格特征。在进行《美丽的公鸡》教学时，幼儿自由说出喜欢扮演某个角色的原因，其中一名幼儿说：“我喜欢白兔妈妈，因为它为自己的宝宝采蘑菇。”另一名幼儿说：“我想演大白鹅，因为大白鹅懂道理。”但是对于公鸡的角色选择，有的幼儿说：“不喜欢演公鸡，因为它太骄傲。”有的幼儿说：“我喜欢演公鸡，因为公鸡很漂亮。”还有的说：“公鸡做错事，知道改，它是个好公鸡，我愿意演。”此角色讨论过程提高了幼儿辨别真善美的能力和语言表达能力，不仅给幼儿带来了快乐，对表演起到了推波助澜的作用，还通过表演游戏满足了他们想成为某个角色的愿望。

4. 标识佩戴，合理使用

幼儿喜欢拿着各种头饰来自由扮演各种人物。在故事教学中，幼儿选到有扮演代表人物特点的标识，如人物头饰、衣服或标签，心里都是美美地，别的小朋友看着也非常欣喜，这不仅增强了幼儿表演的兴趣，还使幼儿的表演更加投入。

3. 尝试角色，多次表演

愿意尝试不同角色表演也是幼儿的特点，借助该特征使幼儿尝试角色，多次表演，在表演中体会不同人物的性格特点，提高表演能力与社交能力。

（五）运用灵活多样的表演形式

表演是幼儿的兴趣点，是充分展现幼儿对作品人物形象理解深度的时候，也是表演能力的展示。为了表演，孩子们用心布置了场景，选择了的角色，在自己搭建的舞台上表演自己喜欢的人物，是幼儿一次心灵的洗礼，所以孩子们一个个会跃跃欲试，并且会发挥到极致。我们要丰富表演游戏的形式，让幼儿获得充足的表演机会，引导幼儿在表演中不断提升社会交往能力。

1. 集体表演铺垫

集体表演就是全体幼儿或部分幼儿表演一个角色，同时学习故事中的对话、表演动作和表情，这种表演主要存在于故事内容教学中。比如《小兔白白》故事教学中，同时表演白白，一起问鸭子：“是你啄的白菜吗?”同时扮演鸭子，并说：“我是扁嘴巴，不会啄出小洞洞的。”一起问花猫说：“我只吃炒熟的菜，从来不吃生的。”通过这种方式可以让幼儿更加深刻地理解故事情节、人物对话、角色特征等。

2. 部分表演引领

部分表演引领就是在完成故事教学后，让一部分能力好的幼儿分别扮演不同角色，引领全班幼儿学会使用道具，观察人物在场景中的活动，并在此过程中加深对人物语言、动作、表情的理解。

3. 个别表演示范

个别表演示范就是让每一个幼儿都能轮流扮演一个角色，发挥幼儿的表演能力，使每一个幼儿都能在表演中提高能力。

4. 自由表演延伸

因时间限制，在集中活动中表演的只能是个别幼儿，区角活动和家庭表演则弥补了这个缺失。

（1）表演区表演。

把道具、头饰和服装放在表演区，幼儿自然而然会进入表演区，他们在表演区与同伴自由讨论，确定角色，布置场景，然后开始自由地进行表演。孩子们在这里没有了约束，思想自然也就放松了，他们会想象，大胆创新，改变故事情节，人物对话，动作方面更加夸张，表演时，其他小朋友还会给正在表演的“小动物”提点意见，搞笑的表演引来阵阵欢笑。

（2）家庭表演。

美国著名的心理学家、儿童游戏治疗师劳伦斯·科恩说，“游戏是同孩子交流的频道，语言所到达不了的地方，游戏却可以”。

可见，游戏是联结孩子和家庭的一个非常重要的介质，为此，家长必须努力配合幼儿的游戏。幼儿天生喜欢表现自己，愿意在家人面前展现自己的才华，幼儿园的表演游戏会自然成为他们的家庭游戏。他们只把表演当作一种游戏，从来不在乎自己演得像不像，对不对，所有地方都是他们的舞台，所有东西都可以当作道具，他们随时选择一个角色进行表演，所以，家长更需要懂得幼儿心理，配合幼儿共同完成表演游戏，培养孩子社交能力。

表演游戏是幼儿能力的综合。一个能表演的人不仅要有语言基础，还要有良好的心理素质，为此，在日常教学中扩大幼儿的知识面，培养幼儿敢于与人对话的品质十分重要。

四、表演游戏发展幼儿社交能力的成效

教师在尊重幼儿自主性和创造性的前提下，适时适度地为幼儿表演游戏深入开展提供适宜的支持和引导，其效果是非常显著的。表演游戏的教育潜能和发展价值得到了充分体现，不同年龄段幼儿通过表演游戏，使其社交能力都有了不同程度的发展。

（一）社会情感体验不断丰富

在丰富多彩的表演游戏中，幼儿通过扮演不同角色，体验不同角色背后的情绪情感。他们逐渐能识别、表达各种情绪，并逐渐学会换位思考，懂得设身处地地为他人着想。同时，在表演活动中，幼儿会不断发现、思考、解决新问题，使自身的社会情感不断丰富和深化。

小班幼儿最初进行角色选择时动机不清晰，不主动，胆子小，不想参与表演活动，通过表演游戏增强了自信心，感受到了表演的快乐，对所选角色有了初步认识。中班幼儿由选择角色指向角色本身为主，由单一角色向多重角色发展，幼儿愿意尝试扮演不同的角色，体验、表达不同的人物感情。大班幼儿由角色选择的目的较为明确，关注角色情感和角色行为，喜欢真、善、美形象，不愿意尝试“丑角”，转变为幼儿感受到了“丑角”的教育意义和幽默感，并将自己的真情实感注入角色当中，给角色带来了新的活力和生机。

图 40　表演游戏“小英雄王二小”

（二）活动参与的自主性不断提高

随着表演游戏开展的不断深入，幼儿越来越能够放开自我，融入集体游戏中，主动参与活动，主动开展人际交往和人际融合，幼儿参与活动的自主性不断提高。

在准备表演游戏时，小班幼儿从开始时拿到材料不知所从，坐在那里不动也不问，转化为拿到装饰材料后很兴奋，急切地向老师询问要怎么做，并能够参与小部分布置。中班幼儿由开始时喜欢参与布置活动，但是各抒己见，意见达不成一致，争论不休，需教师协调，转化为后来幼儿积极参与环境的设计和布置，老师征求幼儿意见先做一个布置规划，再由幼儿分工布置不同的版块，教师给予辅导。大班幼儿积极主动，有自己的创新想法，但缺乏合作，后来转化为可以自主商讨布置方案并分工协作，老师为其提供必要的物品与材料，给予适当指导。

在表演游戏中，小班幼儿表演游戏随意性强，幼儿往往不愿参与，但慢慢地就转化为有目的性、主动参加游戏活动。中班幼儿表演的自主性增强，游戏中的表演兴趣增强，有了相互之间的提醒、模仿。大班幼儿游戏能按剧本顺利进行，开始表演时拘谨，流于形式，后转化为表演欲望增强，在游戏中加入了自己的理解，会采用自己的方式去表达，并与他人和谐地进行游戏。

（三）表达理解能力不断提升

在参与表演游戏的过程中，幼儿逐渐能够理解各种社会情境下语言所表达的含义，体会他人的情绪、感受，并根据自己的理解做出适当的回应，将自己内心的思想主动、完整地表达出来。

小班幼儿由原来的不敢说话，没话可说，变为能在游戏中根据故事情节说简单的话。中班幼儿有了语言的积累，在表演游戏中能主动参与对话，在表演时会使用与故事情节相一致的语言表达故事情节。大班幼儿语言开始丰富起来，不仅能完整表演故事情节，还有了更多想象的环节。

图 41　表演游戏“愚公移山”

（四）同伴互助的合作能力不断增强

经过一段时间的发展，表演游戏已成为幼儿最喜欢的游戏类型之一。在表演游戏中，幼儿同伴互助、协商合作的能力不断增强。通过与同伴的交往活动，幼儿逐渐习得各种有效的社交技能，越来越能够自主解决遇到的各种社会交往问题。

小班幼儿处于自我中心阶段，不能从他人的角度去看问题，不能换位思考，不能理解他人的想法。因此，小班幼儿之间很容易产生矛盾，也会出现较多“不讲理”的情况。通过多次表演，幼儿在社交活动中能够认识到自己的错误行为，但是不能够在自主活动时约束自己的行为，在冲突发生后老师协调时幼儿会说“我不是故意的”“对不起”等语言。中班幼儿开始去自我中心化了，即能够逐渐站在他人的角度揣测他人的想法。此外，随着幼儿自信心的增强和参与游戏活动技能的提高，独自游戏逐渐减少，群体游戏逐渐增加。通过表演游戏的开展，幼儿开始尝试和自己喜欢的人主动交往，能主动参与自己感兴趣的活动。幼儿在表演活动中习得了一些与同伴交往的技巧，并运用到生活当中，大多能与同伴合作、互助、分享和交流，这也能提高幼儿的社会适应性和培养良好的道德品质。大班幼儿开始尝试建立友谊，他们在活动中能够与同伴协商，共同讨论、制定规则，虽然有些个性强势的幼儿以自己为中心，不能够耐心倾听同伴的意见和建议，但出现矛盾和问题时大多能自己协商解决。随着表演活动的多次开展，大班幼儿习得越来越多的交往技能，充满挑战精神的他们也逐渐脱离成人的帮助，能够自己解决的问题尽量都自己解决，能耐心倾听同伴的意见和建议，大班幼儿开始出现真正的正义感和是非观，能客观地帮助伙伴化解矛盾。

（五）特殊幼儿的社交能力不断发展

人是群体性动物，与父母相处、与同伴游戏是孩子的天性。但因遗传、环境、个性等因素的影响，幼儿个体差异性较大。有的胆小懦弱，有的攻击性强，他们的统一特点是性格孤僻、不合群，社交能力较弱。通过引导特殊幼儿参与表演游戏，他们的社交能力都在原有基础上得到了大幅度提高。

1. 促进胆小懦弱幼儿的社交能力发展

胆小、懦弱的孩子，对交往也有着很大的渴望，愿意和同伴一起，但就是不能突破自己的心理防线，为此，老师要给孩子创造很多说话和参与的机会。比如上课多提问、多鼓励；让他们多与人接触，并给予一定"任务"，促进其与同伴、老师的交往；在日常活动中老师也要创造机会与幼儿积极对话，引导幼儿多参与表演游戏，由简单角色入手，逐渐承担重要角色。在表演游戏中，幼儿逐渐放松心情，打开内心世界，主动融入集体游戏中，在一次次与同伴的交往中不断提升社交能力。

2. 促进品质不良幼儿的社交能力发展

教师充分利用表演游戏中的角色形象，让幼儿分辨真、善、美，在角色分配中，让孩子判断人物的好与坏，在表演中亲身体验人物语言的对与错，从而内化为自己与人交往的行为规则。表演中幼儿学习礼貌语言，体会积极情感，明白生活道理，从而克服交往中出现的不良行为，潜移默化地养成良好的品德和行为习惯。用自己感觉快乐、别人认可的方式和小朋友一起去游戏、去学习，成为最棒的自己。

如小班某幼儿，单亲家庭，在家天天挨骂挨打。喜欢独处，不与同伴合作，就算合作也带有攻击性，同伴非常不喜欢他。在表演故事《小猴做客》时，他饰演调皮的小猴子，从敲门、踹门、乱扔西瓜皮，踩到西瓜皮滑倒自己，到小猴子向猫妈妈认错，演得生动逼真。当老师问故事中小猴子的哪些行为不对时，他说踹门、乱扔西瓜皮都不对，问他在生活中会像它那样做吗，孩子摇摇头，后来又大声告诉老师不会。在表演游戏"彩虹色的花"活动中，教师有针对性地让这名幼儿扮演"彩虹花"角色，他的表演很投入，小朋友们都抢着要与他合影，这源于孩子们对他的认可、接纳。之后，他自信地说："我很棒，我可以帮助很多人，他们都很喜欢我。"

总之，表演游戏作为幼儿喜爱的一种游戏，教师要善于从中挖掘其内涵，并运用表演游戏发展幼儿社会交往能力，为幼儿幸福成长奠定坚实的基础。

【导师点评】

表演游戏是创造性游戏中深受幼儿喜爱的一种游戏形式，它是以故事为框架，融想象、创造于一体，通过语言、表情和动作进行表现的一种游戏。它对促进幼儿社会性发展、创造力培养具有极高的教育价值。

该篇文章立足幼儿社交能力的发展，从表演游戏入手进行研究，通过对幼儿的表演游戏观察与探索，准确把握表演游戏的特点，提出了有效促进幼儿社交能力提高的表演游戏策略，对创造性游戏的研究具有借鉴价值。

表演游戏能够促进幼儿认知、社会性、语言、艺术、学习品质等多方面的发展。幼儿在了解故事主题、内容的过程中，促进了自身感知、理解力的发展；在感受故事的情感思想中，逐渐熏染和内构良好的品德和个性心理；在故事情节的主动创编中，培养了幼儿无尽的想象力和创造力；在角色的选择与分配中，幼儿相互讨论交流、协商决断，促进了自身语言表达与沟通、合作和协调、判断与决策等各方面能力的发展；在环境创设与道具制作中培养了幼儿的问题解决和动手创造能力；在情境表演中真正认识自我、表达自我、放飞自我，不仅提升了幼儿的艺术表现力、创造力，还丰富了幼儿的情绪情感，树立了自尊自信等积极的自我体验。幼儿积极参与表演游戏的过程，实际就是主动开展社会交往，逐渐形成良好社会认知和社会情感的过程。

小、中、大班幼儿具有不同的年龄特点，故表演游戏的目标与重点也不相同。小班幼儿主要是熟悉作品的大致内容，喜欢模仿简单的角色语言、动作和表情；中班幼儿有了进一步提升，能初步理解作品的主题思想、主要情节和角色特征，学习协商扮演角色和使用材料，能运用较清楚、连贯的语句进行表演，并适当运用表情、动作表现角色的性格特征；随着思维能力的提高，大班幼儿的目标和重点变为对作品有较深刻的理解和浓厚的兴趣，能积极讨论、分析作品内容和角色的特点，并根据自己的理解创造性地表现角色，能改编或创编故事情节进行表演，同时有较强的合作意识，能与同伴协商、讨论、分工合作，有秩序地进行表演、欣赏与评价。我们要根据小、中、大班不同的游戏目标和重点开展适宜性的指导。

对于农村幼儿园来说，如何就地取材，开展适宜本地区幼儿的表演游戏是我们迫切需要思考的问题，作者用实践探索给予我们有益的启示。农村幼儿园有浓厚的乡土文化、资源积淀，我们要不断挖掘其中的教育价值，灵活运用到表演游戏中，让表演游戏回归生活，回归儿童。无论是作品内容的选择与创编、场景布置与道具制作，抑或是表演角色的设置和展现等，我们都可以从优秀乡土文化中汲取养分，活用资源，让表演游戏焕发新的生机与活力。

（点评导师：保定市青年路幼儿园园长张春炬）

不啻微茫照春华　造炬成阳耀秋实

——京保教育扶贫协作工作活动后记

保定市青年路幼儿园　张春炬

2019年是新中国成立70周年，是全面建成小康社会的关键之年，也是打赢打好脱贫攻坚战的攻坚克难之年。为了提高贫困县乡村师资专业素养和学校教育教学管理水平，努力打造一支留得下、带不走的人才师资队伍，同年5月，在北京市教育委员会、保定市教育局的大力支持与指导下，保定市贫困县张春炬园长工作室揭牌成立。

工作室成立以来，不断加强顶层设计、市级统筹、县级主体、对口区县充分对接的长效工作机制，持续精准对接北京教育学院的优质教育资源，补齐教育短板，助力扶贫攻坚，较为出色地完成了教育帮扶任务。2022年10月，迎着党的二十大胜利召开的东风，在我国完成前所未有的脱贫攻坚战役之际，我想应该总结出一个乡村幼儿园园长的成长成果集更具有特殊意义。也因此，和北京教育学院的陈丽主任、杨秀治院长、吴甡校长的想法不谋而合，开始着手修改、整理这本基于教学实践的课题案例集，分享给大家。

回想三年来和大家在一起的点点滴滴，我心里充满了感动、感激和感怀。因为项目，结识了多位德才兼备、谦虚博学的导师，比如刘焱教授，谢志东院长，胡彩云教授，滕珺、闻莉、解婷等多位博士，从他们身上不仅领略到教育大家的风范，更是被他们孜孜不倦的研学精神和诲人不倦的培优热情所感召，同时也认识了一群扎根农村、乡镇园所的一线园长们，她们在有限条件下的求学和钻研精神也深深打动了我。三年来，大家线下实地研学，线上云端交流，保证学习效果，活动影响力也被现代教育报、河北青年报、唐尧网、今日头条、搜狐网、一点资讯等多家媒体报道十余次。

一、提高政治站位，保障教育扶贫落地生根

（一）深入学习贯彻习近平总书记关于扶贫工作的重要论述

组织工作室人员认真研读《习近平扶贫论述摘编》，通过专题培训、集中研讨、论坛座谈等方式，引导本工作室老师在学懂弄通做实上下功夫，强化思想理论武装，提升教育扶贫攻坚能力。就导师发起的“立德树人、教师队伍建设、家庭教育、劳动教育”等多个专题发起研讨互动，追探根的教育，让教育思想不断深化，指导正确教育行为。易县第四幼儿园王海玲园长表示要“读懂、唤醒、引领”，这又让我想起吴校长曾经说过的“教师队伍建设，首先要关心关注每一位教师，关心他们的冷暖关心他们的精神生活”，还想起张园长说过的“想要教师幸福就是把他们引入科学研究的幸福大道”。涞源县实验幼儿园李云霞因本园教工自觉加班布置区角至深夜而感动着，反思“一个园长到底要给老师们什么样的引领，搭建什么样的平台”，在吴校长推荐的文章中找到了答案。读懂她们的内心需求，深层问题，找到问题根源，和老师一同成长进步，提正气，唤醒她们的专业自觉；给她们最专业的引领，带她们走向广阔的空间，寻找专业认同感、职业幸福感，实现人生价值。唤醒的力量很大，有时候我们园长也被老师们唤醒，明天的幼儿园也许会是一个更加积极向上的样子……

（二）强化教育扶贫国家发展战略的重大意义

在京津冀一体化协同发展的背景下，教育扶贫作为阻断贫困代际传递的最有效手段，我们把教育作为推动创新、加快文明城市创建的

动力之源，尤其是学前教育是终身教育的起始阶段，更是重要的国计民生问题。工作室制定实施了《保定市贫困县张春炬园长工作室领导小组工作规则》，从牢固树立“四个意识”、坚定“四个自信”、坚决做到“两个维护”的高度，不断提高政治站位，坚持主持人亲自抓，借助北京教育学院高研中心陈丽主任完善顶层设计和吴甡、杨秀治双导师指导工作机制，将扶持贫困县幼儿园发展摆到首要位置，列入重要议程，全力推进各项任务落实。

二、创新工作举措，确保贫困县园所发展成效

（一）谋定而后动，目标树起来

根据工作需要及时和北京教育学院取得沟通，建立工作统筹推动机制，有效统筹教育资源力量。在北京教育学院资深教授李春山老师和导师们的帮助下，成员园所根据现状从园长到园所发展建立三年发展规划，引领大家做一个懂幼教大家思想、懂国家幼教法规政策、懂幼儿身心发展规律、懂多种管理模式的优秀园长。她们有了清晰的发展方向，园所就有了未来的规划，实现了谋定而后动。

（二）模范园参观，步子迈出去

工作室成员先后前往北京六一幼儿园、北京市第五幼儿园、北京市丰台第一幼儿园等多家北京优质幼儿园参观学习，并在我市优秀园所——青年路幼儿园、北京大地幼教集团跟岗研学，热情不减。除了参与跟岗和教研活动外，成员们还进行了观察案例分析、“核心经验下的幼儿建构区活动反思”和“幼儿园美术区域材料投放与指导建议”等多专题分享，拓展视野从而更好地把各成员园的行动改进研究落到实处。

（三）双导师辅导，稳健走起来

1. 理论导师以严谨的治学精神感染人

由于大家基础都很弱，课题推进过程中出现的问题比较多，杨秀

治院长常常为这些成员园所修改论文到深夜，不光把握课题推荐方向、书写规范，还要一个字一个字地改，一个标点一个标点地过，这种精神成为我们工作室达成的默契共识，从而带动并鼓舞了我们工作室的园长们。

2. 实践导师用踏实的躬行实践影响人

在吴甡校长“家国情怀”的感召和引领下，我们跟随吴校长更多地走近和走进孩子，关注于幼儿的真行为、真游戏、真表情。我们蹲下来仔细听孩子说话，我们真诚地和孩子交流，将儿童观渗透到活动过程之中，用行为影响我们工作室的成员们。

（四）跟岗实践，它山之石可以攻玉

别人的经验我们可以拿来己用，在跟岗实践的过程中，大家的眼中都带着光，每个人的吸收性心智发挥到了极致。涞水冀艳华园长通过跟岗活动认识到教师一要重视区域的创设，让区域成为幼儿自主活动的天地；二要重视区域材料的投放，激发幼儿活动的兴趣；三要进行适当的指导，促进幼儿的发展。跟岗过程中的所看、所听、所感、所得都能很快地结合自己的园所现状拿来己用，落地实践，成效明显。

（五）公益讲堂，千里之遥传书

我们兴办了公益讲堂，利用互联网的优势将传递知识的时间、空间打破了局部的限制，散播五千余的亮光，让更多有需求的人受益。经调研，五场针对教师和家长的公益讲座，学员从主题内容设计、需求度、知识含量等多方面满意度均达到了 100%，总体满意度也达到了 100%。家长针对公益讲座的总体评价也在 85%以上，今后培训方式及需求是我们努力调整的方向。公益讲堂中园长、教师近距离聆听专家的教导，感受先进理念熏陶引领，感受到获取知识的方式更加便捷。读书分享，智慧启迪智慧。

（六）入园诊断，精准对症下药

工作室共辐射带动 14 所园，每个园有每个园的优势，每个园有每个园的问题，只有真亲历才能真看见，只有真看见才能真改正。我们每次入园诊断后都会及时和园所交流意见，找准问题关键一起解决。经过入园诊断，成员们对区域活动的价值再一次重新认识，曲阳县第一幼儿园的靳红园长和望都县辛街幼儿园的陈敏园长表示区域游戏是将幼儿融入环境的最直接手段，环境内投入材料的丰富性、多样性、层次性都是提高游戏价值的有力支持，教师的适时指导不再空泛无意义，对教育质量的提升具有充分的研究价值。

（七）工作站成立，全面辐射带动

在工作室工作推进的过程中，我们践行一年见基地，两年见成效，助力各个贫困县全域幼教教育质量的提升。工作站秉承“做强自己，带动一批，辐射全域”的理念，以研究性问题取向、创新性实践取向、主动性发展取向为指导思想；坚持五个方向：时代性、开放性、发展性、引领性、创新性；抓住三条线：培训线、行动改进研究线、辐射线；落实“七个一”要求：引领一个团队、规划一个未来、辐射一个区域、带动一个领域、承担一个课题、撰写一篇论文、上好一节优质课，确实发挥了影响带动作用。

三、亲历可喜变化，激活工作室内生动力

（一）个人精准定位，团队学习动力充足

工作室成员在连续学习中不断完善自我，成就园所，实现了个人自信力、课题研究、区域活动设置等三方面的“从无到有”，甚至走向“从有到优”。比如，易县四幼王海玲园长不仅自己作为主讲人分享教育心得，立项市级课题，并且作为县域内优秀区域活动案例接待参观学习，目前也因突出的个人能力和表现，被选拔担任易县白马中学的书记兼校长，负责白马初级中学及所属 11 所小学教学点、4 所幼儿园的管理。量身定做的个人发展规划，让每个人更加客观地重新审视了

一遍自己，在导师的帮助下找到自己的最近发展区，将自己的发展目标具体化、数字化、能见化。通过自我提升带领全园教师学习经典、涵养身心；学习专业、精心育人。发扬精进匠心的专业精神、求真求实的科研态度，培养幼儿教师的专业情趣，提升教师团队的幸福指数。做到学以成己、学以成人、学以成园，做到聚人心、聚智慧、聚资源。

（二）转变教师儿童观，使幼儿真正受益

教师能够深入了解幼儿发展水平，并以支持者的身份有效介入，促进每名幼儿在原有水平上的提升；能够优先体验所有活动材料，从儿童视角进行审视；正在努力达到环境与孩子的互动及活动区之间的互联互通；开展活动中开始特别重视将幼儿安全放在一切工作首位。

（三）找准发展方向，园所能量辐射广泛

我们已经为较为成熟的8所幼儿园进行了工作站挂牌，比如涞源实验幼儿园于2017年建园，毗邻扶贫安置片区，切实解决了周边幼儿的入托问题，短短3年时间内幼儿入园人数从67人增加到449人，园所发展进入瓶颈期，园所教师进入疲惫期。李云霞园长说，工作室就是“及时雨”，导师专家帮助园长分析现状、制订个人发展规划，从而更好地为园所发展保驾护航。我们两次深入该园，找准问题，及时施策，在儿童观转变上下真功夫，在教师理论提升上下苦功夫，在环境打造上下巧功夫，不断促进园所文化上档升级。如今的实验园被工作室正式挂牌“李云霞园长工作站”，成为一所留在当地、带不走的能量之源，并将继续发挥自身的辐射带动作用。

（四）实现区域协同发展，优质师资留下来

目前，工作室成员园共14所，均来自贫困山区。14名懂教育的园长留在了当地园所，她们的思想高度决定了行为的厚度，她们的背后就是14个懂教育的团队，并且先后建立了8个工作站点。这些优质的教育资源为区域的协同发展奠定了良好的基础。这批理念先进、业务精良、素质过硬的幼儿园园长和幼儿教师队伍，必将推动学前教育高质量发展。她们会成为县域中幼儿园的一面面旗帜，办园以业，积极进取，锐意创新。比如望都的陈敏园长带领她的团队，基于园所文化和自身教育追求，坚持科学教育理念，努力探索农村幼儿园特色发展道路，在县域农村幼儿园起到了引领示范作用。

教育是美好的相遇，遇见一群怀着共同理念的优秀的人，在教学实践中身体力行，在教科研互动中以身作则，在业务探究上精益求精。看今后，山一程，水一程，心向幼教卑躬行，幸福万家灯！

附录：保定市贫困县张春炬工作室成员成绩单

保定市贫困县张春炬工作室成员成绩单 1

姓名：郑斌颖　工作单位：易县第一幼儿园

表 1　学校获得荣誉

时间	所获荣誉	授予单位
2020 年 9 月	教育教学优胜单位	易县人民政府
2022 年 9 月	教育教学优胜单位	易县人民政府
2021 年 12 月	保定市绿色校园	保定市教育局、保定市生态环境局
2022 年 3 月	年度宣传工作先进单位	易县教育和体育局

表 2　个人获得荣誉

时间	所获荣誉	授予单位
2019 年 12 月	家庭教育工作先进个人	易县教育和体育局
2019 年 12 月	易县师德先进个人	易县教育和体育局、易县教育工会
2020 年 10 月	优秀共产党员	易县教育和体育局

表 3　个人发表论文

发表时间	论文名称	出版单位
2022 年 3 月	幼儿园亲子活动的策略研究	儿童大世界编辑部

保定市贫困县张春炬工作室成员成绩单 2

姓名：石静霞　工作单位：曲阳县永宁幼儿园

表 1　学校获得荣誉

时间	所获荣誉	授予单位
2019 年 6 月	曲阳县学前教育中心	曲阳县教育和体育局
2019 年 12 月	全国足球特色幼儿园	教育部
2020 年 12 月	河北省省级示范性幼儿园	河北省教育厅
2020 年 12 月	河北省食品安全示范性幼儿园	河北省市场监管局
2021 年 6 月	河北省近视防控示范性幼儿园	河北省教育厅
2021 年 12 月	河北省教师教育学会先进单位	河北省教师教育学会
2021 年 7 月	中共河北省委党史研究室友好合作单位	中共河北省委党史研究室
2021 年 9 月	曲阳县第一批绿色学校	曲阳县人民政府
2022 年 7 月	河北省中小学校长培训基地	河北省教育厅

表 2　个人获得荣誉

时间	所获荣誉	授予单位
2019 年 12 月	高级教师职称	河北省职称改革领导小组办公室
2020 年 9 月	保定市石静霞名园长工作室主持人	保定市教育局
2020 年 10 月	河北省骨干教师	河北省教育厅
2021 年 6 月	曲阳县石静霞名园长工作室主持人	曲阳县教育和体育局
2021 年 7 月	河北省燕赵人才卡	保定市人力资源和社会保障局
2022 年 5 月	河北省张春炬名园长工作室成员	河北省教育厅
2022 年 5 月	保定市石静霞名师工作室主持人	保定市教育局
2022 年 9 月	保定市名校长	保定市教育局

表 3　个人发表论文

发表时间	论文名称	出版单位
2021 年 8 月	儿童水墨画教学的思考和建议	《幼儿美术》期刊编辑部
2022 年 3 月	真游戏促进儿童真发展	儿童大世界编辑部

表 4　其他成绩

时间	内容	备注
2019 年 3 月	国培计划（2018）——河北省乡村幼儿园骨干教师培训项目，保定幼儿师范高等专科学校，参会 200 人	授课专家
2019 年 5 月	国培计划（2018）——河北省乡村幼儿园教师培训者研修项目，保定幼儿师范高等专科学校，参会 00 人	授课专家
2019 年 6 月	国培项目（2018）——河北省困难地区乡村校长提升工程幼儿园园长班，保定幼儿师范高等专科学校，参会 100 人	授课专家
2020 年 11 月	国培计划（2020）——河北省幼儿园骨干教师省内访名校浸润式项目，保定幼儿师范高等专科学校，参会 200 人	授课专家
2020 年 12 月	国培计划（2020）——河北省中小学教师培训者团队省内研修项目，保定学院举办，参会 200 人	授课专家
2022 年 4 月	国培计划（2021）——河北省幼儿园游戏培训项目，河北省教育厅举办，参会 200 人	授课专家
2022 年 4 月	国培计划（2021）——河北省县级幼儿园骨干教师研修工作坊项目，曲阳县进修学校举办，参会 60 人 国培计划（2021）——河北省县级幼儿园骨干教师研修工作坊项目，顺平县进修学校举办，参会 60 人	授课专家
2022 年 5 月	国培计划（2021）——河北省县级幼儿园骨干教师研修工作坊项目，唐县进修学校举办，参会 60 人	授课专家

保定市贫困县张春炬工作室成员成绩单 3

姓名：陈敏　工作单位：望都县辛街幼儿园

表 1　学校获得荣誉

时间	所获荣誉	授予单位
2019 年 12 月	教学工作先进单位	望都县教育和体育局
2020 年 7 月	保定市儿童线上快乐体操推广赛最佳组织单位	保定市体育局
2021 年 3 月	学前教育工作先进单位	望都县教育和体育局
2021 年 3 月	教育扶贫工作先进单位	望都县教育和体育局

续表

时间	所获荣誉	授予单位
2022 年 2 月	早操评比活动一等奖	望都县教育和体育局
2022 年 2 月	安全法制工作先进集体	望都县教育和体育局

表 2　个人获得荣誉

时间	所获荣誉	授予单位
2019 年 8 月	园长培训优秀学员	保定市幼儿教师培训中心
2019 年 12 月	政府嘉奖	望都县人民政府
2020 年 8 月	实验说课二等奖	望都县教育和体育局
2020 年 11 月	县级师德标兵	望都县教育和体育局
2020 年 11 月	省级干训优秀日志	河北省教育干部学院
2020 年 12 月	工作室优秀学员	保定市教育局
2020 年 12 月	2020 年度记功奖励	保定市人力资源和社会保障局
2021 年 3 月	巾帼建功先进个人	望都县妇联
2021 年 4 月	教育教学管理工作先进个人	望都县教育和体育局
2021 年	保定市骨干教师	保定市教育局
2021 年 6 月	市级论文评选三等奖	保定市教育局
2021 年 9 月	县优秀教育工作者	望都县人民政府
2021 年	学前教育工作先进个人	望都县教育和体育局
2022 年 3 月	三八红旗手	望都县妇联
2022 年 3 月	教育信息宣传工作先进个人	望都县教育和体育局
2022 年	“喜迎二十大　奋进新征程”主题征文三等奖	望都县教育和体育局
2022 年 6 月	优质示范课指导一等奖	保定市教育科学研究所
2022 年 9 月	县优秀教育工作者	望都县人民政府
2022 年 9 月	疫情防控先进工作者	望都县教育和体育局

表 3　个人发表论文

发表时间	论文名称	出版单位
2021 年 3 月	乡土材料在幼儿园创意美术活动中的应用研究	《速读》杂志社
2022 年 3 月	利用乡土材料开展创意美术活动	儿童大世界编辑部

表 4　其他成绩

时间	内容	备注
2021 年 9 月	主持保定市十三五规划课题“幼儿园创意美术活动中乡土材料的应用研究”结题	
2021 年	参与县级十三五规划课题“幼儿园户外体育活动中‘一物多玩’材料挖掘与应用研究”结题	

保定市贫困县张春炬工作室成员成绩单 4

姓名：靳红　工作单位：曲阳县第一幼儿园

表 1　学校获得荣誉

时间	所获荣誉	授予单位
2020 年 10 月	靳红工作站成立	脱贫县张春炬园长工作室
2020 年 12 月	2020 年迎省政府对县政府履行教育职责评价先进单位	曲阳县教育和体育局

表 2　个人获得荣誉

时间	所获荣誉	授予单位
2022 年 3 月	巾帼建国标兵	曲阳县妇联

表 3　个人发表论文

发表时间	论文名称	出版单位
2020 年 1 月	浅谈优秀传统文化在幼儿教育中的应用	好日子・创新教育编辑部
2022 年	信息技术与幼儿园绘本教学相融合的策略	《安家》杂志社

保定市贫困县张春炬工作室成员成绩单 5

姓名：王玉红　工作单位：唐县第二幼儿园

表 1　学校获得荣誉

时间	所获荣誉	授予单位
2019 年 9 月	歌咏比赛优秀单位	中共唐县县委宣传部
2019 年	健康学校	唐县卫生健康局
2021 年 1 月	围棋比赛团体第一名	唐县教育和体育局

表 2　个人获得荣誉

时间	所获荣誉	授予单位
2019 年 9 月	唐县“最美教师”	中共唐县县委宣传部
2021 年 3 月	政府嘉奖	唐县人民政府
2021 年 6 月	优秀共产党员	中共唐县县委
2021 年 9 月	唐县十佳校长	唐县人民政府

表 3　个人发表论文

发表时间	论文名称	出版单位
2022 年 10 月	基于地方优秀文化的幼儿德育路径探索	儿童大世界编辑部

表 4　其他成绩

时间	内容	备注
2019 年 7 月	唐县王玉红名师工作室成立	
2021 年 6 月	中国共产党唐县第十四次代表大会代表	
2020 年 12 月	主持的河北省教育科学“十三五”规划重点课题子课题“探究提升幼儿教师在‘天天练笔’活动中的胜任力的策略”结题	
2021 年 7 月	主持的唐县教育科学“十四五”规划课题“利用乡土资源开展幼儿户外活动的实践研究”立项	
2021 年 11 月	参与的中国管理科学研究院教育科学研究所重点课题“多媒体技术下幼儿园游戏化主题教学活动研究”结题	

保定市贫困县张春炬工作室成员成绩单 6

姓名：冀艳华　工作单位：涞水县明义乡冀家沟幼儿园

表 1　个人所获荣誉

时间	所获荣誉	授予单位
2021 年 12 月	在 2021 年度工作中做出重大贡献，给予记功	保定市人力资源和社会保障局

表 2　个人其他成长

时间	内容	备注
2019 年 12 月	被评为中小学高级教师	

保定市贫困县张春炬工作室成员成绩单 7

姓名：吴敏华　工作单位：涞水县义安镇北义安幼儿园

表 1　学校获得荣誉

时间	所获荣誉	授予单位
2021 年 7 月	新课程改革专项评比二等奖	涞水县教育和体育局
2023 年 3 月	2021—2022 幼教工作先进单位	涞水县教育和体育局

表 2　个人获得荣誉

时间	所获荣誉	授予单位
2021 年 12 月	在 2021 年度工作中做出重大贡献，给予记功	保定市人力资源和社会保障局

表 3　个人发表论文

发表时间	论文名称	出版单位
2022 年 3 月	帮助家长让孩子远离“电子杀手”	儿童大世界编辑部
2022 年 6 月	幼儿园区域活动开展方案	《启迪》编辑部
2022 年 8 月	幼儿园生活化主题活动设计与实施	中国学术期刊——教育与社科辑

保定市贫困县张春炬工作室成员成绩单 8

姓名：马建玲　工作单位：涞源县第四幼儿园

表 1　学校获得荣誉

时间	所获荣誉	授予单位
2019 年 5 月	被授予“保定市五一巾帼标兵岗”称号	保定市总工会女职工委员会
2020 年 3 月	巾帼志愿服务先进集体	涞源县妇联
2020 年 9 月	河北省青少年健美操锦标赛体育道德风尚奖	河北省体育局体操举重柔道运动管理中心
2020 年 7 月	保定市儿童线上快乐体操推广赛最佳组织单位	保定市体育局
2021 年 2 月	学校安全工作先进集体	河北省教育厅
2021 年 12 月	先进基层党组织	中共涞源县委教育工作委员会
2022 年 2 月	快乐体操示范幼儿园	保定市教育局

表 2　个人获得荣誉

时间	所获荣誉	授予单位
2019 年 3 月	保定市五一巾帼标兵	保定市总工会女职工委员会
2019 年 9 月	优秀教育干部	中共涞源县委、涞源县人民政府
2021 年 9 月	优秀校长	中共涞源县委、涞源县人民政府

保定市贫困县张春炬工作室成员成绩单 9

姓名：翟建贤　工作单位：顺平县幼儿园

表 1　学校获得荣誉

时间	所获荣誉	授予单位
2020 年 7 月	保定市文明校园	中共保定市委、保定市人民政府

续表

时间	所获荣誉	授予单位
2020 年 11 月	全民终身学习活动先进单位	顺平县社区教育工作领导小组
2020 年 12 月	教师舞蹈《我的祖国》荣获顺平县教体系统一等奖	顺平县教育和体育局
2020 年 12 月	顺平县第二届冰雪运动会体育最佳组织奖	顺平县教育和体育局
2020 年 12 月	河北省校园食品安全食堂	河北省市场监督管理局
2021 年 1 月	保定市企业事业单位安全保卫工作先进集体	保定市公安局
2021 年 3 月	顺平县“木兰杯”巾帼文明岗	顺平县妇联
2021 年 4 月	顺平县第七届教育经典诵读眼演讲活动优秀组织奖	顺平县教育和体育局
2021 年 5 月	河北省 2021 年度近视防控示范幼儿园	河北省卫生健康委、河北省教育厅
2021 年 6 月	庆祝建党 100 周年教师歌咏比赛一等奖	顺平县教育和体育局
2021 年 8 月	2021 年度示范性家长学校	顺平县教育和体育局
2021 年 9 月	顺平县 2021 年中华经典朗诵大赛优秀组织奖	顺平县教育和体育局
2021 年 9 月	全员远程培训组织工作先进单位称号	顺平县教育和体育局
2021 年 12 月	顺平县第三届冰雪运动会轮滑比赛幼儿组团体第一名	顺平县教育和体育局
2021 年 12 月	河北省校园食品安全食堂	河北省市场监督管理局
2021 年 12 月	全市企业事业单位安全保卫工作先进集体	保定市公安局
2021 年 12 月	保定市绿色校园	保定市教育局、保定市环保局
2022 年 6 月	顺平县首届“儿童友好运动会”幼儿组优秀奖	顺平县妇联、顺平县教育和体育局
2022 年 7 月	顺平县第十二届自制玩具评选活动优秀奖	顺平县教育和体育局
2022 年 9 月	2021—2022 学年度先进基层党组织	中共顺平县委教育工作领导小组
2022 年 9 月	顺平县第二十五届全国“推普周”朗诵大赛优秀组织奖	顺平县语委、顺平县教体局、顺平县文旅局、顺平县妇联、顺平县残联

表 2　个人获得荣誉

时间	所获荣誉	授予单位
2019 年 9 月	顺平县幼教先进工作者	顺平县教育和体育局
2019 年 12 月	保定市学术和技术带头人	保定市人力资源和社会保障局
2019 年 12 月	记功	保定市人力资源和社会保障局
2021 年 1 月	保定市企业事业安全保卫工作先进个人	保定市公安局
2021 年 3 月	顺平县“木兰杯”巾帼建功标兵	顺平县妇联
2021 年 9 月	保定市师德标兵	保定市教育局
2021 年 12 月	全市企事业单位安全保卫工作先进个人	保定市公安局
2022 年 3 月	顺平县三八红旗手	顺平县妇联
2022 年 9 月	保定市骨干教师	保定市教育局
2022 年 5 月	逆行者　爱心使者抗疫先进个人	保定市委教育工委

表 3　个人发表论文

发表时间	论文名称	出版单位
2022 年 11 月	基于幼儿劳动能力培养的种植活动开展策略探析	明周刊杂志社
2022 年 3 月	幼儿园开展劳动教育的实践与探究	儿童大世界编辑部

表 4　其他成绩

时间	内容	备注
2019 年	指导顺平县幼儿园高娇老师所做的“小猪变形记”一课，在 2019 年保定市“教育研究与评价”项目活动中荣获学前教育优质课评比一等奖	
2020 年 10 月	取得中级心理咨询师证书	
2021 年 6 月	保定市教育科学十四五规划课题“幼儿园开展劳动教育的实践研究”立项，担任主持人	
2021 年 6 月	当选顺平县第十届政协委员	
2022 年 3 月	成立青年路幼儿园名师工作室顺平工作站，担任主持人	

续表

时间	内容	备注
2022 年 4 月	取得高级家庭教育指导师资格证书	
2022 年 5 月	2022 年在顺平县教师进修学校组织承办的“国培计划（2021）”河北省县级幼儿园骨干教师工作坊研修项目中，担任主讲教师，讲授题目为《做好有效衔接，实现平稳过渡》，效果良好	

保定市贫困县张春炬工作室成员成绩单 10

姓名：张莉　工作单位：唐县县直机关幼儿园

表 1　学校获得荣誉

时间	所获荣誉	授予单位
2020 年 12 月	河北省示范性幼儿园	河北省教育厅
2021 年 5 月	河北省近视防控示范幼儿园	河北省卫生健康委、河北省教育厅
2021 年 9 月	保定市体育幼儿园	保定市体育局
2022 年 1 月	保定市星级平安校园	保定市公安局、保定市教育局

表 2　个人获得荣誉

时间	所获荣誉	授予单位
2019 年 9 月	唐县十佳校长	唐县人民政府
2022 年 6 月	保定市幼儿园优质课一等奖	保定市教育科学研究所
2022 年 9 月	保定市骨干教师	保定市教育局

表 3　个人发表论文

发表时间	论文名称	出版单位
2020 年 3 月	室内体育游戏设计三原则	新班主任杂志社
2022 年 2 月	仰名园风采　启智慧哲思	新班主任杂志社
2022 年 3 月	用爱启迪智慧　用心引导成长	儿童大世界编辑部

表4 其他成绩

时间	内容	备注
2021 年	河北省教育科学“十四五”规划课题小微课题“基于幼儿自我效能感提升的室内体育活动设计策略研究”，主持人	课题研究

保定市贫困县张春炬工作室成员成绩单 11

姓名：李云霞 工作单位：涞源县实验幼儿园

表1 学校获得荣誉

时间	所获荣誉	授予单位
2019 年 5 月	涞源县第二届师生乒乓球比赛教师女子组团体第一名	涞源县教育和体育局
2020 年 12 月	全国足球特色幼儿园	教育部
2021 年 4 月	涞源县第三届师生乒乓球比赛幼儿园教师女子组团体第二名	涞源县教育和体育局
2021 年 6 月	先进基层党组织	中共涞源县委
2021 年 8 月	“爱育未来”先进集体	涞源县妇联
2021 年 12 月	先进基层党组织	中共涞源县委
2022 年 4 月	涞源县第四届师生乒乓球比赛教师混合团体第一名	涞源县教育和体育局
2022 年 6 月	河北省家长学校实验校	河北省教育厅

表2 个人获得荣誉

时间	所获荣誉	授予单位
2019 年 8 月	保定市市级幼儿园园长培训班优秀学员	保定市幼儿教师培训中心
2019 年 9 月	河北省困难地区农村校长素养提升工程第四期幼儿园园长培训班优秀学员	河北省教育干部学院
2019 年 9 月	河北省困难地区农村校长素养提升工程第四期幼儿园园长培训班（案例总结）优秀案例	河北省教育干部学院
2020 年 8 月	保定市教书育人楷模	保定市教育局

续表

时间	所获荣誉	授予单位
2018 年 2 月—2020 年 12 月	主持参与保定市教育科学“十三五”规划课题“幼儿园户外体育活动开展与实施策略”课题研究结项	保定市教育科学规划办公室
2020 年 12 月	保定市贫困县张春炬园长工作室优秀学员	北京教育学院高级研修中心
2020 年 12 月	保定市第十一届优秀自制教具评选三等奖	保定市教育局
2021 年 4 月	保定市三八红旗手	保定市妇联
2021 年 11 月	保定市基础教育教学质量大比武一等奖	保定市教育局
2022 年 3 月	主持参与省级“优化幼儿园户外体育活动的研究——以 L 县幼儿园户外野战区活动实施为例”课题研究	河北省教育科学规划领导小组办公室
2022 年 9 月	优秀校长	中共涞源县委、涞源县人民政府
2022 年 9 月	中小学教师信息技术应用能力提升工程 2.0 优秀案例三等奖	保定市中小学教师继续教育中心

表 3　个人发表论文

发表时间	论文名称	出版单位
2021 年 5 月	幼儿园开展户外体育活动的现状研究	考试报·教研博览编辑部
2022 年 3 月	教育求真　教育行善　教育育美	儿童大世界编辑部

表 4　其他成绩

时间	内容	备注
2021 年 7 月	当选涞源县第十届政协委员	

保定市贫困县张春炬工作室成员成绩单 12

姓名：赵磊　工作单位：曲阳县孟良河幼儿园

表 1　学校获得荣誉

时间	所获荣誉	授予单位
2020 年 12 月	2020 年迎省政府对县政府履行教育职责评价突出贡献单位	曲阳县教育和体育局
2021 年 04 月	曲阳县第一批绿色学校	曲阳县教育和体育局、保定市生态环境局曲阳分局
2022 年 10 月	曲阳县治安保卫重点单位	曲阳县人民政府

表 2　个人获得荣誉

时间	所获荣誉	授予单位
2020 年 9 月	保定市骨干、园长市级培训优秀学员	保定市幼儿师范高等专科学校
2020 年 12 月	自制教具市级二等奖	保定市教育局
2021 年 5 月	市级骨干教师	保定市教育局
2021 年 11 月	学前主题活动方案评比二等奖	保定市教育局
2022 年 9 月	2019—2020 年度优秀教师	曲阳县教育和体育局
2020 年 12 月	2020 年省政府度县政府履行教育先进个人	曲阳县教育和体育局
2020 年 9 月	后勤先进工作者	曲阳县教育和体育局
2021 年 7 月	基础教育大比武，课程改革一等奖	曲阳县教育和体育局

表 3　个人发表论文

发表时间	论文名称	出版单位
2020 年 11 月	浅析篮球游戏化在幼儿园大班教学活动中的运用	好日子·创新教育编辑部

保定市贫困县张春炬工作室成员成绩单 13

姓名：张晨霞　工作单位：阜平县阜平镇白河幼儿园

表 1　学校获得荣誉

时间	所获荣誉	授予单位
2021 年 5 月	河北省 2021 年度近视防控示范幼儿园	河北省卫生健康委、河北省教育厅
2021 年 10 月	阜平县学前教育示范园创建先进单位	阜平县教育和体育局
2021 年 11 月	保定市 3 岁以下婴幼儿照护服务试点	保定市卫生健康委员会
2021 年 12 月	幼儿食堂获“省级校园食品安全食堂”	河北省市场管理局
2021 年 12 月	城市一类园验收	保定市教育局
2022 年 9 月	2021—2022 学年度教育教学管理优胜单位	中共阜平县委、阜平县人民政府

表 2　个人获得荣誉

时间	所获荣誉	授予单位
2020 年 9 月	教育管理优胜奖	阜平县县直学区
2021 年 4 月	记功	阜平县人民政府
2021 年 6 月	优秀共产党员	中共阜平县委教育工作委员会
2022 年 7 月	保定市骨干教师	保定市教育局
2022 年 9 月	保定市名校长	保定市教育局
2022 年 9 月	阜平县优秀校长	阜平县教育和体育局

表 3　个人发表论文

发表时间	论文名称	出版单位
2022 年 3 月	崇尚自然　让生命在自然中绽放	儿童大世界编辑部

表 4　其他成绩

时间	内容	备注
2020 年 12 月	中小学高级教师	定向

主要参考文献

[1] 中华人民共和国教育部. 幼儿园教育指导纲要（试行）[M]. 北京：北京师范大学出版社，2001.

[2] 教育部《幼儿园园长专业标准》课题研制组.《幼儿园教师专业标准》解读 [M]. 北京：北京师范大学出版社，2013.

[3] 中华人民共和国教育部. 3—6 岁儿童学习与发展指南 [M]. 北京：首都师范大学出版社，2012.

[4] 李季湄，冯晓霞.《3—6 岁儿童学习与发展指南》解读 [M]. 北京：人民教育出版社，2013.

[5] 虞永平. 学前课程与幸福童年 [M]. 上海：华东师范大学出版社，2012.

[6] 刘焱. 幼儿园游戏与指导 [M]. 北京：高等教育出版社，2012.

[7] 陶行知. 陶行知全集：第 1 卷 [M]. 湖南：湖南教育出版社，1984.

[8] 苏婧. 成就教师：园长教师队伍建设能力的提升 [M]. 北京：北京师范大学出版社，2017.

[9] 刘海民. 幼儿园园长专业标准解读 [M]. 北京：北京师范大学出版社，2016.

[10] 顾荣芳. 从新手到专家：幼儿教师专业成长研究 [M]. 北京：北京师范大学出版社，2007.

[11] 尚煜. 托幼机构卫生保健人员实用手册 [M]. 北京：北京出版

社，2018.

[12] 陈鹤琴. 陈鹤琴教育思想读本·活教育 [M]. 南京：南京师范大学出版社，2012.

[13] 布拉德. 0—8岁儿童学习环境创设：第3版 [M]. 陈妃燕，彭楚芸，译. 南京：南京师范大学出版社，2020.

[14] 柳倩，周念丽，张晔. 学前儿童健康学习与发展核心经验 [M]. 南京：南京师范大学出版社，2016.

[15] 约翰逊等. 游戏与儿童早期发展 [M]. 华爱华，郭力平，译. 上海：华东师范大学出版社，2006.

[16] 陈秀云，陈一飞. 陈鹤琴全集：第1卷 [M]. 南京：江苏凤凰教育出版社，2018.

[17] 虞永平. 课程游戏化只为更贴近儿童心灵 [J]. 幼儿教育，2015 (9)：46.

[18] 虞永平. 再谈幼儿园课程的生活化和游戏化 [J]. 幼儿教育，2022 (7/8)：4-9

[19] 朱美玲. 家园合作方式的实践与探索 [J]. 幼教天地，2010 (11)：45.

[21] 戴锐. 新教师职业适应不良及其防范 [J]. 教育探索，2002 (4)：95-97.

[23] 曹东方. 幼儿园艺术领域课程游戏化研究 [D]. 济南：山东师范大学，2018.

[24] 徐鸿洁. 让阅读融入生活：幼儿园绘本阅读的实践研究课题成果报告 [J]. 教育科研论坛，2013 (12)：40-41.

[25] 蔚青. 挖掘乡土资源创设农村幼儿园特色区域活动 [J]. 学前教育研究，2008 (11)：49.

[26] 薛婷婷. 幼儿园大班建构区活动中的教师介入指导研究 [D]. 长沙：湖南师范大学，2018.

[27] 范丹丹. 幼儿园室内体育游戏的有效开展探讨 [J]. 幼教与成才研究，2017 (11)：71-72.
[28] 赵兴民. 儿童游戏与儿童自我效能感的发展 [J]. 学前教育研究，2007 (3)：49-51.
[29] 丁海东. 论儿童游戏的生活本质 [J]. 山东师范大学学报（人文社会科学版），2003 (3)：108.
[30] 王德华. 班杜拉的自我效能理论述评 [J]. 湖北师范学院学报（哲学社会科学版），1992 (5)：98-101.
[31] 葛剑萍. 自我效能理论在体育教学中的运用 [J]. 沈阳体育学院学报，2004 (6)：837.